感性の知性
——交感し遡及する

田中智志
TANAKA Satoshi

一藝社

はしがき

かつて、受験生は『火の鳥』を読んではいけない、といわれた時代があった。『火の鳥』は、手塚治虫によって、一九五四年から、掲載誌を変えながらも一九八八年まで、発表された作品で（二〇二〇年の朝日新聞社版で全一二巻）、手塚の未完のライフワークである。「火の鳥」は、時空を越えて在り続ける「永遠の生命」であり、その永遠性によって、人間たちの欲望が、愚かで儚いものとして、浮き彫りにされていく。その永遠性は、人間の有限性を越える超越性であり、存在論（ontology）に、すなわち「存在」（esse/Sein）を語ろうとする思考に通じている。受験生に必要なものは、この超越性に向かう「存在」の思考ではなく、「学力」と呼ばれる限定された有能性に向かう、合格のための実効的な思考である。

しかし、有用な思考と「存在」の思考は、対立の関係でなく、重層の関係にある。有用な思考は、現実的であり、客観化可能であり、計量可能である事実性を指向する。「存在」の思考は、想起的であり、言表困難であり、心で象られる実在性である。この実在性は、現実的なものではなく、あくまで固有な一人ひとりの切実な想いに彩られている。したがって、それは、まったく特異であり、客観的に実証されるものではなく、特異に証言されるものである。「存在」の証言は、他者に向かって語られるとしても、基本的に自分の心に刻まれるものである。「存在」の実証を要求することは、思慮を欠く象徴暴力である。

こうした「存在」は、個人のいだく妄想でもなければ、哲学で用いられるジャーゴンでもない。「存在」は、個々の人の「生きざま」（生存の様態）として現れるものであり、その生きざまは、多くの人びとにとって、切実に感じられるものである。「存在」は、いわば、生動性、すなわち強度に満ち生き生きとしていることである。例外もあるが、生動性は、人に固有である生の様態であり、それは、およそ〈よりよい〉新しいものを生みだすことに、つまり自己創出の営みに見いだされる。そして、自分自身がおのずから・みずから〈よりよく〉なることは、「自己創出」と呼ぶことができる。少なくとも私にとって、「教育」と呼ばれるべき営みは、一人ひとりの生動的で自己創出する営みを支援することすべてである。

本書の主題の一つは、この「存在」に向かう思考によって、現代において求められる新しい人間と自然の関係を描きだすことである。ここでいう「現代」は、「人新世」である。人類が行う諸活動が、地球環境に爪痕を残し、それが修復困難である、と考えられる時代である。そこで切実に問われているのは、旧来の人間と自然の関係である。にもかかわらず、教育にかんする諸研究分野で、この関係は、まともに論じられていないように思われる。温暖化対策、脱炭素化、環境汚染などの地球規模の環境危機は「疑わしいし、政治・経済が対処する仕事でしょう」といわんばかりに見える。アメリカの思想史研究者、バーンスタイン（Bernstein, Richard J.）の言葉を引こう。「環境危機に誠実に向きあわないかぎり、私たちは、私たちの惑星の破壊を抑止し低減させる活動に対し、懐疑的なままでいられる」（Berstein 2023: 208）。

本書の主題のもう一つは、感性と知性を部分的に重ね、通念の感性概念・知性概念に替えて、新たに「感性の知性」という概念を提案することである。この言葉は、感性と知性の和集合を意味している。感性と知性の部分的に重なる部分に見いだされる営みが、「想像」（imagination）である。感性は、身体で知覚・感覚することであり、その本態は、「交感」（sympathy）である。それは、いわゆる「共感」といくらか重なるが、それとは異なり、自我の意図・意識を前提にしていない。交感は、存在論的概念である「存在」（「生命」）を遡及的に想像するきっかけである。知性は、おもに分節し接合し総合する言語的思考であるが、想像に依りつつ、知覚・感覚を越える「可知的なもの」（the intelligible）、すなわち「存在」（「生命」）へ遡及する思考もふくんでいる。この可知的なものは、詩作、哲学、そして音楽においても具体化される。身体性と一体の音楽は、可知性についての言葉抜きの純粋思想でありうる。この可能性は、言葉に頼る詩作や哲学がもちえない可能性である。知性はまた、〈よりよく〉志向にも彩られている。この〈よりよく〉志向は、古いキリスト教思想で語られた「知性」「霊性」「意志」などにも、またカントの「意志」にも、デューイの「メリオリズム」にも見いだされる。この〈よりよく〉志向は、「希望」と一体であり、「欲望」から区別される。

こうした感性の知性という概念は、通念としての「素朴実在論」を、「可知的実在論」（intelligible realism）にずらしていくだろう。すなわち、五感・体感の知覚・感覚によって証拠立てられるものだけを「実在」と見なすという考え方を、想像力によって「象られた可知的なもの」（intelligible image 可知的心象）も「実在」と見なすという考え方に、ずらしていくだろう。この概念はまた、知性を感性豊かなものに変えていくだろう。この感性豊かな知性の形成は、学校を中心とした功利的で合秩序的な教育政策を積極的に方向づけるものではなく、むしろそうした教育政策の外に確保されるべき個人の固有的な試みである。すなわち、一人ひとりの固有な思考、固有な性状にかかわる試みである。いいかえれば、それは、一人ひとりが自分で自己を証言する営みとしての思考、また一人ひとりに固有な思考力としての知性が体現する自分の性状にかかわる試みである。本書も、私が私に対し行った、そうした試みにすぎない。それでも、本書が、みなさん一人ひとりが自分に対し行うその試みの参考になれば、と心から願っている。

目次

〈凡例〉

・引用文献の書誌は、各章末に〈文献〉としてまとめて記載した。
・挙示している邦訳書は、私がふだん参照しているものを挙げているだけで、網羅的ではない。
・引用文献の指示は、著者名・出版年、ないし略号、記載ページないし章・節などの番号で行った。
・本文中の引用箇所を示す丸括弧内のスラッシュのあとは邦訳書のページである。また、略号、章・節の表記の仕方は、〈文献〉の各文献に記している。
・引用文内の［　］で括られた言葉は、引用者の補足であり、……は、引用者による省略である。
・注は、アスタリスク（* **）を付して指示し、各節の末尾に置いている。
・外国人名は、初出にかぎり、原綴り、生没年を記載し、二回め以降は、必要に応じて、原綴りのみを記している。
・訳語については、恐縮ながら、私の勝手な訳語がしばしば使われている。
・ギリシア語の表記は、ギリシア文字ではなく、アルファベットで行った。
・存在論・生命論的な意味で用いる場合、「存在」・「生命」と括弧付きで表記している。「自然」は、それぞれの論者によって、意味が異なる。それは、物質系の自然のときもあるが、「存在」・「生命」にひとしいこともある。
・主要な記述概念の「自然性」と「生動性」についていえば、「自然性」は、おのずから生まれ生きる力動を意味し、「生動性」は、みずから生き生きと生みだす力動を意味している。生動性は、自然性にふくまれるものである。

序章
人間の自然性
——用立てと地続き

Naturality of Human Being: Acomodation and Contiguousness

〈概要〉　現在、**人間と自然の関係**が問われている。**地球の温暖化・環境の汚染**など、人類の活動の累積が自然に及ぼした影響によって、人類や他の生きものの**生存可能性**がひどく脅かされているからである。**人新世**という近年の地質学概念は、それを端的に示している。フランスで提唱された**共生主義**に賛同し、その基礎概念（「支えあい」）を、**ハイデガー**、**メルロ＝ポンティ**に拠りつつ、**存在論**によって敷衍するなら、人・生きものの基底に「**語りえないもの**」としての**フュシス**、すなわち**自然性**を見いだすことができる。このおのずから生まれる動きとしての自然性を踏まえるとき、人間と自然の関係は、人間が自然を制御し利用するという**用立ての関係**と、人間が一命の自然性に**共振**しその一命を**気遣う**という**地続きの関係**に分けられ、かつ前者を後者によって規制することが、可能になる。この自然性はまた、**人間性**の一つである、と考えられる。このように考えることで、**主体**が**エージェンシー**に取って代わられることで空洞化しつつある主体概念を再構築することができるだろう。

1　共生は可能か

1　人と自然の共生？

本章で、人間と自然の関係を考えるための、基礎概念を紹介・提案しよう。人間と自然の関係論の前提となる現実認識は、「人新世」という言葉に象徴される地球規模の環境危機である。実感されるその危機は、「地球温暖化」である。一九七〇年代の東京の夏は、クーラーなしでも過ごせたし、一九六〇年代の東京の冬は、水道の蛇口が凍ることがあったが、すでに遠い昔のことである。温暖化の進行は、もはや抑止不可能といわれ、人間をふくめ、多くの生物の「生存可能性」（ハビタビリティ）は、奪われつつある。なるほど、「脱炭素化」と呼ばれる環境変動への対応策は、さまざまに試みられている。多くの企業がそれを目的として掲げ、多くの国家がそれを政策として定めている。とりわけ「石油から電気へ」という目的が掲げられている。しかし、その電気の多くは、二酸化炭素を発生させながら作られている。つまり、温暖化対策は、社会・経済の「持続可能」（sustainability）のための調整であり、社会・経済の抜本的変革ではない。

もっとも、私が考えたいことは、温暖化対策の是非・妥当性ではなく、自然に対する人間のスタンスであり、そのスタンスを規定する自然観・人間観である。問われることは、人間が、自然を人間の所有し操作する対象に変えることで、人間を非人間的なものに変えている、という暴力である。めざすことは、人間が所有し操作する対象としての自然観に替わる、新たな自然観であり——大仰に聞こえるが——それを可能にする人間性の構想である＊。この新しい人間と自然の関係概念は、いわゆる「自然」、すなわち外在する自然と、「人間の自然」（human nature）、すなわち内在する自然との、つながりを想像するものになるだろう。ようするに、新たな人間と自然の関係は、人間が自然を「操作し利用する」（operate and utilise）ことを自明視するそれではなく、人間と自然が「つながり共生する」(relate and convivialise) ことを感受し想像するそれである。

なるほど、「つながり」「共生」という言葉は、近年、繰りかえし語られている。たとえば、『学習指導要領解説』は、「生命」が「多くの生命のつながりの中にあるかけがえのないものである」と述べている。また、人と人、民族と民族、人と動物、人と自然の関係を語るときに、しばしば「共生」が語られている。「人間は、世界と一体であり、そのなかでこそ、生きる意味が現れる」と。たとえば、ユネスコの教育の提言も、「共生」(live together) を掲げている (UNESCO 1996 : 20)。こうしたつながり論・共生論は、人をうんざりさせるだろう。とくに「共生」という言葉は、現代社会に溢れているもっともらしい言葉の一つだからである。たとえば、「共生の学習」「共生社会」「多文化共生」など。しかし、現実の社会は、繰りかえされる紛争や戦争、垂れ流される「自己表現」という名のエゴ表現、「自己満足」のために他人を誹謗中傷する批判、自己利益のために執拗に送られる詐欺メールなどで、溢れている。こうした現実を考えれば、「つながり」「共生」など、きれいごとにすぎないように思えるだろう。

人間と自然の共生の可能性がしっかりと実感されるためには、一定の条件が必要である。ごく大雑把な言い方をすれば、それは、ある種の「文化」であり、いくらか厳密な言い方をすれば、存在論的思考が喚起される芸術・詩作の経験である。その種の経験、とりわけ超越性に向かう「美的経験」(esthetic experience) のなかでのみ、人間と自然の共生は、人の心に迫ってくる概念となるだろう。この超越性へ向かう美的経験とは、どのようなものか——この問いに答えることが、本書の主要な目的である。この目的に向かうためには、いくつかの概念を再構築しなければならないが、そのうちでもっとも重要なものが、人間性概念の再構築である。人間性という概念は、旧来の「主体」が「エージェンシー」に替えられることで、空虚化ないし容器化しているからである。現代の主要な問いは、人間という主体が何を求めているか、ではなくなり、社会という趨勢が何を求めているかに変わっている、といえるだろう。

＊ 環境問題が取り沙汰されるようになった一九七〇年代に、オーストラリアの思想史学者、パスモア (Passmore, John 1914-2004) は、「自然に対する人間の責任」を論じるなかで、「全体」を重視する「神秘主義」を「ゴミ」(rubbish) と呼んでいる (Passmore 1974/1998: 302-3)。彼が、本書の議論の主柱であるハイデガーの「存在」、ベルクソンの「生命」にふれない理由は、それらを「全体」と見なしているからかもしれない。しかし、彼らの「存在」と「生命」は、個体の自由を消去する全体主義的全体でなく、個体のはかなさ・かけがえのなさを浮き彫りにする全体論的全体であり、この全体論的全体に向かう思考は、再確認されるべき人間性であろう（全体概念については、第3章を参照）。

2　主体からエージェンシーへ——人間性の空虚化

ふりかえってみれば、近代の主体概念は、ヘーゲル（Hegel, Georg Wilhelm F. 1770-1831）の「主体」（Subjekt）に由来している。その主体は、本来、「自己活動性」を意味していた。すなわち、中世神学で不動不変と見なされていた「実体」（Substanz）を自己活動するものにずらしたものが、主体である。ヘーゲルは次のように述べている。「実体は、精神であるが、精神は、〔中世神学のいう実体のように、動かない形相ではなく、〕それ自体へ向かい生成することである。このそれ自体に向かい、自分をふりかえりつつ生成することで、精神は、はじめて真実の精神となる。〔つまり、人が〕精神であることは、それ自体で……実体〔という形相〕を主体〔＝神に向かう自己活動性〕へ転換することである」（HW 3, PG: 585）。ここに見いだされるヘーゲルの重要な創案は、実体を主体に転換することである（田中 2023a も参照）。ヘーゲルのいうこの主体は、神に従うという意味で、たしかに従属的であるが、自分から活動するという意味で、自存的である。ちなみに、この従属的／自存的という主体の両義性は、すでにヘーゲルの主体概念のなかにふくまれている。

しかし、近代以降、「神の死」によって、従属する相手が、近代権力、すなわち主権国家・資本主義に替わっていった。主体は、その権力に晒され、取り込まれ、しばしば権力の「装置」（dispositif）と化した。この主体の装置化は、アルチュセール、フーコー、バトラーによって批判されてきた。そして現在、主体は、概念として見れば、「エージェンシー」（agency 行為能力）にずらされている（ex. Butler 1997; OECD 2019）。エージェンシーは、「変革」を生み、「責任」を取り、自分で「選択」を行う、「能力」であり（OECD 2019: 4）、脱装置化とされたものとして提唱されているが、このエージェンシーの自存は、それが個人・社会を超える超越性を棄却しているかぎり、根無し草になるだろう。エージェンシーを規定するものが、規則随順、自己利益を求めて右往左往する社会的趨勢であるかぎり。いいかえれば、エージェンシーは、「人材」（人的資本）と同じで、社会を再生産する装置にとどまるだろう。むろん、そうした概念は、現代社会に必要とされるものであるが、人間がエージェンシー、つまり能力として規定されてしまうと、人間性という概念は、ますます空虚化していくだろう。

私の関心は、現代社会には社会のための権力装置が必要であると認めつつも、その必要性に回収されない人間性の概念を再構築することである。その概念は、人間・動物を問わず、無数の一つのいのちが必要とする概念であり、先にふれた人間と自然の共生という関係を前提としている。私は、人間性は、人間の心理を覗き込むことによってではなく、人間を自然のなかに位置づける思想によってのみ措定される、と考えている。つまり、「人間性とは何か」という問いは、人間と自然の関係の概念化によってのみ答えられる、と。この関係の概念化は、私たちの知性が前提にするべき重要な礎である。フランスの哲学者、ランシエール（Rancière, Jacques）は、一九八七年に、人が自分で試行錯誤しながら「真実を把握する」力としての「知性」（intelligence）という概念を提案、この知性を、「普遍的」と形容している。その普遍性は、思考自身が先行する所定の思考から距たりながら、それに後続する新規の思考を生みだす、という思考の本態を意味しているが（JR, MI）、この思考も、人間と自然の共生を前提にしなければならないだろう。

以下、まず、現代の地球規模の危機を確認しつつ、人間と自然の関係をとらえなおしてみよう。着目するのは、いわゆる「人間性」に回収される前の「人間の自然」の思想史的起源としてのフュシスである（第2節）。次に、このフュシスが人間と動物に通底する「自然性」である、という考え方が、提案される。この自然性概念を踏まえるとき、人間と自然の関係は、用立ての関係から区別される、地続きの関係として、とらえなおされる（第3節）。最後に、この自然性が、固定されている「人間の本性」という意味ではなく、さしあたり措定されうる「人間的なもの」という意味で「人間性」である、と提案される（第4節）。

2　共生と語りえないもの

1　地球温暖化（環境汚染）という現実

すでに指摘されているように、現在、地球温暖化・環境汚染など、人類のさまざまな活動の累積が、いわゆる自然環境に及ぼした影響によって、人類や他の生きものの生存可能性（habitability）が、ひどく脅かされている。一九七九年にアメリカの音楽家（ヴァイオリン奏者）、メニューイン（Menuhin, Yehudi 1916-99）は、『人間の音楽』のなかで、「私たちは、ずっと続いている破滅の危機のなかで生きている」と述べている。そして「幸いなことに、自然は、私たちが自然を際限なく搾取することを許さないだろう。私たちが最後に残る樹や海を破壊する前に、私たちは、自滅するにちがいない。そして自然の周期は、また始まるだろう」と

(Menuhin/Davis 1979: 271)。人類は、まだ自滅していないが、危機は、深刻さを増し続けている。二〇一九年にアメリカで出版され、話題になったウォレス＝ウェルズ（Wallace-Wells, David）の『生存不可能な地球』（邦訳『地球に住めなくなる日』（2020））は、温暖化・環境汚染などによって、近い将来、地球は、人間をふくめ、多くの生きものが生きていけない場所になる、と論じている。それも、膨大な実証的論拠を挙げながら。

まず確認すると、地球温暖化は、温室効果ガス（おもに CO_2）の増大による海洋温暖化であり、さまざまな自然災害をもたらしている。たとえば、豪雨災害・気象異常、猛暑・熱波、海水面の上昇、生態系の破壊、生物多様性の喪失、山林火災の増加などである（田中編 2020）。空気と水では、熱容量（熱を貯め込む量）が三〇〇〇倍もちがう。たとえば、１cc の水と三リットルの空気は、ほぼ同じ熱を貯め込むことができる。温暖化は、実質的に海洋温暖化である。この海洋温暖化は、平均気温の上昇だけではなく、熱波も増大させる。一九八〇年と比較し、熱波の発生頻度は五〇倍である。また、海水面の上昇は、極地の氷の融解によるものであり、その融解速度は、過去一〇年で三倍になっている。また、この四〇年間で、環境の変化によって、世界の脊椎動物の半分以上が絶滅し「この二五年間で、飛翔昆虫の数は七五パーセント減少した」といわれている（Wallace-Wells 2019/2020: 54, 80, 37）。環境汚染は、大気・水・空気が（ゴミの）化学物質によって汚染されることであり、これによって、人間をふくむ多くの命が失われている（Wallace-Wells 2019/2020: 120-9）。

少なくとも、温暖化に対し、日本では、国策としての脱炭素化（「カーボン・ニュートラル」）を中心に、さまざまな対応策が講じられている（環境省 2018）。カーボン・ニュートラルは、人為的に排出される CO_2 の量と、森林などが吸収するその量が均衡状態である、ということである。温暖化の原因は、温室効果ガスが排出され続けていることであり、温室効果ガスは、おもに CO_2 だからである。CO_2 の排出量は、拡大する一方である。一九〇〇年の一九億トンに比べて、二〇一八年は三六八億トンであり、約一九倍である。現状の政策のままなら、二〇三〇年に、排出量は六〇〇億トンに近づく（Tollefson 2019）。個人のレベルにおける対応策は、たとえば、農薬・化学飼料・農業機械を使わない「自然農法」や、「オフ・グリッド」（Off-grid）と呼ばれる生活形態である。オフ・グリッドは、おもに家屋において、電気を公共事業・電力会社の大規模な発電システムに依存せず、自立的に確保する生活形態である（「グリッド」は、電力網（Electrical grid）を意味している）。代替となる発電システムが、小規模な太陽光発電システム（パネル［モジュール］＋蓄電池）である。

しかし、現実的に考えるなら、脱炭素化は、現在のような商品生産を続けるかぎり、ほとんど不可能であろう。第一に、原材料の生産、加工、販売のすべてにおいて、電気を使うからであり、電気の産出の多くが、化石燃料の燃焼によるものだからであり、化石燃料にかわる発電の方法が十分に開発されていないからである。第二に、生産・消費という経済活動の縮小が、グローバルな政策として採用される可能性は、ほとんどないだろうからである。ウォレス＝ウェルズは「CO_2排出量で世界の上位一〇％の企業が、ＥＵのその平均値にまでCO_2の排出量を削減すれば、それだけでCO_2の排出量は、三五％低下する」と述べているが（Wallece-Wells 2019/2020: 215-6）、世界の上位一〇％の企業（ちなみに一位マイクロソフト、二位アップル、三位アマゾン）が、電気を使わずに商品を生産し販売することができる、とは考えられない。原子力発電（現在の発電量比率は六％）は、CO_2を出さない「原資」であるが、甚大な被害をもたらすリスク、「核のゴミ」処理の困難さ、さらに建設コストの大きさ、といった重大な問題を抱えている。

2　人新世が突きつける問い

近年、また「人新世」（Anthropocene アントロポセン）という新しい地質学の概念が注目されている。この言葉が使われるようになった主要な要因も、こうした温暖化・環境汚染である。Anthropocene という言葉は、オランダの地球惑星科学（温室効果ガス）の研究者クルッツェン（Crutzen, Paul）によって二〇〇〇年に使われてから、広まった*。この概念は、人間の経済活動が、地球温暖化・環境汚染のように、地球という物質系・生態系のシステムの構成そのものを変えてしまい、その痕跡が地層に残ることを意味している。ちなみに、直前の時代は、「完新世」（Holocene）と呼ばれている。ヴーゼン（Voosen, Paul）は、次のように述べている。「第二次大戦後、原爆が投下され、石炭や石油への欲望が全面的な中毒状態となり、人類の環境への作用が世界中の堆積物に痕跡を残すようになったことで、地球は新しい地質時代『人新世』に入った」と（Voosen 2016）。

ここで地質学の知見を振りかえれば、四六億年の地球の歴史は、生物の進化と絶滅を基準にいくつもの地質年代に分けられている（「地質年代層序表」、地質から見た地球の歴史区分）。現代の（人新世以前の）地層年代は、顕生代の新生代の第四系の完新世である。完新世は、最後の氷河期が終わり、現代のような温暖な気候が始まった時代で、およそ一万一七〇〇年前から始まっている。人新世の始まりの時期は、およそ一九五〇年代とされつつある（ほぼ確定されたといえるだろう）。ただし、近年の議論においては、温暖化よりも、核開発や大規模な産業化（「大加速時代の始まり」）が重視されている。放射性物質、プラスチック、その他の汚染物質が明白な痕跡を大地に残すからである（Voosen 2016; Subramanian 2019）。

このように、人間の活動が地球に痕跡（傷跡）を残すほど大きくなっているという事実は、人間が自然にどうかかわるべきか、という問いを突きつけている。この問いに対し、人文社会系から示された応答の一つが、資本主義批判である。利潤最大化を無限に追求し続ける資本主義（「資本制経済」）が、人間も自然も商品化し、温暖化・環境汚染を加速している、ように見えるからである。この資本主義批判においては、「ＳＤＧｓ」（持続可能な開発目標）も「欺瞞」にすぎない。それが、元凶である資本主義の批判・再構築を欠いたまま、温暖化・環境汚染が抑制できるいう幻想を正当化している、ように見えるからである。

しかし、資本主義に帰責されている膨大な負の産物は、つきつめれば、資本主義を日々の活動によって構造化している人びとの、功利性指向（実益性指向）が生みだしている、と考えられる。資本主義を経済的構造であるとするなら、それは、日々、商品を生産し購入し、利益を欲望し、資本を運用するという、経済的構造の構造化という営みを必須としている。この経済的構造の構造化から逃れることは、市場から隔絶されたどこかで原始的な生活をすることである。商品からも、電力からも、医療からも、情報からも、まったく隔絶されて。それができないのなら、批判されるべきは、資本主義ではなく、功利性指向の様態である。この経済的構造の構造化という営みが、貧しく狭い功利性指向に枠づけられているからである。近年、この種の功利性指向への批判を鮮明に打ち出しているのが、フランスで唱えられた「共生主義」である。

＊ クルツェン自身は、人新世は「一八世紀後半に始まった」と述べている。「この時期にCO_2とメタンの濃度が地球規模で上昇し始めた」からである、と。蒸気機関の発明は一七八四年である。人口の急激な増大、一人あたりの資源利用の増大は、この時期から始まっている。たとえば、過去三世紀に、世界の人口は一〇倍の六〇億人以上に増加している、と（Crutzen 2002）。

3　共生主義宣言

二〇一三年にフランスの社会哲学者、カイエ（Caillé, Allain）をふくむ多くの知識人によって、「共生主義宣言」（*Manifeste convivialiste*）が提示された（が、日本ではほとんど話題にならなかった）（IC 2013）。それは、温暖化・環境汚染のみならず、エネルギー資源・食料の不足なども念頭に、「共生主義」をこれからの社会を方向づける大原則としよう、という宣言である。そこで問われているのは、すべての行動・個人を測り定める、客観的尺度としての「有能性（効率性）」（efficacité）ないし「有用（功利）主義」（utilitarisme）である。そして、この有能性を抑制する原理として求められているのが、「共生主義」である。

共生主義（convivialisme）は、人と人・生きものが「編みあわされて生きる術《すべ》（art de vivre ensemble（*con- vivere*））を探求することである」（IC 2013: 14）。いいかえれば、「共生主義は、人と人のつながりや助けあいを大切にし、対立者を容認し排斥せず、他者と大いなる自然（Nature）に専心する（prenant soin）生き方である」（IC 2013: 14）。この「編み合わされる（ともに生き生きる）」を象徴する営みが「配慮」（care）であり、それは、人と人が「支えあう」という生の本態を指し示している。その「宣言」は、「配慮、世話、気遣い（Le *care*, le soin, la sollicitude）こそ、人類すべてに共通する、もっとも基本的な営みではないのか」と問いかけ、これらの営みは、「人類の普遍的な支えあい（interdépendance）」を端的に示している、という（IC 2013: 23）。

そして、この「宣言」は、人の人への配慮を、自然と人間の関係に適用し、この関係を、「支えあい」の原則によって再構成すべきである、という。「人間は、自然を所有し支配する者と僭称できない。人間は、自然と対立するのではなく、自然の一部だからである。人間と自然には……［相互に］贈り贈られるという関係（relation de don/contre-don）が、成立していなければならない」と（IC 2013: 32）。また「贈り贈られるという関係、ないし支えあいは、動物に対しても同じく適用される。動物を工業資材のように見なすことは、止めるべきであり、［この原則］は、地球上のすべての生きものに適用されるべきである」と（IC 2013: 33）。

4　語りえないものへ——存在論的概念史

ここで試みたいことは、こうした共生主義（つまり、人と人・動物の支えあいを充実させること）の是非をあれこれ論じることなく、それを当為として受けとめ、そこで重視されている「支えあい」の概念を「存在論的概念史」によって敷衍することである。というのも、この「支えあい」は、人・動物の生存を可能にする

「語りえないもの」（le impensé/the ineffable 存在論的次元にある可知的なもの）である、とも考えられるからである。この「語りえないもの」は、人と人が相互に気遣いあうこと、少なくとも人が動物を気遣うことを可能にしている、生きものに通底する内在性である。この内在性は、推論されるもの・仮象的なものであり、あくまで措定される概念である（ただし、この気遣いの可能性の度合は、人・動物への好・悪の違いによって、限定されている。たとえば、イヌやネコは大好きだが、爬虫類は苦手である、という人は、多いだろう）*。

念のためにいえば、後で「自然性」と形容されるこの内在性は、崇高化されたり神聖化されたりするものではなく、あくまで措定されるものである。すなわち、そう前提にしたほうが〈よりよい〉結果を生みだす、と考えられるから、措定される。むろん、その措定のために、「存在論」という思考の仕方によって、その内在性が措定可能である理由が、示されるが、その理由は、けっして実証的証拠をふくむものではない。その理由は、あくまで措定可能性を語るための理由である。すなわち、内在性の事実を「確証できる」と述べるための理由ではなく、内在性の実在を「否定できない」と述べるための理由である。端的にいえば、その内在性が、遡及的に措定可能である、ということである（遡及については、第3章で敷衍される）。

ともあれ、ここでいう「存在論的概念史」は、個々の思想の差異・類似を編年史的に克明に描くことではなく、そうした個々の思想で用いられた主要な概念を「語りえないもの」を果敢に語ろうとした、情動（パトス）に満ちた試行と見なし、その概念の中身を史的に遡行し、その奥行きを示すことである。概念は、たんなる事実命題ではなく、およそ悲哀・憤激に彩られているし、そうした暗い情動を乗り越えるような明るい情動もふくんでいる。こうした情動とともに「語りえないもの」へ向かう存在論概念史は、たとえば、ハイデガー（Heidegger, Martin 1889-1976）の「存在の歴史」にも、またメルロ＝ポンティ（Merleau-Ponty, Maurice 1908-1961）の「自然の概念［史］」に見いだされる。ハイデガーは、「語りえないもの」を「隠されたもの」（覆蔵性 Verborgenheit）と呼び、メルロ＝ポンティは、それを「根底的なもの」（基底 fondement）と呼んでいる。

ハイデガー、メルロ＝ポンティの存在論的概念史において、「存在」・「自然」という「語りえないもの」の歴史的起源は、古代ギリシアで語られた「フュシス」（physis ピュシス）である。この「フュシス」と呼ばれたものは、端的にいえば、「おのずから・みずから生まれること」、また「みずから生き生きと生みだすこと」である。これに対立する言葉は、「ノモス」（nomos）であり、これは「人為」「規範」「法律」などを意味している。ちなみに、フュシスの動詞形は、「フュオー」（phyo）であり、「生みだす」「形づくる」を意味している。

* ちなみに、ベンサム（Bentham, Jeremy 1748-1832）は、一七七六年の「存在論の断章」において、存在論を「形而上学」に重ね、その領域は、「もっとも抽象的に存在するもの（supremely abstract entities）の領域であり、まだ未踏の迷宮であり、けっして解明されない野生性（wilderness）である」と述べている。もっとも抽象的に存在するものは、「可感的なもの」（perceptible）、すなわち「事実的なもの」から区別される、「推論的なもの」（inferential）、すなわち「仮象的なもの」（fictitious）である。前者は「身体・物体」（body）であり、後者は「人間的なもの」（Human）と「超人間的なもの」（Super-human）である（JB, FO: 195）。人間的なものは「魂」（soul）であり、超人間的なものは「神」であり、「天使」と「悪魔」である（B, FO: 196）。

3　用立てと地続き

1　フュシスという忘れられた自然

ハイデガーによれば、ヨーロッパにおける存在論的な自然概念は、このフュシスに行き着く。ハイデガーは、フュシスを「おのずから・みずから現れ出るもの」（das Sichentbergende）と形容している（GA 55, LHLL: 117）。ハイデガーによれば、このフュシスの原型は、植物の一生である。すなわち、発芽・成長・結実（散種）・落葉・枯朽《こきゅう》である。こうした植物の一生に見いだされるものは、私たちがふだん経験している、個体としての一つの生きものの生成消滅である。すなわち、「春になり、芽吹き、花咲くものは、やがて実が熟し、ついには消え去っていく」という移り変わりである（GA 55, LHLL: 117）。この一つの生きものの生成消滅は、フュシスを生きものの力動（の律動（リズム）的な出来・消失）としてとらえることである。

メルロ＝ポンティも、このフュシスに言及しつつ、それは「思考によって規定されるもの」ではなく、「感覚されるもののもつ自己創出性」であり、「内部をもち、その内部から規定されている」と述べている。フュシスは、したがって「私たちの〔生存の〕土壌であり、見えるものではないが、私たちを支えている」と（MMP, N: 20）。メルロ＝ポンティは、またフュシスを「根源的創出性」とも形容している（MMP, N: 169）*。メルロ＝ポンティがいうフュシスは、アリストテレスのそれに似ているが、それと少し異なり、「おのずから・みずから生まれる力動」としての「自然性」である。アリストテレスのフュシスの第一義は、たしかに「生長するものの生成」であり、これは、おのずから・みずから生まれる力動であるが、その第二義は、「生長する事物に内在する生長し始める根本」、つまり内在する動因である（A, M: 1014b）。

ハイデガー、メルロ＝ポンティにとって、フュシスという概念は、生きもの・いのちを根底的に支えているもの、つまり、おのずから生まれ、みずから生みだす力動としての「存在」（sein/seyn, être/sous-être）ないし「生命」（vie）を指している。ハイデガーは、フュシスは「存在それ自体」である、と述べている（GA 40, EM: 17）。この「存在」は、知覚されるものではなく、動態として「生まれ生みだすこと」である。それは、隠されているが、顕れている。すなわち、これこれのモノと意味づけると見失われるが、出来し消失するという実在性（réalité）によって感受されるコトである。フュシスは「自分を保全する（Walten［＝司る］）が、その根源的統一性にもとづく活動［＝生成］と休止［＝消滅］は、隠れてもいるが、顕れてもいる」。すなわち「この保全は、思考のなかでは把握されない［＝隠されている］が、圧倒的現前（An-wesen）［として顕れている］。そこで現前するものは、存在者として生きていることである（west）」と（GA 40, EM: 66-7 傍点は引用者）。

＊　メルロ＝ポンティの自然概念と人間性概念についての包括的な研究として、バンベネの研究（Bimbenet 2004）がある。なお、日本における自然概念の哲学史的研究は乏しく、たとえば、池田編 2003 がある。

2　自然の存在論的概念史の試み

先にふれた存在論的歴史、すなわちハイデガーの「存在の歴史」（Seinsgeschichte）、メルロ＝ポンティの「自然の概念［史］」は、このフュシスを語ろうとする、ヨーロッパ思想のさまざまな試みを描いている。ハイデガーの「存在の歴史」は、たとえば、『哲学への寄与』や「形而上学の超克」に見いだされる（GA 65, BP; 67, UM）。メルロ＝ポンティの「自然の概念［史］」は、おもに『自然』に見いだされる（MMP, N）。ハイデガーによれば、「イデア」（プラトン）、「エネルゲイア」（アリストテレス）、「モナス（＝モナド）」（ライプニッツ）、「力への意志」（ニーチェ）などは、すべて「存在者の存在」を語る試みである（GA 67, UM: 135）。メルロ＝ポンティによれば、デカルト、カント、シェリング、ベルクソン、フッサールが語った「自然」（natura/Natur）

ないし「人間の自然」（natura humana/menschen Natur）は、自然科学の自然概念（後述の「物質系の自然」）を踏まえながらも、それから区別される人間・生きものを支える「内なる自然」を語る試みである（MMP, N: 267）。

　こうしたハイデガー、メルロ＝ポンティの存在論的概念史を踏まえつつ付言するなら、「フュシス」は、ラテン語の「ナートゥーラ」（natura）に翻訳され、いわゆる「自然」と「本質（本性）」を意味するようになったが、古代・中世のキリスト教思想では、それは、神の創造性に類比されるものであり、いわば「みずから生みだす力動」としての「生動性」を意味していた、と考えられる。なるほど、「ナートゥーラ」は、しだいに「本質（本性）」、すなわち不動普遍である実体を意味するようになり、のちに英語の human nature、フランス語の nature humaine、ドイツ語の menschen Natur なども、「人間の本質（本性）」を意味するようになった（伊東 1999 も参照）。しかし、これらの言葉の由来である、古代・中世キリスト教思想の「人間の自然」の「自然」は、神に由来し、人間・生きものに分有される生動性を意味していた。この生動性としての「自然」は、もともと「生きる・動く」を意味していた「アニマ」（anima）――後に「魂」（soul, âme, Seele）と訳されている――にも見いだされる（ナートゥーラの生動性については、第1章で敷衍される）。

　こうした、みずから生みだす「生動性」（vitality）をふくむ、おのずから生まれる「自然性」（naturality）が、「物質系の自然」から区別される「感性系の自然」の存在論的次元で語られる内容である。いいかえれば、感性系の自然は、語りえない自然性（の生動性）が心に現れたものである。そして、自然性（の生動性）は、つねにではないが、およそ、生きる歓びという感情をともなっている。なお、「感性系」という言葉は、「情動」（émotion）と「感情（情感）」（sentiment）をともにふくむ集合概念を指している。情動は感情の動きであり、強く肯定的な情動は「感動」と呼ばれる。感情は、何かを感受し共振（交感）する状態であり、身体の感覚・知覚にも、心の表象・観念にも由来している。この感受し共振（交感）する力能が「感（受）性」

（sensibility）である（共振（交感）は、第2章、第6章で、感性と知性の関係は、第6章で敷衍される）。

＊ちなみに、ここでいう「自然性」は、ニーチェのいう「自然性」（Naturlichkeit）ではない。ニーチェのいうそれは、所与のものをただ受容する安穏、つまり弱さの力である（KS 6, GD: 115; KS 13: 11［312］, 14［14］）。

3　用立ての関係と地続きの関係

まず、物質系の自然は、自然科学的な法則に司られている物質（matériel）としての自然である（この物質系は、生態系もふくむ）。これは「自然災害」「自然環境」「自然科学」といわれるときの「自然」である。この場合の人間と自然は、主観と客観（主体と客体）の関係にあり、人間は、多くの場合、自然科学が析出する法則を頼りに、自然を操作し利用するという意味で、自然と「用立て」（取り立て・役立て Be-stellen）の関係にある。すなわち、人間は、自然を利用する主体である。この「用立て」は、ハイデガーの言葉であり、これまで「集め立て」と訳されてきたGestell（ゲシュテル）と同じことを指している。なお、動詞のgestellen（ゲシュテレン）は、「調達する・用意する」を意味している（GA 79, BFV: 26）。

こうした物質系の自然に対し、感性系の自然は、感情に彩られた「心象」（image　イマージュ）としての自然である。ここでいう「心象」は、ベルクソン（Bergson, Henri 1859-1941）のいう「心象」であり、物質としての「事物」（chose）と、言述としての「表象」（représentation）の「あいだ」（mi-chemin）に位置している（HB, MM: 16, 21）。表象は、心象が知覚・感覚から離れ、意識による意味づけによって言語化されたものであり、ついでにいえば、「観念」（idée）は、意識によってある表象が他の表象と比較されて、価値づけられたものである。この意識は、すでに慣れ親しんでいる意味や価値の世界のなかでしか、はたらかない。ともあれ、心象は、身体の知覚・感覚に後続するが、心の表象・観念に先行するものであり、したがって意味でも価値でもない。それは、「語りえないもの」を暗示しうる、いわば「形なき像」である。

この感性系の自然は、たとえば、「動物とふれあう」、「自然にしたしむ」といわれるときの「動物」、「自然」であり、安らぎ、癒やし、美しさ、壮大さなどの感情（情感）をともなっている。これは、ハイデガーが『存在と時間』（1927）で「ロマン派の自然」と呼ぶ自然概念である（SZ: 65）。ハイデガーはまた、『哲学入門』（1928-9）で「現存在は［通念の意味世界を］超越する存在者として、まさに生きていることとして、自然［＝自然性］であり、この自然によって司られ、根底的に気分づけられている」と述べている（GA 27, EP: 328 傍点は引用者）。つまり、〈今・ここ〉（hic et nunc）に存在する人は、自然性の現れである、と。

この場合の人間と自然は、ともに同じ自然性であり、それらを分有するという関係にあり、人間は、（他者であれ、他の動物であれ）一つのいのちの自然性に共振し、そのいのちを気遣うという意味で、自然と「地続き」（共存在 co-esse）の関係にある。たとえば、メルロ＝ポンティは「私たちの内なる〈自然〉［＝自然性］は、私たちの外の自然［＝自然性］と何らかのかかわりをもっている。……私たちが求めているのは、神の眼による［同じ被造物という］位置づけではなく、この［自然性であるという］つながり（nexus）である」と述べている（MMP, N: 267 傍点引用者）。とくに、身体としての人は、他者に「感じられると感じる者」（le sentant sensible）である、つまり相互嵌入的・相互浸透的である、と（MMP, VI: 179）。

分有、自然性、共振の含意についても、後の章であらためて敷衍するが、さしあたり確認しておくなら、後者の地続きの関係は、前者の用立ての関係を修正したり方向づけたりすることが可能である。すなわち、人は、用立ての関係と地続きの関係を対立させるという背反的思考ではなく、用立ての関係の下方に地続きの関係を置くという重層的思考によって、経済活動をふくむ実際の諸活動を〈よりよく〉変えることができる（この重層的思考のもとで構成される活動概念は、第1章で敷衍される）。

4　人間の自然としての人間性

1　人間の自然としての交感

こうした人間の自然性は、ヨーロッパ中世の神学・哲学で語られた「人間の自然」（natura humana）によって隠されることもあった。そこで語られた「人間の自然」が、おのずから・みずからの力動である「存在」（esse）をふくみつつも、形而上学的本質（五感・体感の経験を超える所与の内在性）も意味していたからである。たとえば、中世キリスト教思想の大家、トマス（Thomas Aquinas 1225-74）のいう「人間の自然」・「人間性」（humanitas）は、その典型である。トマスにとって人間性は、神に贈られて人間に内在する「知性」（intellectus）、「理性」（ratio）であり、それは、「神の自然」である「真理」（veritas）を志向する「意志」（voluntas）に体現される、人間に固有な形而上学的本質（*essentia*）であった（TA, ST: II-II. q. 80, a. 1, ad 2）。

思想史をふりかえるなら、そうした「人間の自然」を語る形而上学（中世のキリスト教神学）は、一八世紀に厳しく批判された。たとえば、スコットランドの哲学者、ヒューム（Hume, David 1711-76）は、『人間の自然論』（*A Treatise of Human Nature* 人間本性論, 1739）で、次のように述べている。「私たちは、経験を超えて進むことができないので、どのような所論も、すなわち人間の自然の究極的で根源的な性状（qualities）を発見したふりをするどのような所論も、仮定的で空想的なものとして、はじめから拒絶するべきである」と（Hume 1985: 44; Hume 2007, 1: 5）。そのヒュームが「経験」に即して確認したことは「交感（sympathy）が、人間の自然にふくまれる、とても強力な原理である」ということである（Hume 1985: 667; Hume 2007, 1: 393-4）。この sympathy は、「共感」、すなわち現代のアメリカ英語のそれが意味する「お悔やみ」「同情」、つまり他者が抱く感情を自分が意図し意識し読みとり、その感情に配慮することではない。「交感」としての sympathy は、思わず自分の心が、自分を越える感情につかまれてしまうことである（交感は、第2章で敷衍される）。

もっとも、一八世紀の啓蒙の時代においても、形而上学的思考は、まだしぶとく生き残っていった。たとえば、ヒュームより一三歳年下であったが、ヒュームと五〇年くらい同時代を生きた、プロシア（ドイツ）の哲学者、カント（Kant, Immanuel 1724-1804）のいう「人間の自然」（menschen Natur）は、ヒュームのそれとちがい、「理性」（Vernunft）という形而上学的本質をふくんでいる。カントは、ヒュームによって「独断のまどろみ」を破られた、と述べているが（KW 5, P.: 118）、カントのいう「人間の自然」は、形而上学的概念であり、「動物性」（Tierheit）、「人間性」（Menschheit）、「人格性」（Persönlichkeit）に分けられている。もっとも重要なものは、人間性である理性が生みだす人格性であり、これは「魂を崇高にするもの」「神性自体に導くもの」である（KW 8, RGV: 672-3/34, 857/246）。カントは、ヒュームに比べて、ヨーロッパ中世のキリスト教形而上学の継承に大きく傾いている。しかし、この形而上学的なものは、まるごと捨てられるべきではない。継承されるべきものは、後述する「意志」という内在の志向である（カントの意志は、第2章で敷衍される）。

ヒュームに戻っていえば、その「交感」は、人と人の間に生じるものであるが、あの地続きの関係におよそ重ねられそうである。おそらく、ヒュームは、この交感を「存在論的概念」と形容することを認めないだろうが、仮に、ヒュームが提示しているように、交感が「人間の自然」にふくまれているとするなら、それは、フーコー（Foucault, Michel）が『言葉と物』で述べている、古典主義時代の「人間の自然」のとらえ方と、いくらかずれながらも、通じている。フーコーは、そこで「［古典主義時代の］人間の自然は、人がみずから表象することを可能にする、表象の余白に宿っている（人間の自然は、すべてそこに在る。すなわち……表象の外側に）」と述べている（MF, MC: 85）。この「表象の外側」は、「思考しえないもの」（l'impensé）、「大いなる他なるもの」（l'Autre）、「底知れない領域」（région abyssale）とも表現されている（MF, MC: 85）。もっとも、フーコーは、そうした「表象の外側」は、表象と一対のもの、表象に付随するもの、と考えているが。

2　共振＝交感する自然性——内なる実在

ここで、以上の議論を踏まえて、共生主義のいう「支えあい」は、存在論的に把握された自然性の現れである、と考えることを提案したい。すなわち、その支えあいは、自然性の共振の現れである、というふうに。ここでいう「共振」（resonance）は、現代英語的ではない「交感」（sympathy）と重ねられる（共振は第6章で敷衍される）。自然性は、生動性をともないつつ、この共振（交感）を可能にする内在である。この自然性を、あらためて人間性の内容として措定しよう。たしかに人間性は、一義的に規定できないが、私たちが〈よりよく〉生きようとすることは、自分の自然性だけでなく、他者の自然性を支え援けることをふくんでいないだろうか。私たちが過去をふりかえり悔やみ哀しむことは、他者の一命の存続にかかわることではないだろうか。そもそも、感情（sentientem/affectus）は、他者の感受（affectio）に依って生じる営みではないだろうか。

念のためにいえば、この自然性は、所与の本質概念ではなく、遡及的措定概念である。あらためて論じるが（第4章参照）、ここでいう自然性は、一人ひとりが自分の具体的な気遣いの営みのなかでいつのまにか心のなかで象られていく、おのずから生じる心象である。メルロ＝ポンティの言葉を借りれば、人が、身体に「透かし模様としての〈存在〉」（MMP, N: 270）を見いだすように、人は、自分のなかに自然性を遡及的に措定していく。この遡及という思考は、ある存在者が、自分の他者への気遣いのなかに、「共存在」を見いだすことにも見いだされる。遡及は、可感的である現れからさかのぼり、可知的である何かを実在として象ることである（「可感的」（sensibilis）は、通俗的感覚で「感じうる」を意味し、「可知的」（intellegibilis）は、通俗的感覚を超えたもの（神・神性）を「知りうる」を意味する。どちらも、もともと中世キリスト教思想の用語である）。この遡及という思考

（いわば「可知的実在論」）は、自然性だけでなく、「死者」も象っていく。ある母親にとって、幼くして死んだ子の遺影は、日々、声なき声で自分に呼びかけている。彼女もまた、その遺影に、日々、呼びかけている。この呼びかけによって、亡き子は、内なる実在として象られていく。

遡及的に思考する存在論は、「ただの妄想」、「ただの意味」を語っているように見えるかもしれない。日々、遺影を前に、幼くして死んだ子と挨拶を交わす母親を冷笑する人もいるだろう。「ただの妄想」に囚われている、と。また、ハイデガーの「存在」をヨーロッパの言語文化の産物にすぎないと評する人もいるだろう。「ただの意味」である、と。しかし、遡及的に措定される何かは、「妄想」でもなければ、その対極にある「現実」でもなく、また「意味」でもなければ、その対極にある「事実」でもない。それは、固有的で特異的な内なる実在である。この「私」にとっての切実な内在である。それは、一般的妥当性とも、客観的事実性とも、無関係である。遡及的に思考される何かに、一般的妥当性や客観的事実性を要求することは、代替不可能性を代替可能性に還元するという野卑にひとしい。

ともあれ、教育思想史の一つの形態として、教育にかかわる主要な概念に自然性を見いだすという、存在論的概念史を試みることができる。本書の全体も、かなり変則的であるが、そうした概念史の試みである。たしかに、存在論的概念は、それを規範概念として宣揚すれば、たちまちその豊かな含意が失われ、制裁的・論難的なものになってしまうが、そうならなければ、人が繰りかえし立ち帰ろうとする生身の実在性を暗示してくれる。もっとも、そこに立ち帰ったところで、温暖化が止められるわけでも、人新世が終わるわけでもないが、そうした実効性（有用性）を目的・規範として概念史的に思考することは、少なくとも私が概念史的に思考する理由ではない。

3　社会的状態の基底としての交感

最後に、交感が「社会的状態」を支え、それをよくする基底である、とつけ加えておきたい。思いだされることは、スイスの高名な教育思想家、ペスタロッチ（Pestalozzi, Johann Heinrich 1746-1827）が、『人類の発展における自然の歩みについての私の探究』（1797）において語った、「社会的状態」ではない「自然」である。ペスタロッチは、そこで「人が社会的状態に入るとき、人は、すでに根底から硬化しており《堕落した自然人》（ein verderbener Naturmensch）となっている」と述べている（KA 12, MN: 76）。ペスタロッチは、また「本来の意味の社会的人間の情調（気分・趣向）は、本質的に利己的である。本来の意味の社会的状態は、本質的に、我欲によって汚されていない協力の心というものを欠いている」と述べている（KA 12, MN: 100）。

ペスタロッチがここで踏まえているのは、ルソー（Rousseau, Jean-Jacques 1712-78）の「自然の状態」（état de nature）と「社会的状態」（état civil）の区別である。ルソーにとって「人間の自然」は、「自然の状態」の人に顕現するものである。この自然の状態の人は、「自己愛」（amour de soi）という「自然な感情」（sentiment naturel）をもっている。この自己愛は、いわば、スピノザ（Spinoza, Baruch de 1632-77）のいう「コナトゥス」（conatus）に似たものであり、純粋に生きたいと思うことと一体の歓びの感情である。これに対し、社会的状態の人は、「利己心」（amour propre）という感情をもっている。この感情は、他人を利用し利益を得る歓びをふくんでいる（OCR 3, EE: 545）。自己愛の歓びと、利己心の歓びは、はっきり区別される。

自然の状態にある人はまた、「憐れみ」（pitié）という「自然の感情」を抱く。この憐れみは、「活動的な善行心」（bienfaisance active）であり（OCR 3, EE: 545）、「自己愛の活動を緩和し、種全体の相互保存を支えている」（OCR 3, OFI: 155-6）。ルソーのいう憐れみは、先にふれた「交感」という感情に重ねられる（交感概念は、第3章で敷衍される）。これに対し、社会的状態にある人は、利己心が大きいために、この憐れみを看過しがちであるが、これら二つの感情の葛藤に苦しめられてもいる。しかし、何よりも、社会的状態にある人たちは、他律的である。すなわち、「他人の意見のなかでしか生きられず、いわば、［自分に対する］他人の判断だけから、自分が実存しているという感情を得ている」（OCR 3, OFI: 193）。

こうした社会的状態の人と対比されるなかで浮かびあがる、自然な状態の人の憐れみ・交感は、なるほど社会的状態にとって付随的なものとして位置づけられているが、それはまた、社会的状態を〈よりよく〉方向づける基底的なものとしても位置づけられる。いいかえれば、自然の状態と社会的状態は、対立的にも意味づけられるが、重層的にも意味づけられる。付け加えるなら、この憐れみ・交感は、ルソーが「良心」と呼ぶような、内在する神性から区別されている（OCR 4, EE: 600-1）。憐れみ・交感は、アウグスティヌス以来「内なる人」といわれてきた内在する神性ではなく、あくまで、人が人間として、他の人・生きものと、自然性という根底において通じあうということ、つまり地続きであるということである。

第1章 自然性の忘却
——存在は分有される

Lost of Naturality: Partage of Being

〈概要〉　二つの自然がある。**物質系の自然**と**感性系の自然**である。しかし、「自然」という言葉のヨーロッパの歴史をさかのぼるなら、自然は、それらから区別される、おのずから・みずから生まれるものとしての**フュシス**に行きあたる。その特徴を**自然性**と形容しよう。この自然性は、古代・中世のキリスト教思想で語られた**ナートゥーラ**にも見いだされる。それは、自然性のもつ**生動性**であり、「**エッセ**」とも形容された。この自然性の生動性は、おのずから・みずから生みだす力動であるが、基本的に神によって贈られ、分けもたれているもの、すなわち**被造性**であり、**分有されるもの**である。古来のキリスト教思想では、「**自由意思**」も語られているが、それは、神に向かう「**意志**」にもとづくものであるかぎり、肯定される。そして、その「神」を「力」に変えて語られる生動性が、ニーチェのいう「**無垢なる生成**」である。しかし、その意志すらも削ぎ落とされるとき、生存は、恣意的な「**生の享受**」に頽落する。しかし、人の思考には、そうした頽落を乗り越える生動的な**創出の力動**がふくまれている。そして、分有される自然性を念頭に置くとき、人にとっての自然は、**人が所有し利用する自然**から、**人が与り用いる自然**にずらすことができる。

1　二つの自然の関係

1　二つの「自然」

まず、「自然」という言葉の使われ方から、その意味を分けよう。たとえば、「自然の猛威」、具体的にいえば「河川氾濫」「豪雨災害」「津波被害」といわれるときの「自然」がある。こうした「自然」は、恐さ、危うさなどの感情をともなっているが、基本的に物理的現象である。また、「海底資源」「風力・潮汐発電」「農地拡大」「石油・石炭」といわれるときの「自然」がある。こうした自然は、むろん物質的なものであるが、有用性に強く結びついている。さらに、「自然保護」「環境保護」「環境倫理」といわれるときの「自然（環境）」がある。この自然は、生態的なものであり、何らかの倫理観をともなっている。

さしあたり、こうした「自然」をひっくるめて、「物質系（生態系をふくむ）の自然」と呼んでおこう。この物質系の自然は、基本的に客体的・物体的なもので、そのかぎりにおいて、価値や目的をふくまないが、むろん、何らかの有用性や倫理性と結びつけられることもある。いわゆる「生態系」も、価値づけられがちであるが、物質系の自然である。ここでいう「生態系」は、物質的なつながり・ひろがりであり、さまざまな生物と、その生物の生存を支えている気候、風土、地形などの自然環境を包括する概念である。

こうした物質系の自然に対し、「自然とふれあう」「自然に親しむ」「風光明媚」「初日の出」といわれるときの「自然」がある。こうした「自然」は、たしかに物理的現象であるが、それだけでなく、美しさ、安らぎ、癒やし、晴れやか、といった美的な感情とも強く結びついている。こうした美的な感情は、たんなる快の感情ではなく、生の肯定それ自体に通じている、心の深いところから湧きあがる肯定の感情であり、現実の世界の苦境・逆境をしばらく忘れさせてくれたり、それらを乗り越える力を呼び覚ましたりする。この感情はさらに、現実の世界を越える可知的なものに向かう志向や意志を掻き立てたりもする。

さしあたり、こうした「自然」を「感性系の自然」と呼んでおこう。感性系の自然は、芸術・詩歌・文芸・哲学などでよく扱われている。さかのぼれば、たとえば、ゲーテ（Goethe, Johann Wolfgang von 1749-1832）に代表されるような、ドイツ・ロマン派（Romantik）の自然概念が、それである。この「自然」は、意味や価値をふくんでいるが、主観的ではなく、およそ存在論的である。すなわち、この「自然」は、たんにある個人が勝手に思い浮かべる内容ではなく、古来、多くの人が語りえないと思いつつも、語ろうとしてきたいわば理想的な内容である。ここでいう「存在論」は、そうした語りえないもの（いいかえれば「存在」）を語ろうとする果敢な試みを形容する言葉である。

2　物質系の自然と感性系の自然

もう少し、それぞれの自然概念を敷衍しよう。一方の物質系の自然は、およそ、主体／客体の図式の思考のなかに位置づけられている。この場合、人間／自然は、主体／客体（主観／客観）の関係にある。この関係は、主体が客体を操作すること、主体の意図・目的を実現するために客体にはたらきかけ、客体を変えるという意味で、操作主義（operationalism）、道具主義（instrumentalism）とも呼ばれている。操作（制御）は、何らかの技術によって主体の意図・目的を具現化することである。「自然対人間」という対立図式は、こうした主体／客体の図式に対する、批判的コロラリーとしても設けられる。もっともその場合でも、この対立図式は、人間と自然の対立図式というよりも、ある種類の人間と、他の種類の人間との、対立図式である。すなわち、自然を破壊し利用する人間と、自然を保護し保全する人間との対立、という図式である。

他方の感性系の自然は、特定の文化に彩られた思考によって規定されている。「風景／景観」（landscape）を例に敷衍しよう（風景・景観については、ベルク 1990 参照）。感性系の自然は、しばしば「風景」と呼ばれている。たとえば、「日本三景」と呼ばれる松島、宮島、天橋立などである。また、ヨーロッパの「山岳風景」としてのアルプス、モン・ブランなどである。ハイデガーは、『存在と時間』において、この「風景」（Landschaft）について、次のように語っている。「……『生きて在るもの』に、つまり私たちに風景として襲いかかり、とり憑くものとしての自然は、［自然を資源として利用するために］暴き立てる営みのなかで、隠されたままである。［たとえば］植物学者にとっての植物は、畦道に咲く花ではないし、地理学的に確定された河川の『水源』は、『地に湧く泉』（Quelle im Grund）ではない」と（SZ: 70）。

人が自然を風景として見るとき、その感覚・知覚は、その人なりの「固有世界」（proper world）に規定されている。さしあたり「事物そのもの」の広がりを「物質世界」（physical world）と見なすなら、固有世界は、物質世界から区別されつつも、それに重ね書きされている。風景は、そうした重ね書きされた世界である。すなわち、身体によって感覚・知覚された広がりが、各人の心において感情・心象として象られ、さらに特定の文化によって意味・価値として語られるものである。その感じ方・語り方は、当人の固有性（個体性）と不可分であるが、同時に、当人が慣れ親しんだ文化に規定されている。ただし、存在論的な感じ方・語り方は、文化の固有性に全規定されるものではない、と思われる。ともあれ、ここでいう「世界」は、現実の物質世界と、各人の固有世界が、何らかの文化を介在させながら、重ね書きされたものである。

こうした風景としての自然は、また「原郷」（Urheimat, Homeland）への希求（いいかえれば、「郷愁」という感情）をしばしばともなっている。人が風景としての自然を見るときの思考は、何らかの原郷に向かいがちである。原郷は、癒やし・安らぎを生みだす、理想化された非在の場所である。それは、物質系の自然についての経験・記憶から構成される心象であるが、すでになかったり、どこにもないところだったりする。それは、たとえば、子どものころに遊んだ里山だったり、海辺だったりする。デューイ（Dewey, John 1859-1952）が言及しているワーズワース（Wordsworth, William 1770-1850）の「自然」は、いささか宗教的であるが、まさにそうした原郷である。デューイによれば、ワーズワースにとっての「自然は、人が、コミュニオン（communion 神との交わり）のなかで、慰めと安らぎのために求める場所である」（CD, LW 10, AE: 155）。

さて、本章の議論は、まず、こうした物質系の自然と感性系の自然の区別を踏まえつつも、「自然」という言葉のヨーロッパの歴史をさかのぼり、後者、すなわち感性系の自然に見いだされる、「存在論的」と形容できる自然概念――すなわち「人間の自然」（human nature）の「自然性」（naturality）を示すことである（第2節）。それに続く議論は、この自然性の特徴としての、序章でもふれた「生動性」を、自然にかんするヨーロッパの概念史のなかから、取りだすことである（第3節）。最後に、あくまで一つの試みとしてであるが、この自然性・生動性に依りつつ、ごくふつうに使われる「活動」概念を「与り用いる」それにずらすこと、また「思考」概念を「自己創出」するそれにずらすことが、提案される（第4節）。

2　自然性の生動性

1　フュシス――自然の自然性

ヨーロッパの概念史のなかで、「自然」は、いくつかの対立図式のなかに位置づけられてきた。自然／恵み、自然／人為、自然／歴史、自然／精神、などである。自然は、こうした対立図式に位置づけられるとともに、対立項である神（の恵み）、人間（の営為）、歴史、精神のなかにも見いだされてきた。本書で注目する概念は、こうした対立図式をあっさりと押しのける「人間の自然」(natura humana, menschen Natur, human nature)である。キリスト教思想に即していえば、「人間の自然」は、神による人間の創造において、人間に贈られたものである。身体・心として。しかし、そのうちの「心」(mens)としての「人間の自然」は、人間によってひどく傷つけられ、人間を惑乱させるものになってしまった。そのため、人間は、この「人間の自然」を、何とか制御しなければならなくなった。もっとも、こうしたキリスト教的な「人間の自然」概念をずらす試みが、さまざまな思想家によって行われてきた。たとえば、スピノザ、ゲーテ、ヘルダーリン、ニーチェによって。本節では、この「人間の自然」の「自然」がどのようなものか、素描してみよう。

序章でも述べたように、ヨーロッパの概念史をさかのぼれば、「自然」の概念は、「フュシス」に行き着く。「フュシス」は、古代ギリシア語ですべてのものの「生成消滅」という事態を意味していた。すなわち、何かが生まれ・育ち・衰え・消えていくことである。ハイデガーの言葉を引けば、フュシスは「おのずから現れ出るもの」(das Sichentbergende)であり、重視されることは、「現れ出る」ことである。このおのずから生まれる力動、つまり自然性としての「フュシス」は、日本語の「おのずから然るもの」(「自然《じねん》」)に重ねられる*。その原型は、序章でもふれた、植物の一生、すなわち発芽・成長・結実(散種)・落葉・枯朽《こきゅう》であろう。ハイデガーは、私たちがふだん経験しているフュシスとして、「春になり、芽吹き、花咲くものは、やがて実が熟し、ついに消え去ってゆく」ことを挙げている(GA 55, LHLL: 117)。ちなみに、新約聖書にも、似たような記述がある。「大地が、おのずから(automate)実を結ぶ」と(マルコ 4. 28-29)。

ハイデガーにとって、おのずから=フュシスは、すべての生きものの生存の見えない本態であるとともに、私たちの思考を根底的に支えている内なる実在である。ハイデガーは、フュシスが「自分を隠すことで[一つひとつの生きものに]現れ出る」ことは、フュシスが「喜んで[自分を生きものに]惜しみなく贈り与える」

こと、つまり「恵み」（Gunst）である、と述べている（GA55, LHLL: 136）。こうした文言の背景に見いだされる考え方は、キリスト教の神が生きものに「いのち」を贈ったという考え方であろう。贈られたいのち（フュシス）は、贈られた人の活動に隠されるが、たとえば、「共苦」として現れる。いのちは、「なぜ生きるのか」などと根拠を問わず、ただ苦しむ他者とともに苦しむ。ちなみに、大庭健は、共苦のような、いのちがいのちを無条件に気遣うことを「いのちの倫理」と呼んでいる（大庭 2012: 210-20）。

ともあれ、ハイデガーにとって、フュシスは「存在それ自体」である（GA 40, EM: 17）。つまり、おのずから生まれる力動である。フュシスは、「自分を保全する（Walten）が、その根源的統一性にもとづく活動［＝創出］と休止［＝消滅］は、隠されたり、現れたりする」。すなわち、「この保全は、思考のなかでは把握されないが、圧倒的なかたちで現れ（An-wesen）、その現れは、存在者として生き生きと在り続ける（west）」と（GA 40, EM: 66-7）。ちなみに、ニーチェは、「『存在』とは、『生』（息吹 athmen）、『生動的に在る』（be sselet sein）、『意志する、活動する』（wollen, wirken）、『生成する』（werden）という概念の普遍化されたものである」と述べている（KS 13, NF 1887-89: S.9［63］）、この「存在」も、おのずからの力動であり、したがって思考（「概念化」）されえず、ただ感じられるものである（KS 11, NF 1884-5: S. 26［70］）。なお、次章以降で示すように、こうしたフュシスの自然性は、ハイデガーの「存在」と、ベルクソンの「生命」をつなぐ概念でもある。

＊「自然」という日本語の意味について確認しておこう。柳父（やなぶ）によれば、日本語の「自然」には、古くからある「おのずから然る」という意味の「〈自然〉」（じねん）としての「自然」と、明治期に nature の翻訳語として用いられるようになった物質系の「自然」、「人間性」としての「自然」がある（柳父 1995 参照）。確認しておけば、nature の語源の natura（ナトゥーラ）というラテン語は、「生まれる・起きる・明ける」を意味する nasci（ナスキ）に由来する。したがって、ラテン語の natura も、自然性に近い意味をもっていた、と考えられる。なお、教科書裁判で

有名な日本史学者の家永三郎は、この自然性としての、人と人・生きもののつながりを日本の文化の古層に見いだし、その重要性を論じている（家永 1997 参照）。

3　ナートゥーラ——自然性の生動性

さて、ギリシア語の「フュシス」という言葉は、ラテン語の「ナートゥーラ」（natura）に翻訳されていくが（伊東 1999）、それとともに、生き生きとした活動に加えて、そうした活動の原因も意味するようになった、と思われる*。この変化の歴史的経緯は、よくわからないが、おそらく、その主要な契機は、「フュシス」が「ナートゥーラ」と訳されたときに、アリストテレスが『形而上学』で規定した「フュシス」の概念が「ナートゥーラ」の意味に流れ込んだことであろう。アリストテレスのいう「フュシス」の意味は、「生長するものの生成」を規定する「根本の内在性」、つまり「実体」である（A, M: 1014b）。この実体は、生きものを生成させる根本原因であり、生き生きと生みだす力動そのものではない（なお、本書では取りあげないが、旧約聖書で語られる「ルーアハ」（ruah ラテン語の spiritus）は、物質的な「生命力」であろう。金子 2003: 65 参照）。

「ナートゥーラ」はまた、古代・中世キリスト教思想で、およそ二つの意味で用いられた。すなわち、一方で、山や海、土や水のような、人間・生きもの以外の所与のものを意味し、他方で、人間・生きものに分有されるものを意味した。大まかにいえば、前者が物質系の自然であり、後者が内在する生きる力としての「アニマ」（anima 魂）である。トマスは、アリストテレスに傾き、アニマを「この世に生きているものに内在する、生命の根本原理（primum principium vitae）である」と規定しているが、同時に「身体という物体の活動態（corporis actus）である」と述べている（TA, ST: I, q. 75, a. 1 co）。すなわち、アニマは、形而上学的実体であるが、同時に感覚、知性・理性を支える、生き生きと生みだす力動である、と（TA, ST: I, q. 78, a. 1）。

この「アニマ」という言葉は、さまざまな意味をもつが、基本的に、創造する「神の自然」(natura Divina)におよそ対応する、生動する「人間の自然」(natura humana)である。「神の自然」といえば、奇妙に聞こえるだろうが、たとえば、トマスは、「神が何かをなしうるのは、神が自分の自然において(in sua natura)そうだからである」と述べている(TA, ST: I, q. 25, a. 5, ad 1)。そして、「アニマ」は、しばしば「生命」(vita)ともいいかえられてきた。ともあれここでは、「人間の自然」として語られる「アニマ」は、神の創造性に類比される、みずから生き生きと生みだす力動、つまり生動性である、と考えておこう。この生動性は、先にふれたフュシスの自然性を継承しているが、キリスト教思想の影響によって、創造性が強調されている。

もっとも、人の自然性の生動性を神の創造性に類比するという考え方を採らない思想家も、少なくない。たとえば、九世紀のキリスト教思想家、エリウゲナ(Eriugena, Johannes Scotus 810?-77?)は、『自然区分論』(*De divisione naturae / Periphyseon*)で、この考え方を採っていない。村上陽一郎の解説(村上 1998: 1206)、またバイアヴァルツの研究(Beierwaltes 1994)に教えられながら、簡潔に述べるなら、エリウゲナは、「自然」(natura)を四つに分けている。すなわち、①すべてを創造し、何にも創造されない「神」という「自然」、②神に創造され、何かを創造する「原理」(「存在」「理念」など)という「自然」、③神に創造され、何も創造しない「万物」(「人間」「動物」「植物」など)という「自然」、④神に創造されず、何も創造しない何か(神に還るもの)という「自然」である(これは、何を指しているのか、わからない。聖霊・霊性?)。おそらくエリウゲナは、「創造する」を「無から創造する」という強い意味で用い、生動性を「創造」と見なしていないのだろう。

* ヨーロッパの自然概念の通史といえば、コリングウッド(Collingwood, Robin George 1889-1943)の遺作『自然の観念』(1945)が思いだされるが、同書においては、なぜか、古代・中世のキリスト教思想の自然概念が、すべて省かれている(Collingwood 1960 [1945])。

4　神と自然の関係——トマス

古代・中世のヨーロッパのキリスト教思想において、自然は、外在のそれであれ、内在のそれであれ、神の「被造物」（creatura）である。この被造物は、〈創られたものであるから、おのずからのものではない〉という考え方もあったが、〈創られたものであるから、おのずからのものである〉という考え方もあった。「神の自然」が、おのずからであるかぎり、「人間の自然」もおのずからである、といえるからである。この「おのずから」は、自分以外に根源をもたない生存、つまり「自存」（se esse）と表現されてきた。人の「生存」（vita）ないし「生きている」（vivere）ことそれ自体が、この自存するという営みである、と。そして、トマスが述べているように、「神は、その存在そのものであり、その知解そのものであり、その生存そのものである」（Deus est ipsum suum esse et suum intelligere, ita est suum vivere）と考えられていた。神は、人間とちがい、「生存の根本原因をもたずに、生存している」（vivit, quod non habet vivendi principium）と（TA, ST: I, q.18, a.3, ad 2）。

確認するなら、トマスが用いている「自然」は、二つの意味をもっている。たとえば、「自然的変化」（immutatio naturalis）が「霊性的変化」（immutatio spiritualis）に対比されるときの「自然」は、「可感的」（sensibilis）であるが、「すべてのものの自然」といわれるときの「自然」は、「可知的」（intelligibilis）である（TA, ST: I, q. 78, a. 3, co）。「可知的」は、感覚を超えて神を知りうるという状態である。トマスが「万人には、自然な（naturaliter）究極の目的が潜在している」というときの「自然」も、可知的なものである（TA, ST: I-II, q. 1, a. 5 co）。また、「知性や意志」に「根源的に見いだされる……自然に即したもの（secundum naturam）」というときの「自然」も、「身体の動き」の「根源は、自然に即している」というときの「自然」も、可知的なものである。トマスは、こうした可知的である「自然」を「生命」とも形容している（TA, ST: I-II, q. 17, a. 9 ad 2）。ちなみに、「人は、知性によって、すべてのものの自然を思考しうるものにする」というときの「自然」

も、可感的なもののように見えるが、可知的なものであり、「生命」である（TA, ST: I, q. 75, a. 2, co）。

　トマスのような神学者ではないが、よく知られた中世のキリスト教思想家、ダンテ（Dante Alighieri 1265–1321）にふれておこう。ダンテは、有名な『神曲』において、自然は神の被造物である、と語っているが、同時に「人の自然」が「愛のつながり」を創りだすとも語っている。「哲学（Filosofia）は、これを究める者に、自然が、どのように神の知性と営為（divino 'ntelletto e da sua arte）から生まれたのか、さまざまに示す」（D, DC: Inferno, C. 11, l. 97）。人は、平気で偽善、詐欺、欺瞞を行うが、そうした行為は、「［人の］自然が創りだす愛のつながりを断ち切ることにひとしい」と（D, DC: Inferno, C. 11, l. 55）。強欲も同じである。「高利貸しは、［自然に従うという道とは］異なる道を歩む者であり、［人の］自然とそれに従う人を軽侮する者である」（D, DC: Inferno, C. 11, l. 109-111）。そして、『新曲』の全体、すなわち現実の世界という「地獄」から、自分の欲望に苦悩する「煉獄」へ、さらに神の知性が充溢する「天上」に向かう旅は、愛に向かう旅である。

　試みに、中世のキリスト教思想における神と自然の関係を、次のように考えておこう。まず、自然は、「人間の自然」と、それ以外の他のもの（生物・無生物）の自然に、分けられる。「人間の自然」は、「神の自然」に通じているが（AA, DPIH: 14. 32）、他のものの自然は、「神の自然」と通じていない。その意味で、「人間の自然」は特別である。この「人間の自然」は、「理性」（ratio）、「知性」（intellectus）をふくんでいるが、もっとも基底的なものは、「神の自然」に由来する「存在」（esse）である。この「存在」は、「生存」（vita）＝「生きていること」（vivere）におよそ重ねられる。この「生存」は、「自分を動かす」（movere seipsum）という意味で「自然において存在する」こと（TA, ST: I, q. 18, a. 2, co）、つまり自存である。ただし「生存（vita）は、もっとも本来的なかたちで、神の内にある」（TA, ST: I, q. 18, a. 3, co）という意味で、従属でもある。ようするに、おのずから「［神性を］感覚し知解する」ことで、ささやかながら、神のように、みずから「自分を動かすもの」（se motum）として生きることが、人間が「存在」することである（TA, ST: I, q. 18, a. 1, co）。

大まかにいえば、中世のキリスト教思想は、可知的な「自然」を語っていたが、近代以降、この可知的な「自然」は、忘れられていった。たとえば、一八世紀後半のフランスの著述家、サン・ピエール（Saint-Pierre, Jacques-Henri de 1737-1814）は、『自然の研究』（1784）で、おもに物質系の自然の特徴（さまざまな物の適合性・秩序性・調和性）を論じつつも、人間の「感情」を肯定的にとらえ、人間と自然の新しい関係を語っている。「すべての自然の産物は、結局、人間［の知識］に必要なものであり、それと同じように、すべての人間の感情は、根本的に、［人に内在する］神性（Divinité）に必要なものである。自然の最終的意図は、人間に、自然の産物についての知識（intelligence 知性ではない）を贈ることであり、それと同じように、神性の根本的意図は、［感情をバネに］人間に自然の法則を支配（supérieur）させることである」（SP, EN: 483 傍点は引用者）。つまり、サン・ピエールにとって、人間は、神性と［物質系の］自然の媒介者であるが、その自然の法則を自在に操作できる存在者でもある。これは、本人がふれているように、創世記に記された神の言葉、すなわち「生きものすべてを支配せよ」の一つの解釈である（創世 1. 28; SP, EN: 74, 76）。この解釈において、サン・ピエールは、中世神学が語ったみずから・おのずからの自存を、過剰にみずからの自在にずらしている。

3　存在は分有される

1　ホモセントリズム

さて、人新世は、人類の活動によって地表に「痕跡」が残されることを意味している。この「痕跡」は、地質学者にとっても、否定的なニュアンスをともなう言葉である。たとえば、序章でふれたクルツェンの議論から読み取れることは、今や、自然は人為を越えた存在ではなくなり、人為に左右される対象になりつつある、ということである。その意味では、人新世という時代は、「大いなる自然」「母なる海」「自然の恵み」といった、外在・物質系の自然の彼方に人為を超越するもの（超越者）を見いだす言葉を死語にする、と考えられる。さらに、人新世は、人間が自分のみずからの能力にますます慢心し、「ホモセントリズム」に染まっていったことを暗示している。そうであるとすれば、人新世の到来は、無限・絶対の超越者に対する、人間の「有限性」（finitum）、「謙虚」（humilitas）、そしてその超越者に由来する「存在」の「分有」（participatio）といった、古来のキリスト教思想で語られた概念を、決定的に風化させていくだろう。

　このうちの「存在」分有論を際だたせるために、試みに「ホモセントリズム」（homocentrism 人中心主義）と呼びうる人間と自然の関係論を、仮想の概念として描いてみよう。〈生態系は、生物間の食物連鎖のバランスがとれていれば、安定するが、そのバランスが崩れれば、何らかの生物種が絶滅する。個体は、食物連鎖のなかで捕食されるが、それによって、種はむしろ保全される。そして、種の絶滅は、人為によらなくても、繰りかえし生じてきた。これらは、生物学的事実である。なるほど、人は、捕食される動物、絶滅する種を憐れむが、それは、「人間の生命尊重」の倫理を動物に適用するという、錯誤の結果である。人間は、動物ではない。動物を殺し、その肉を食べるという「いのちの教育」は、子どもたちにとって辛い経験であっても、人類という種も食物連鎖から逃れられないという生物学的事実を学ぶためには、必要である〉。

　このホモセントリズムは、また次のように主張する。〈自然環境は、あくまで人間に必要な自然環境であるから、人間によって保護される自然環境も、人間にとって必要である自然環境である。事実、人間は、生活を〈よりよく〉するために、古来、自然に手を加えてきた。すなわち、森林を農地に変え、山を削り道路を作り、河川の改修を行い、ダム・堤防を建設し、港湾を整備し、湿地を埋め立て、運河を作ってきた。すなわち、「人間にとって有用な自然を保護する」ことが、これまで人間がずっと考え、そして行ってきた人間的活動であり、これからも、人間的に考えて、行うべきである。たとえば、およそ世界的に承認されているＳＤＧｓ（持続可能な発展のための目標）も、人間の生活に必要な経済活動を維持可能にするための目標である。つまり、「地球全体の自然をそのまま保護する」という思考・活動は、誤りである〉。

こうしたホモセントリズムの人間と自然の関係論は、少なくとも二つの問題をふくんでいる。第一に、これまで人間が行ってきたホモセントリックな思考・行動の趨勢をただなぞっているだけであり、それを変革し変容させるような、新たな選択肢を創案するものではない、ということである。それは、〈これまでそうしてきたから、これからもそうします〉という、たんなる先例踏襲である。ホモセントリズムの人間と自然の関係論は、第二に、人間に必要な自然環境の保護という考え方が、人間の生存可能性のみならず、他の多くの生きものの生存可能性を奪いつつあるという、客観的事実を無視している。それは、自分で自分を滅亡させつつあるにもかかわらず、それを知ろうともしないという、哀れなほど狭窄な思考である。こうしたホモセントリズムに対し、ここで注目する存在論的な「存在」分有論においては、地球全体の自然のために思考し活動することは、愚論でも錯誤でもなく、熟慮に値する古くて新しい考え方である。

2　存在の分有——アニマの生動性

「存在」分有論の起源は、おそらく、先ほどから繰りかえし言及しているトマスのいう、「存在」（esse）の「分有」（participatio）という考え方であろう。トマスは、次のように述べている。「存在者〔＝人間・動物・植物など〕は、およそすべて、その存在を神に与っている」。「神以外のすべてのものは、〔神のように〕存在として存在する（suum esse）のではなく、その存在を分有して存在している（participant esse）だけである」。神は、「一なる根本存在者（uno primo ente）であり、もっとも完全なかたちで存在している」。すなわち、神は、「存在」すなわち「存在者」というかたちで、「一なるもの」（unitas）として在り続けているが、人や他の生きものは、それぞれ種・個体として「存在」を分有する「多数なるもの」である、と（TA, ST: I, q. 44, a. 1, co）。つまり、神の「存在」が流出した一部分が、人間・動物・植物などが分有している「存在」である、と。

確認しておくなら、先にふれたように、この「存在」は、「自然」と重ねられている。たとえば、トマスは、「創られた存在者」は「存在的な自然（natura essendi）を分有している」と述べている（TA, ST: I, q. 45, a. 5, co 傍点は引用者）。ナートゥーラの背後に神のエッセがあるかぎり、ナートゥーラは、生動性を強く帯びていく。これも先にふれたが、「アニマ」は、この生動性を端的に表現する言葉である。たとえば、「世界アニマ」（anima mundi）という言葉は、生きものすべてがアニマを分有していることを意味していた。「世界アニマ」は、クザーヌス（Cusanus, Nicolaus 1401-64）の言葉として知られているが、その原型は、プラトン、プロティノス（Plotinus）に見いだされる。この「世界アニマ」は、近世以降も、ドイツ語の「世界魂」（Weltseele）、「世界精神」（Weltgeist）に姿を変えて、生き延びている（ヴィトゲンシュタインも用いている）。

あらためて規定しておくなら、ここでいう「存在」分有論は、〈人と他の生きものすべてが、ともに生きものであるかぎり、「存在」という自然性を分有する〉、という考え方である。この考え方は、たしかに人間と他の生きものは、区別されるが、地続きである、と考えることである。この地続き論は、スピノザの「神ないし自然」（deus sive natura）という言葉によく示されている。それは、生きるものすべての自然性に「神の言葉」を見いだすことである（OS, E: 4, P4, D）、この「存在」分有論（地続き論）は、「自然」を人間の外に在る物質系の自然とは見なさない。したがって、「存在」分有論は、〈人間は、自然の生態系の一部である〉という生態学の考え方も棚上げする。この考え方が、人間を物質系に還元しているからである。

ホモセントリズムのような人為の肥大化は、この「存在」の分有という概念を覆い隠すことになるだろう。あらためて規定しておくなら、生動性は、一つのいのちが固有なかたちで生き生きとみずから生みだしつつ生きている、ということである。それは、端的に「生みだす自然」（natura naturans）と表現することもできる。この生動性は、みずから自分にはたらきかけ、自分を存在させ、また自分を作り変えることである。以下、この生動性が、どのように意志・自由意思、使用・享受という概念とかかわるのか、述べよう。

3　意志と自由意思

生動性は、中世のキリスト教思想において盛んに語られた「意志」（voluntas）にもふくまれている。この「意志」は、個人の自己・自我のもつみずからの志向であるが、本来的に、神のうちにあり、神に定められたおのずからの志向である。つまり、人の「意志」は、およそ忘却されているが、はじめから神意に従っている。たとえば、トマスは、「意志は……目的を意志することによって、自分を動かし、目的にいたるための手段に向かう」と述べているが（TA, ST: I-II, q. 9, a. 3, co）、この意志は、内在する神性にいたるというおのずからの目的を達成するために、実際に「活動することを通じ、みずから動く」（TA, ST: I-II, q. 9, a. 3, ad 2）。

この意志は、「真理」（veritas）に向かう「知性」（intellectus）と不可分である。知性は、神の「完全性」（perfectio）をおのずから・みずからめざすという思考である。「理性」（ratio）も、ときにそういう意味で使われている（TA, ST: I-II, q. 1, a. 2, ad 3）。この神意に傾く意志は、「つねに善さ（bonum）に向かい、善さに親しんでいる」（TA, ST: I, q. 19, a. 1, ad 2）。最高の「善さ」は、他者への「慈愛」（caritas）である。重要なことは、「自然なものが、それぞれに固有な善さに向かうという自然な傾きをもつ」ということであり、他の動物はともかく、少なくとも人が、「その善さ［つまり慈愛］に自分が親しんでいないとき、それを得ようとする」ことであり、「その善さという自然な傾きを他者に及ぼそうとする」ことである（TA, ST: I, q. 19, a. 2, co）。

さて、「自由意思」（liberum arbitrium）は、意志と似ているが、それから区別される。アウグスティヌス以来のキリスト教思想にとって、この自由意思は、厄介であったと思われる（田中 2021 参照）。それは、人間に固有な力であるが、このみずからの力を強調しすぎると、おのずから神意に従うという大原則が疎かになるからである。トマスは、次のように述べている。神意に従う「人生の究極の目的は、至福（beatitudo）であり」（TA, ST: I-II, q. 1, pr.）、「至福とは、人間の究極の完全性である」（TA, ST: I-II, q. 3, a. 2, co）。そして、「私たちが至福を希求することは、自由意思（libero arbitrio）に依ることではなく、自然本能（naturali instinctu）に依ることである」と（TA, ST: I, q. 19, a. 10, co）。つまり、トマスにとって、人間を本来的な善さに向かわせるものは、基本的に自由意思ではなく、自然本能、つまり「存在」である。ただし、トマスは、自由意思も、それがこの「自然［本能］」に従うなら、至福に向かうことができる、とつけ加えている（TA, ST: I-II, q. 5, a. 5, ad 1）。

興味深いことに、トマスのいう「自然本能」（＝おのずから）は、キリスト教を批判したニーチェのいう「生成の無垢」（die Unschuld des Werdens）に通じている。トマスにとって「自由意思」は、それが理性的であるかぎり、容認されるものであるが（TA, ST: I-II, pr. ; q. 17, a. 1, ad 2）、ニーチェにとって「自由意思」（freie Wille）は、「生成から無垢を剥ぎ取る」ものである（KS 6, GD: 95-6）。この「生成」は、おのずから生まれる自然性であり、トマスのいう「自然本能」にひとしい。それは、本来、「無垢なもの」＝「責められないもの」（un-schuld）である。しかし、その生成は、それが、人間の自由意思によって恣意的に何かが作られること、と見なされることで、無垢なものではなくなり、有益／無益、合法／違法、救済／堕落の区別が問われるものになってしまう。すなわち、無益で違法で堕落したもの、つまり「責められるもの」（schuldig）に、いいかえれば、「裁き」と「懲罰」の対象に、変質してしまう。自由意思が、自分の行為に「責任を負う」（schuldig）者のもつ意思だからである。ニーチェは、救済／堕落を声高に叫び、人びとを恫喝してきた「神学者」が、「生成の無垢を汚し続けてきた」と述べているが（KS 6, GD: 99）、少なくともトマスは、生成の無垢を肯定的に語っている。

4　使用と享受

最後に、現代社会ではすっかり忘れられている（と思われる）中世キリスト教思想で語られた二つの概念にふれておこう。「使用と享受」という対概念である。現代の日本社会では、「使用」という言葉は、たしかによく使われているが、その使われ方は、「使役」「利用」「活用」と類同的であり、ここで紹介する「使用」の意味とは、ずいぶんと異なっている。また、「享受」という言葉は、現代の日本社会でも、ときどき使われているが、その意味は、「受け容れたもの・手に入れたものを自分のものとして自分で楽しむ」くらいの意味であり、ここで紹介する「享受」の意味とは、まったく異なっている。

中世キリスト教思想の「使用と享受」は、もともとアウグスティヌスの『キリスト教の教え』で示された概念であるが*、ここでは、トマスのそれを紹介しよう。トマスにとって「使用」は、「理性」（ratio）によって、あるものを他の営みに「差し向ける」（applicatio）ことである。それは、基本的に「意志」によって方向づけられる「理性」によって、私の能力を何かの目的を達成するために使うことである（TA, ST: I-II q. 16, a. 1, co; a. 3, co）。人が抱く目的はいろいろで、「金銭の蓄積」ももちろん目的になりうるが、「究極の目的」（ultimus finis）は、「神を見る」ことである。また「享受」は、「意志」によって生じる、何かを目的とし「希求する能力」（appetitiva potentia）が［実際に］活動することである」（TA, ST: I-II q. 11, a. 1, co）。つまり、本来的な意味の

「享受は、［神に向かうという］究極の目的を自分のものにすることを意味している」（TA, ST: I-II q. 11, a. 3, ad 3）。それは、「歓び」（dulcedo）や「喜び」（delectatio）をともなう営みである（TA, ST: I-II q. 11, a. 3, co）。

　こうした、自分の能力を「意志」に方向づけられる「理性」に従いつつ使うという意味の「使用」も、歓びとともに「究極の目的」に向かい生き歓ぶという意味の「享受」も、現代の日本社会で使われる「使用」の意味からも、「享受」の意味からも、かけ離れている。どちらも、通念の意味・価値を超える超越的な実践・活動だからである。人間の被造性と自然の所与性が忘却されるとき、これらのキリスト教思想的な営みは、意味不明な妄想、時代錯誤な遺物になるだろう。「意志」が向かう「究極の目的」は、人間を創造し、自然を贈与した神を「心の眼」（oculus mentis）で見ることだからである（田中 2021）。実際に、趨勢としてみれば、こうした神学的な「使用と享受」概念は、近代の到来とともに、忘れられていった。

　一つだけ、例示しておこう。カントは、『実践理性批判』のなかで、「享受」の変質を語っている。「生を楽しく享受する（fröhlichen Genuß des Lebens）ための予測［たとえば、こうすれば、金が儲かるという予測］を、自分のための自己決定を導く最善の動機にすることは、たしかに容認されるだろう」。しかし、「そうすることは、……［自分を］本来的に動機づける力を、ほんのわずかでも発見することではなく、その力を発見するのは、［自分のなすべき］義務が問われるときである。それ［＝予測を動機にすること］は、むしろ道徳的心情（moralische Gesinnung）を根底から汚すことである。［自分がなすべき］義務のもつ畏敬性（Ehrwürdigkeit）は、［自分が楽しむために］生を享受すること（Lebensgenuß）とは、何の関係もない」（KW 7, KPV: 212）。カントのいう「義務」は、「超可感的」（＝超越的・可知的）と形容される「理性」つまり知性に即してはたらく、自分のなかにある、善に向かう「心情」に従うことである。その「義務」が畏敬性に彩られるのは、それが人間を超えるものに従うことだからである。こうした思考は、人間の被造性をあらためて想起させる思考である。

* アウグスティヌスは、『キリスト教の教え』において uti と frui を対比させている（AA, DDC: I. 3. 3, 4. 4, 5. 5）。「使用と享受」と訳されているこの対語は、人の神への基本的姿勢を意味している。それは、人が一方で地上に創り置かれた「もの」をうまく使用することであり、他方で「神性」を心から大切にすることである。つまり、「もの」は、道具として使用し、「神性」は、畏敬とともに享受しなければならない、と論じられている。たとえば、神を自己正当化の道具として用いることは、使用と享受の混同である。

4 自然性の忘却

1 人が与り使う自然

これまで述べてきた自然の自然性（生動性）という概念を踏まえるなら、人間が、人新世、温暖化に象徴されるような、自然環境や生きものたちに過大な負荷をかけ続ける理由の一端が、いくらか推測できるだろう。それは、やはり、自然性（生動性）という内在概念の忘却であろう。再確認しておくと、自然性（生動性）は、「存在」と呼ばれたり、「生命」と呼ばれたりした、あのフュシス、ナートゥーラに見いだされるおのずから生まれる・みずから生みだす力動である。この自然性（生動性）を忘却させたものは、むろん近代科学の興隆であり、資本主義の拡大であり、それらにともなう学校教育の展開であろう。

さしあたり、学校教育についてのみ述べるなら、一九世紀初期以来、「公教育」（public education / instruction publique）と呼ばれて、世界各国で設立され拡充されてきた全称的な学校教育は、現在、およそ三つの機能を果たしている。それは、ビースタ（Biesta, Gert）の表現を用いれば、「有能化」（qualification）、「社会化」（socialization）、「主体化」（subjectfication）である。ここでいう「資格化」は、社会に認められている資格・学歴・経歴などを取得することであり、「社会化」は、特定の社会的・文化的・政治的な秩序の一部を構成することであり、「主体化」は、そうした秩序からの独立に向かうことであり、いいかえれば「個性化」である（Biesta 2016: 19-21）。主体化が秩序を揺るがすものではないなら、これらの三つの機能は、社会構造と整合的であり、その整合性によって見えなくなるもの、すなわち社会の有用性・有能性指向という秩序に還元できない内容がある。それが、自然性（生動性）という、人間と他の生きもので分有されるものである。

近代以降の自然性の忘却とともに、ますます自明化していった自然と人間の関係が、人が所有し利用する自然という関係である。人間のさまざまな活動、たとえば、経済活動は、何らかの材料（たとえば、原木、原油）を利用して商品（たとえば、紙、プラスティック製品）を生産し販売し利益を得ることであるが、その原材料は、およそたんなるモノ（物体）であり、所有権・処分権さえあれば、個人が自由に使える・捨てられるものである。近年は、人的資本論以来、人までも、「人材」と呼ばれ、「材料」ないし「資本」扱いされているが、およそ批判されたり嫌悪されたりすることもなくなった。むしろ、人は、ますます「人材」にみずからなろうとしているように見える。むろん、そうしなければ、賃金が得られないからである。

ともあれ、人が所有し利用する自然という考え方に対し、ここで提案される人間と自然の関係は、人が与り使う自然という考え方である。この考え方は、この世界の物質系の自然が、そもそも人が勝手に所有できるものではなく、人に贈られ、人が与るものであり、人は、それを豊かな感性に彩られた思考のもとで使う、ということを意味している*。この考え方は、地球惑星科学の知見、つまり地球・生命の所与性を踏まえながら、中世神学のいう「意志」の行先を「神」から物質系の自然に見いだされる（「存在」の）自然性という「力」にずらすことで、想像可能になる。そのずらしは、いいかえれば、中世神学のいう「意志」すなわち「神への意志」を「力への意志」にずらすことである。人に内在する自然の自然性は、物質系の自然の所与性に支えられつつ、また感性系の自然の象りを感性豊かに生みだす。この内在する自然の自然性を心に感じ抱くかぎり、大前提である物質系の自然は、充分な気遣いとともに使われるべきものになり、派生する感性系の自然も、少なくとも現実逃避の感傷的な夢想として排斥されるものではなくなる。

＊「使う」については、鷲田清一の『つかふ―使用論ノート』（２０２１）を参照。

2　自己創出する思考――真摯と真実

さて、先にふれた仮想のホモセントリズムは、この自然性をまったく欠いている。すなわち、人間と他の生きものとの「つながり」、「存在」の分有という地続き概念を欠き、自然性に端的に現れる、人間を超える万物の「全体」（totum）、すなわち生成消滅というかたちで「律動（リズム）する全体」という概念を欠いている（この「律動する全体」という概念は、第5章、第7章で敷衍される）。ホモセントリズムは、〈人は、自分の保全・満足のために活動するべきであり、そのために他のものを自由に利用することができる〉というエゴセントリズムの拡大版である。私たちの思考は、このホモ／エゴセントリズムから、完全にではないが、いくらかなら、抜け出せる。これらのセントリズムを相対化できる、つながりと全体の思想を提案することができる。先ほど提案した、与り用いるという概念は、このつながりと全体を語る思想の一つである。

人の思考は、基本的に「自存する」、すなわち「自己保存する」だけでなく、「創始する」、すなわち「自己創出する」。人の思考は、ニーチェの言う意味で、隷従する「弱い力」と考えることもできるが、同時に闘争する「強い力」と考えることもできる。私たちの思考は、自分の利益をただ求め、自分の欲望にただ振りまわされ、現実の世界に自発的に隷従するだけではない。いいかえれば、通念としての感覚・意味・価値・規範をただ受け容れ、それらに従って感受し・意図し・意思し・欲求し、現実の世界を構成しているさまざまな通念に依りながら経験される内容に、ただ規定されるだけではない。私たちの思考は、果敢に〈よりよく〉創出する思考になりえる。すなわち、どこに向かうかが定かではなくても、経験されるものの内容をずらし、通念の感覚・意味・価値・規範を揺るがし、感受され・意図され・意思され・欲求されるものを更新し、現実の世界を〈よりよく〉再構成する思考になりえる。それは、どのようにしてか。

あれこれ理屈をこねず、この果敢に創出する思考は、思考そのものによって創出されうる、と措定しよう。すなわち、思考は果敢に自己創出する、と。いいかえれば、ニーチェのいう「力への意志」（Der Wille zur Macht）は、私たちの思考のなかにすでに・つねに潜在している、と。この果敢な思考の自己創出に必要なものは、他者・他なるものに対し、自分が「真摯（誠実）」（sincérité）であり、他者・他なるものの「真実（真理）」（verité）を大切にすることだけである。認識においても、想像においても、感受においても。それは、いいかえれば、自分の優位性・正当性を誇り守ろうとするエゴセントリズムによって、他者・他なるものを意図的に捻じまげて認識したり、恣意的に否定的なものとして想像したり、生理的に嫌悪しつつ不快なものとして感受したりすることを、中止することである。むろん、エゴセントリズムは、あちこちに発生し、根絶できないだろうが、真摯と真実は、むしろ、そうしたエゴセントリズムに染まる思考すらも、他者・他なるものとして受けとめ、そこに自分の思考を新たに〈よりよく〉創出する契機を見いだすだろう。

こうした思考の自己創出は、たとえば、フーコーの言葉を借りるなら、「実存の感性論」（l'esthétique de l'existence 生存の美学）を開始することである*。このesthétiqueは、いわゆる「美学」ではなく、感性論である。すなわち、実存を心で感じるものととらえ、それを感性によって〈よりよく〉変えるための思考である。そこで求められる実存は、現実の世界に広がる通念の要求に従属する生ではなく、虚偽・欺瞞のない

「真実の生」であり、その「真実の生は、［現実の生とは異なる］他なる生（vie autre）である」（MF, CV: 287-8）。フーコーは、「真実は、［形而上学的な実体のような］不変なものではない。他なる世界、そして他なる生がなければ、真実はありえない」と述べている（MF, CV: 311）。つまり、真実の生は、所与・既存のものではなく、たえず他なるものとして新たに創出されるものである。それも、他ならない自分自身において。

＊ フーコーの「実存の感性論」は、初期フーコーの文学論と密接にかかわっている。トリヴォーデの研究（Tirvaudey 2020）は、フーコーの「実存の感性論」についての、数少ないまとまった研究である。

第2章 希望を信じる

——交感と〈よりよく〉

Believing Hope: Being Sympathy and Melioriating

〈概要〉 人間の**思考**は、**おのずから・みずから**自分を創出する。すなわち、思考は、新たに**自己創出**する。そこに自我を見いだせることもあれば、自我を見いだせないこともある。「**見て見ぬふり**」、すなわち「**思考の停止**」といわれることも、一つの思考が創出された状態であるが、より肯定的思考の創出は、他者と**交感**するなかで〈**よりよく**〉**志向**がはたらくことである。交感は、すでに原始キリスト教で語られているもので、いわゆる「**共感**」と異なり、自我をともなわない。それは、自分・他者の境界を越えて広がる**感情**である。〈よりよく〉志向も、自我が何かに向かうことというよりも、自我よりももっと深いところからの**呼びかけ**に自我が応えることである。交感が、自我抜きの**感性的つながり**であるとすれば、〈よりよく〉志向は、自我の奥底からの呼びかけに応えて肯定性を志向すること、つまり**希望を信じる**ことである。このような思考の営みをとらえるとき、その背後に、**生の肯定**という強度の力動を見いだすことができる。それは、「**存在**」**の力動**といいかえられる。

1　見て見ぬふり

1　資本主義への批判

脱炭素化のさまざまな試みは、私人としてのオフグリッド生活であれ、国家としてのカーボン・ニュートラル政策であれ、未来への「希望」を前提にしている。しかし、だれもが未来への希望をもち、さまざまな脱炭素化の試みを果敢に続けるわけではない。事態に対し「絶望」する人もいる。また、温暖化という事態を招いた「人間」(社会)に対し、ときにみずから死を選び、抗議する人もいる。たとえば、先にふれたウォレス＝ウェルズの『地球に住めなくなる日』に、次のような衝撃的な出来事が記されている。

二〇一八年四月一四日の夜明け前に、六〇歳のある男性が、ニューヨーク市のブルックリンにあるプロスペクト公園で、頭からガソリンをかぶり、火をつけた。その男性は焼死した。傍らに手書きのメモが残されていた。そこには「私は、デイビッド・バッケル(David Buckel)。抗議の焼身自殺をしました」と書かれていた。バッケルは、敏腕な弁護士で環境活動家であり、別途、長文のメールを新聞社に送っていた。そこには「地球上の人間は、化石燃料によって病んだ空気を吸い込み、早死にしている。私が化石燃料で早死にするのは、人間が自分にしていることの象徴である」。「現状は、ますます絶望的になっていっている。未来はこれまでやってきた以上のことが求められる」と書かれていた(Wallece-Wells 2019/2020: 214/167; Correal 2018)。

ウォレス＝ウェルズは、バッケルの自殺に、真摯な「警鐘」「告発」を読みとっている。それは、化石燃料を使用して作られた商品を欲望のままに使い続けているのに、その帰結を自分の責任として引き受けない「すべての消費者に対する」警告・告発である。そして、ウォレス＝ウェルズの議論は、消費者に対する批判から、中国・ロシアの諸政策が示している「国家資本主義」、またアメリカの「市場主義」に対する批判へ――つまり、温暖化の現実を無視し、国益の拡大だけをめざしているという批判へ――と広がっている。
しかし、ここでは、温暖化の犯人を「資本主義」「市場主義」に見いだし、それを批判するという、容易に思いつくような議論の仕方から、離れよう。「犯人」を見つけ断罪し処罰することも必要だろうが（ちなみに、処罰のハビトゥスは、つまるところ「私はこう思う」という自己を絶対化し、正義のエゴ化を蔓延《はびこ》らせるという、厄介な思考の習慣である）。ここで注目することは、温暖化の事実に対する人の採る態度のなかに見いだされる、未来への「希望」からも「絶望」からも区別される、もう一つの態度である。

2　見て見ぬふりをする

人は、困難な情況のなかで、いかにして未来への希望を抱き続けるのか。すなわち、わずかな可能性に賭けるという生き方は、何によって可能になるのか。この問いについて、まず確認するなら、未来への希望も絶望も、何らかの思考がもたらす肯定的・否定的な認識の状態である、ということである。「期待」と「不安」も、「歓び」と「悲しみ」も、同じように、何らかの思考がもたらす認識の状態（かつ感情の様態）である。いいかえれば、何かを知っても、あれこれ考えなければ、希望も、絶望も、生じない。それは「見て見ぬふり」（willful blindness）をすることである。見て見ぬふりをする人は、ニーチェの言葉を引くなら、「傍観する人、……眼を逸らし、脇を通り過ぎる人」（KS 6, GD: 65）、つまり、務めから逃避する人である。

温暖化についていえば、見て見ぬふりは、しばしば「自分にできることはないから」という理由から、また「そんな悲惨な未来を考えたくないから」という理由から、生じている。見て見ぬふりは、ふつうに生じる人間の行動であり、するべきではないが、ついしてしまう、矛盾的行動である。こうした見て見ぬふりは、おそらく古くからあった、と考えられる。たとえば、アメリカの作家、ヘファーナン（Heffernan,

Margaret）の『見て見ぬふりをする社会』（2011）は、アメリカを中心に、多くの見て見ぬふりの事例を挙げている。有名な事例は、一九六四年にニューヨークで起きた「キティ・ジェノヴィーズ事件」である。キティ・ジェノヴィーズ（Kitty Genovese）という二八歳の女性は、深夜、自宅の前で暴漢に腹部を刺され、付近の住民三八人が、彼女の助けを求める声を聞き、また実際に彼女の苦しむ姿を見たにもかかわらず、たった一人を除き、だれも警察に通報せず、また助けようともしなかった。彼女は、一時間半後に死亡した。

見て見ぬふりは、「傍観者効果」（Bystander effect）によって生じる、といわれている。すなわち、人は、自分を傍観者と位置づけるとき、他人の苦難・苦境に対して距離をとり、そうすることで見て見ぬふりをする、と。傍観者であるとは、人が「他の人も何もしないのだから、これは緊急を要する問題ではない」、「自分だけに責任が及んだり、失敗して非難されるのはいや」と考えることである。なるほど、そうした思考は、確かに傍観者を増やす理由となりうるが、傍観者が傍観者となる理由を説明するものではない。人が傍観者となるのは、他者への共振による、他者との呼応の関係を退けた結果である。人は、自分のなかからわき起こる衝迫を無視したうえで、無視する理由をあれこれと列挙し、無視を正当化する。『ニューヨーク・タイムズ』の編集長だったローゼンタール（Rosenthal, Abe M.）は、ジェノヴィーズ事件が私たちに突きつける根本的問いは、「人は、どのくらい他人のために自分を犠牲にできるか」である、という（Rosenthal 1999）この問いは、「人は、どうして良心の声を聴かなくなるのか」といいかえられる。

3　思考の停止に抗う

さて、ヘファーナンは、見て見ぬふりの原因を「市民的責任」に裏打ちされた「強い意志」の欠如に見いだしているが、この意志は、自己犠牲への意志、良心に基づく意志にひとしい。この意志は、たとえば「波風を立てたくない（目立ちたくない）」「苦しい決断をしたくない」「面倒なことにかかわりたくない」といった、自分の活動を矮小化し、自分の心を侮辱する思考の、対極に位置している。ウォレス＝ウェルズも、この自己矮小化を嘆いている。「私たちは、運転席に座ってハンドルを握っているにもかかわらず、その責任を引き受けるどころか、そもそも責任があることすら認めようとしない」と述べている（Wallece-Wells 2019/2020: 252）。この市民的責任の強調は、近年の「市民性教育」（citizenship education）でも説かれている。

しかし、この市民的責任論という考え方とは異なる考え方、すなわち、見て見ぬふりの原因は「思考の停止」（stopping to think）にある、と考えることもできる。この「思考の停止」は、推論という思考をともなっている。すなわち、自分が見ている何ごとかが行き着く先（帰趨）を推論することによって、それに続くはずの思考を停止することである。自分が見た何ごとかの行き着く先がおよそ悲惨なことである、と推論するとき、人は、ときに、それに続くべき思考を停止する。悲惨なことは、人を不快にさせるからである。つまり、人は、思考の停止によって、不快感を回避する。こうした思考の停止は、私たちが悲惨な事故・災害から「眼をそらす」「目を背ける」ことと同質的であり、快／不快の原理に従う、合理的な心理機制である。

この思考の停止は、何よりも、自分の「意志」を愚弄すること、軽んじ見くびることである。後で敷衍するが、ここでいう「意志」は、およそすべての人に均しく贈られている力であり、自分を偽らず、真実に向かう志向である。すなわち、為すべきことを為そうとすること、思考すべきことを思考しようとすることである。心に潜在するこの意志を愚弄することは、自分の狭量な意識で自分の純一な意志を裏切るということである。むろん、「そんな意志など、持ちあわせていない」という人もいるだろう。自分を偽る人は、柔和な笑顔を浮かべながら、他人を平気で欺く人である。ここでは、そうした人の揶揄をすべて無視し、この意志を作動させる感性的契機が、人には備わっている、と論じる。それは、後で敷衍される「交感」である。

温暖化に対する「見て見ぬふり」、すなわち「自分にできることはない」「そんなことは考えたくない」という態度が、思考の停止をふくんでいる、とするなら、温暖化に対する「見て見ぬふり」は、市民的責任を説くだけでは、解決されないだろう。思考そのものを転換する必要がある。容易に停止してしまう合理的思考ではなく、問題に果敢に挑み続ける意志を支える感性豊かな思考へ、と。以下、脱炭素化の試みに積極的に取り組むために必要な思考を、感性と意志に即して素描してみよう。まず、人間性として、共感から区別される「交感」という概念を析出する（第2節）。次に、やはり人間性として、欲望から区別される〈よりよく〉という「意志」の力動に着目する（第3節）。最後に、交感のなかで〈よりよく〉の意志が発動するという、それらのかかわりを示し、思考の停止に替わる、希望を信じる思考を提案する（第4節）。

2　交感する感情

1　共感と交感

言葉の意味が、経験のなかで自然に学ばれるとすれば、感情は、経験のなかで自然に生成する、といえそうである。むろん、何らかの感情にある言葉を充てることは、言語学習の成果であるが、情感・感情そのものは、自生的な出来事である。このように考えるなら、他者を感情的に受容するとき、人は、自我によって意図・意思していない、といえる。そうであるかぎり、他者を感情的に受容することは、「共感」から区別される営みである。共感は「身体的なサインから相手の気持ちを読み取る力」と定義されているように、意図的・意思的な営みだからである。相手の本心・本音を探り見透かすような営みだからである。

こうした共感から区別される、他者の感情的受容を「交感」（sympathia）と呼ぼう。共感は、基本的に自分と他人が区別されるなかで、個人の自我のなかで抱かれる他者の感情であり、それは、他者の感情についての自分の認識である。この認識は、一般に他者の感情に対し肯定的であるが、自我が大前提である。すなわち、私はあなたに「同意」する、ということである。これに対し、交感は、自分と他者の区別を越えて広がる感情であり、自分も他者もこの非人称の感情に属している。交感はまた、自我の計算・思惑を越えている。その意味で、交感は、「憐れみ」「慈愛」「友愛」に見いだされる。メルロ＝ポンティは、「[親と密接につながる幼児の場合とちがい、] 大人の交感（sympathie）は、互いに何の関係ももたない「他人と他人（"autre" et "autre"）の間に生じる」と述べ（MMP, RAE: 34/138-9）、その「交感は、自我の意識と他者の意識という実際の区別ではなく、自我と他者の非区別（indistinction）を前提にしている」と述べている（MMP, RAE: 69/177）。

ドイツの哲学者、シェーラー（Scheler, Max 1874-1928）のいう「共感情」（Mitgefühl）も、ここでいう交感である。共感情は、「個々の場合において、『私のまったく知らない人』を、私たち自身の自我のなかの実在性（Realität）にひとしい実在性として、意識にもたらすこと」である（MSGW, WFS: 115）。私がある人に共感情を抱いていることは、その人に伝わることがある。シェーラーは、それを「相互感情」（Miteinenderfühlen）と呼んでいる。しかし、他人が、映画・小説の登場人物のような、虚構・作為の産物であるとき、その他人に対し、相互感情はもちろん、共感情も生じない。その人物と一緒にドキドキ、ハラハラするという、「感情移入」（「追感情」Nachfülen）は、たしかに生じるが、それは共感情ではない。また、自分が所有したり操作したり改変したりできるものに対しても、共感情は生じない。他者が、生身の固有で特異な人であるときにのみ、共感情は生じる。こうした共感情は、「自発的な人間愛（Menschenliebe）という [心の] 動きの前提」である（MSGW, WFS: 115）。この「人間愛」は、ラテン語の「フマニタス」（humanitas）の言い換えである。共感情も、人間愛も、いわば「無知のヴェール」(veil of ignorance)を被っている。これらの感情が、相手がだれであるかにかかわらず、同じように発動するからである。

私が敢えて「共感」ではなく「交感」と形容する理由は、人の感じるという営みに、自分・他者の相互感受（交わり）が見いだされるからである。この相互感受は、たとえば、私があなたにふれ、あなたを感じているとき、あなたも私にふれ、私を感じている、と思うことである。私があなたを感じることは、外在するあなたを内在化することであり、あなたが私を感じていると思うことは、私が、私にふれ、私を感じているあなたという内在するものが外在している、と思うことである。それは、「外在するものの内在化であり、内在するものの外在化である」(MMP, OE: 1596)。こうした相互感受は、私が感じるものが、私をすっかり取り巻く自然環境（たとえば、鬱然の森、宏大な海）であるとき、一方的な嵌入感受となる。すなわち、その自然環境が、私に入り込み、私は受け容れるほかなく、私と環境の区別をなくしてしまうように感じられる。そのとき、メルロ＝ポンティのように、この環境に「呼気」(inspiration)と「吸気」(expiration)の律動（リズム）を、いいかえれば、「いのちの気息」(Psyche　プシュケー)を感じることもあるだろう(MMP, OE: 1600)。

もう少し敷衍すれば、交感は、よくいわれる「感情伝達の原理」などではなく、およそ感情そのもののはたらきである。端的にいえば、感情の本態は、交感である。たとえば、人が、虐待を示す写真、すなわち、子どもの腹部や背中の生々しい痕跡から「目を背ける」とき、それは、意図・意識をともなっているだろうか。たとえば、電車のなかで見知らぬ人を助けるとき、人は「思わず」そうしていないだろうか。たとえば、ネコやイヌの顔に感情を見いだすことは、意図・意識のはたらきだろうか。たとえば、「擬人法」といわれる、動物を人間のように見なすことは、たんなる比喩的思考にすぎないのだろうか*。これらの問いについて、細かく分析するかわりに、ここでは、交感についてのヨーロッパ概念史の知見を示しておこう。

＊ いわゆる「動物絵本」は、レヴィ＝ストロース（2017）が述べているように、「子どもの心に、人間と動物の連続性を教え込もうとする」試みかもしれない。つまり、地続き性を。

2 およそ交感――ヒューム

まず、序章でふれたヒュームの「シンパシー」についていえば、それは「共感」（同情）をいくらかふくむが、おもに「交感」である（引用は、しばらく「シンパシー」と表記）。ヒュームにとって「シンパシーは、感情や情念［による自分と他者］のコミュニケーションであり」、このコミュニケーションは、自然に始まる営みである。ヒュームは、「シンパシーという［感情の］原理は、強力かつ強引であり、自然なものであり、感情や情念のなかに入り込んでくる」と述べている。なるほど、「他者の感情は、けっして私たちに作用しえない。［シンパシーによって］かなりの程度、それが私たち自身のものになることがなければ、そうである」。しかし「そうなるとき、他者の感情は、私たちを支配する。それは、私たちの感情に抗ったり、それを強めたりする」と（Hume 2007, 1: 378 傍点は引用者）。「シンパシーは、したがって［感情の］一つの原理であり、それは、私たちを私たちの自我（ourselves）から遠く離れたところへ連れだす」と（Hume 2007, 1: 370）。

ヒュームのいうシンパシーはまた、生きて思考する動物すべてに共通する力である。「明らかに、シンパシーないし情念（passions）のコミュニケーションは、人の間だけでなく、動物の間でも生じる」（Hume 2007, 1: 255）。事実として観察されることは、「生動的被造物（animal creation）全体に共通するシンパシーの力であり、ある思考する存在者から他の存在者へ、容易に感情（sentiments）のコミュニケーションが生じることである」。このシンパシーの力は、「仲間を求めるという明白な希求」に裏打ちされているが、人間・動物が、仲間・集団を作る理由は、「何らかの利益」を得るためではない。そうするように創られているから、そうするだけである。なるほど、人間は、動物とちがい、「矜持、野心、強欲、好奇、復讐、情欲」などの厄介な情念を抱くが、人間の「魂（soul）、すなわち、これらすべてを生動的にする原理（animating principle）は、シンパシーである。シンパシーがなければ、これらの情念は、なんの力動ももたなくなり、私たちは、他者の思考や感情［を想像しても、それら］から力動をすっかり抜き取られてしまう」（Hume 2007, 1: 234-5）。

また、ヒュームが「直接的シンパシー」（immediate sympathy）と形容しているシンパシーは、自我の意図・意識をともなわない感情であり、まさに「交感」と訳せるだろう（Hume 2007, 1: 385）。このシンパシーは、「第一のシンパシー」（first sympathy）とも呼ばれている（Hume 2007, 1: 249）（何らかの思考とともに「拡張されたり」「限定されたり」するシンパシー（共感）の原点が、この「第一のシンパシー」である）。この直接的シンパシーは、他者の苦しみだけでなく、他者の「優しい情念」（tender passion）・「優しい感情」（tender sentiment）としての「慈愛」（love）に対し、自分が抱く感情でもある。すなわち、自分のなかで、「慈愛の感情を抱くある人に対し、同じ優しさが、とめどなく溢れてくる」ことであり、そこには、「反省（reflection）がまったく介在していない」（Hume 2007, 1: 385）。「シンパシーによって喚起される快適な感情は、慈愛そのもの（love itself）である」（Hume 2007, 1: 386）。「私が苦しむ人を支援するとき、私の動機は、自然な人間性（natural humanity）［つまりシンパシー］であり、私の支援の範囲が広がるとき、……私の活動は、私の仲間の幸福を増やすことになる」からである（Hume 2007, 1: 370）。シンパシーが、他者への遂行的支援を生みだすからである。

もう一つ確認しておこう。ヒュームにとって、シンパシーの対立概念は、「比較」（comparison）である（Hume 2007, 1: 379）。これは、すなわち、シンパシーが生じているかぎり、自分と他者を比較することはできないということである。このシンパシーも、交感、すなわち感性的つながりである。日本でも「他人の不幸は蜜の味」という俗諺があるように、人が、自分と他者を切り離したうえで、自分と他者を比較し、他者が自分よりも不幸である、とわかることは、自分の幸福となり、自分を喜ばせる。逆に、他者が自分よりも幸福である、とわかることは、自分の不幸となり、自分を不快にさせる。この種の比較は、自分と他者の感性的つながりを切断してはじめて、成り立つ思考である*。つけ加えれば、比較されるものは、たんなる観念（認識の内容・命題）であるが、シンパシーは、この観念に依拠していながらも、その観念を生き生きとさせる力である。「シンパシーは、観念（idea）を［感情に満ちた］印象（impression）に転換するものであり、比較に比べるなら、より大きな力動（force）と生動（vivacity）を観念に要求する」（Hume 2007, 1: 379）。

* 比較は、たとえば、「虚栄心」（vanity）という欲望にもふくまれている。虚栄心は、自分と他者を比べ、自分を他人よりも優れた者として位置づけようとする欲望であり、自分も他者もともに虚栄心をもっていれば、この欲望は妨げられるので、人は不愉快になる。つまり、「他人の虚栄心（vanity うぬぼれ）が不愉快であるのは、自分が虚栄心をもっているからである」（Hume 2007, 1: 380）。

3　交感のヨーロッパ概念史・点描

さて、ヨーロッパの概念史に見いだされる交感概念を、ごく簡単にふりかえってみよう。すでに、原始キリスト教思想は、この交感概念を語っている。それは、新約聖書（ルカの福音書）で語られている「よきサマリア人」の「腸（はらわた）のちぎれる想い」（splanchnizomai スプランクニゾマイ）である（ルカ 10. 33）。また、父親が、自分を見捨て享楽に耽った息子を無条件で迎え入れ、「憐れみ慈しむ」ことも、同じ言葉（esplanchnisthe エスプランクニステー）で表現されている（ルカ 15. 20）。ラテン語の聖書では、この言葉は「ミセリコルディア」（misericordia 憐れみの心）と訳されている。また、「憐れみ（eleos）は、裁きに勝る」とも、述べられている（ヤコブ 2. 13）。すなわち、「憐れみ」は、正義の裁きを否定するのではなく、正義の裁きをよりよくするものである、と。この「憐れみ」も、ラテン語聖書では「ミセリコルディア」と訳されている。

古代・中世のキリスト教思想も、交感概念を語っている。たとえば、アウグスティヌスは、「私たちが抱く憐れみの心（misericordia）、すなわち、他者の哀れさ（alienae miseriae）をともに苦しむこと（compassio）とは何か。できるかぎりの他者への援助を強いられることとは何か」と問い、それが何であれ、「そうした心の動きは、理性（ratio）に従っている」と述べている（AA, DCD: 9. 5）。この「理性」は、「神の言葉」（Verbum Dei）である。また、中世神学において、トマスは、「ミセリコルディア」を「コンパシオ」（compassio）と同義の言葉として用いている（Ryan 2010; ex. TA, ST: II-II, q. 30, a. 1, co）。この「コンパシオ」は、のちにドイツ語に訳され、「ミットライデン」（mitleiden ともに・苦しむ）、すなわち「共苦する」と表現されるようになった。これらの言葉が意味する感情は、自我の意図・意識ではなく、自我を超える内なる神性に与っている。トマスは、「憐れみは、何よりも神に帰属させるべきである」と述べている（TA, ST: I, q.21, a. 3, co）。

少し下るなら、デカルト（Descartes, René 1596-1650）にとっては、憐れみは、まず交感であるが、それに自我（「魂」（âme））の思考が被さっている。「憐れみ」（pitié）は、「慈愛と善意をふくむ一種の悲しみであり、それは、何らかの災悪を被るべきではないはずなのに、それを被っている人に向かう」（DOP, PA: a. 185）。デカルトにとって、憐れみをもつことは大切であり、憐れみをもたない人は、「性悪で陰湿か、獣のように粗野か、偶然の幸運に浮かれているか、不幸のあまり自分はこれ以上不幸にならないと考えているか、である」。しかし、「この憐れみにふくまれる悲しみは、辛いものではない」。つまり、腸がちぎれるものではない。憐れみが「感覚」（sens）にとどまり、「魂」（âme）は、苦悩する人に交感する（compatit）が、思考は、自分の為すべきことを為している、と満足する」からである（DOP, PA: a. 188）。つまり、思考は、他者を無視しないで、ちゃんと憐れんでいる、と自己満足するからである。アウグスティヌス、トマスとちがい、デカルトの憐れみは、自我を超えるものに由来するものではなく、思考によって意味づけられるものである。

スピノザは、交感という営みに、デカルトよりも強い関心を寄せ、「感情模倣」という言葉でそれを語っている。「人は、自分の自然に衝き動かされるかぎり……他の人の自然とかならず同軌する」(OS, E: 4, P35, C1)。それは、人びとが、「人間の自然」を「共有している」(commune) からであり、「感情模倣」(affectus imitatio) によって (OS, E: 3, P27, S)、他者を感受できるからである、と。この感情模倣は、「……私たちとだれかが似ていることによって、また……だれかが感情を喚起されていると私たちが象ることによって、[そのだれかと] 似たような感情が、自分のなかに喚起される」ことである (OS, E: 3, P27)。この感情模倣は、古来の「ともに憐れむこと」(commiseratio) や「憐れむ心」(misericordia) にふくまれている心の基底的な営みであり、これらは「ほとんど同じである」(OS, E: 3, ADf. 18, E)。こうした「憐れむ心は、[つまるところ] 慈愛 (amor) である。それが……他人の幸せを歓び、他人の災いを悲しむことだからである」と (OS, E: 3, ADf. 24)。この憐れむ心は、自我の意図・意識によるものではなく、おのずからの心の営みである。

さて、一八世紀のフランス啓蒙思想でも、交感の営みは「人間の自然」として語られている。一つだけ例示しよう。「公教育論」の提唱者であるフランスの政治家、コンドルセ (Nicolas de Caritat, marquis de Condorcet 1743-94) が重視しているものは、「人間性 [として] の愛」であり、この愛は「自然の感情」(sentiment naturel) とも表現されている。この「自然の感情」は、いいかえれば、無条件の慈愛である。そして、人間の「自然の感情」の根本は、他者の苦しみと「交感する」(compatir) ことである。コンドルセは、「私たちの自然の感情の第一は、感受する存在者 (êtres sensibles) の苦しみに交感することである。すなわち、私たちが、彼らとともに、その苦しみを感じることである。この感情は、痛ましさ (pénible) である」と述べている (C, PEHS: 377)。また、後でふれるルソーの「憐れみ」(piété) ないし「ともに憐れむこと」(commisération) も、交感に由来する感情であり、ルソーは、それらを「自然の感情」と形容している（第3章を参照）。

最後にもう一人、自分をスピノザの後継者と見なしていたニーチェ（Nietzsche, Friedrich 1844-1900）の「シンパシー」論にふれておこう（しばらくカタカナで表記する）。ニーチェにとって、シンパシーは、「心の力動連関」である。「『シンパシー』（Sympathie）、いわゆる『愛他』（Altruismus）と呼ばれる営みは、心の力動連関（psycho-motorischen Rapports）という、精神のはたらき（Geistigkeit）を言いかえたものである。……私たちは、けっして自分の思考を伝達しあう（theilt 分有する）のではない。私たちは、動作、身ぶりという合図を伝達しあい、それが、私たちそれぞれによって、思考に還元され、読みとられる」。ニーチェのシンパシーは、共感であるが、交感でもある。このシンパシーが、自分・他者の区別を越える「力への意志」と不可分の営みだからである。ニーチェは、こうした心の力動連関を「豊かに開花した生を暗示するもの」と形容している（KS 13, NF 1887-89: S. 14[119]）。他者の生き生きとした「自己」つまり「力への意志」が、心の力動連関によって、自分の「自己」を高めるからである。ニーチェは「……ただ自分自身の道を登る人がいれば、その人は、私の姿も明るい光のなかへ高めてくれる」と述べている（KS 3, FW: S.L.R., S.23）。

このようにヨーロッパの概念史の交感概念を点描してみると、交感とは、個人の自我を超えて内から生成する感情であり、人に対してであれ、動物に対してであれ、人が同じいのちあるものと通じようとする感性的力動である、と考えられる。先に述べたように、感情の本態は、この交感であろう。現代社会は、自分と他者の区別を前提とした、それぞれの能力・学歴の比較、容姿・容貌の比較、資産・給与の比較、評価・名声の比較など、自分と他者の比較が蔓延し常態化している社会である。この社会、いいかえるなら、あらゆるところで、何らかの同一規準で人が対象化され、孤立化させられている社会において、この交感という自我を超えた自然な力動は、現代社会の趨勢に抗う力、それを内から変容させる力となるだろう。この交感という力動を、存在論的に考える場合の、「人間性」のおもな特徴の一つとして、提案しておく。

3 〈よりよく〉志向

1 〈よりよく〉志向

次に、〈よりよく〉（melior）という志向について述べよう。この志向は、これまで哲学・思想でさまざまな言葉で語られてきた。たとえば、アウグスティヌスの「霊性」（spiritus）、トマスの「意志」（voluntas）、エラスムスの「自由意志」（libre arbitre）、カント、ショーペンハウアの「意志」（Wille）、デューイの「メリオリズム」（meliorism）などである。哲学・思想で語られてきたこの志向の本質は、希望であり、およそ神への志向であり、現世の意味・価値を棚上げすることである。たとえば、トマスは、「希望は、意志と呼ばれる［神に向かう］よりよい欲求（appetitu superiori）に見いだされる」と述べている（TA, ST: II-II, q. 18, a. 2, co）。

この〈よりよく〉志向は、原始キリスト教思想で語られている救済の可能性にもふくまれている。すなわち、人は、神に似せられて創られたが、「原罪」（peccatum originale）、つまりエゴセントリズムによって、内在していた「神の類似（像）」（similitudo Dei/imago Dei 神性）をひどく傷つけた。しかし、それでも、その「神の類似」は残存し、自分を回復しようと努力し続けている。その回復の努力を一気に加速する契機が、イエスの「受肉」（Incarnatio）であり「受難」（Passio）である、と。ひょっとすると、〈よりよく〉の起源は、原始キリスト教思想よりも古いかも知れない。「苦難の人は、よりよいものを迎えるだろう」（Forsan miseros meliora sequentur）というラテン語の格言があるように。この格言は、紀元前のローマの詩人ヴェルギリウス（Vergilius

Maro, Publius BC.70-BC.19）の叙事詩『アエネーイス』に記された一文である（Vergilius 2011: Lib. 12, [line No.] 145）。

人に内在するとされる「神の類似」のような〈よりよく〉志向は、たんなる想像力の産物かもしれないが、古来、ヨーロッパの哲学・思想は、およそ、この〈よりよく〉志向を前提にしてきた。ニーチェ、フーコーが語った「真実（veritas　真理）への意志」も、〈よりよく〉志向である。しかし、この〈よりよく〉志向は、たとえば、現代英語の「ウィル」から、およそ駆逐されている。すでにヒュームは、「ウィル」に何らの超越的（可知的）なものを見いだそうとしていない。ヒュームにとって「ウィル」は、「内在の印象であり、私たちが感じ意識するものであり……新しい身体の動きであり、心（mind）が受容するものである」。最後の部分は、いくらか超越性（可知性）の入る余地を残しているが、彼は、意志は「定義できないもの」だから、「これ以上のことを語る必要はない」と述べて、議論を打ち切っている（Hume 2007, 1: 257）。

もっとも、そのヒューム自身も〈よりよく〉志向を語っている。たとえば、「心（mind）は、根源的本能によって、自分を善に結びつけようとし、悪を避けようとする」と述べている（Hume 2007, 1: 280）。この「マインド」は、古代・中世のキリスト教思想における「メンス」（mens）に通じる言葉であり、「霊性の住処」を意味している。「メンス」はまた、パスカル（Pascal, Blaise 1623-62）が『パンセ』（1670）のなかで「心で感じる神」（Dieu sensible du cœur）というときの「心」（cœur）であり、「心には［区別し同定し総合する］理性（raison）が知らない、それ自体の［神に向かう］理性（raison）が住んでいる」というときの「心」である（Pascal 1976: no.278, 277）。以下、カントの「意志」、デューイの「メリオリズム」に見いだされる〈よりよく〉志向を確かめよう。

2 随意と意志――カント

まず、カントの「意志」(Wille) を取りあげよう。カントの「意志」は、ヒュームによって遠ざけられた、形而上学的概念としての「意志」(voluntas) である。それは、いいかえれば、中世神学のいう「意志」である。カントは、この「意志」を「随意」(Willkür 恣意) から区別している。意志は、超越者に向かう志向であり、「随意」は、日本語で「選択意志」とも訳される思考であり、「可感界」(快を志向する通俗的な考え方) に塗れて「思うままにほしがる」ことである。つまり、欲望の趣くままの興味・関心である。これに対し、「意志」は、人が欲望の趣くままの「随意」に従って生きていても、それを否定して立ち現れる強靭な力である。カントは、随意を「根本悪」(radikale Böse) と呼んでいる (たとえば、KW 8, RGV: 680)。

もっとも、カントのいう随意は、根本悪であっても、悪の根源ではなく、快を求めてふらふらする何とも情けない思考である。すなわち「人間の自然」(menschliche Natur)、「人間の心性」(menschliche Herzens) の「脆弱」「不純」「頽落」といった「悪への性向」(Hange zum Böse) に左右される思考である (KW 8, RGV: 675-77)。念のためにいえば、「人間の自然」「人間の心性」すべてが「悪への性向」に染まっているのではない。カントにとって、悪の根源、すなわち「悪への性向」は、人に内在する「神性」を意図的・意識的に忌避したり無視したり軽侮したりすること、つまり涜神への傾斜である。この「悪〔への性向〕は、〔原罪に由来する〕根源的なものであり、〔道徳の〕原理 (Maximen) すべてを腐敗させるものである」(KW 8, RGV: 686)。ようするに、カントにとっては、神を忘却し愚弄することは、「原罪」という悪の根源の現れである。

これに対し、カントのいう意志は、人間に内在する「神性」に由来するものであり、本来的に「善」「純粋」「美徳」であり、「定言命法」「実践理性」「道徳法則」であり、そもそも「自律している〔＝自存する〕もの」である」(KW 7, KPV: 142-6)。ようするに、意志は、カントが肯定する内的なものすべてに見いだされる

〈よりよく〉志向である。人は、この意志の力に与り、快への欲望のいいなりになる随意に負けない「心情」(Gesinnung 心術)を形成し、この心情によって、随意を意志に沿わせることができる。その心情こそが、カントにおいて「人間性」(Menschheit)、「人格性」(Persönlichkeit)と呼ばれるものの中核である(KW 8, RGV: 672-5)。つまり、カントにとって、人間性(人格性)を支えているものは、意志に貫かれている心情である。

こうした、カントの意志、すなわち〈よりよく〉志向は、「人間の自然」を語るうえで、あらためて措定されるべき大前提の一つである。カントの意志は、彼の哲学の根本概念である「理性」にも、彼の哲学の最終目的である「至福」にも、密接につながっている(カントの「理性」と「至福」は、第6章で敷衍される)。意志は、理性とともに、通俗の経験を越えて、カントのいう至福という理念に向かっていく。「経験は、結局、理性を充分に満足させるものではない」(KW 5, P: 226)。ただし、カントの意志、つまり〈よりよく〉志向の起源は、知りえないだろうから、この意志、すなわち〈よりよく〉志向は、原理として措定される。

3　メリオリズムと知性――デューイ

〈よりよく〉志向は、いいかえるなら、めざされるべき新たな可能性の創出を「信じる」こと、つまり「希望」を「信じる」ことでもある。この希望への信は、大きく時代を下るが、自然主義の哲学者、デューイの思想のなかにも、見いだされる。それは、デューイのいう「可能性」への「信念」(faith)ないし「確信」(belief)である。デューイは、次のように述べている。「すべての可能性は、可能性〔=よりよくなりうること〕として、本来的に理想的である。……すべてのよりよく(for the better)という試みは、〔よりよくなりうるという〕可能性である信念(faith)によって駆動されているからである。現実的なものにただ従うことによってではなく」(CD, LW. 9, CF: 17 傍点引用者)。デューイにとって、この「よりよく」の信念は、「人生そのものが、試練（trials）の連続である」かぎり（CD, LW. 1, EN: 326）、そして、そうした試練の彼方に、人為を超えた恵みを見いだすかぎり、必然的に要請される態度である。

デューイにとって「よりよく」と同義である「メリオリズム」（meliorism）について、少し補足しておこう。デューイは、次のように述べている。「メリオリズムは、一つの信（belief）である。それは、ある時点の情況は、それが相対的にわるくても、またよくても、とにかくよくなるだろうと信じることである。この確信（belief）は、知性を鼓舞し、善さを実現する手段となるものや、その手段を実現するうえで障害となるものを研究する力を生みだし、そうした条件の改善に人びとを駆りたてる。［ようするに］メリオリズムは、確実な信念（faith）と理性的希望を覚醒させる」と（CD, MW. 12, RP: 181-2 傍点は引用者）。敷衍するなら、デューイのいう「確実な信念」とは、「人が自然のなかに（within nature）ある」という信念であり（CD, LW. 1, EN: 324-5）、「理性的希望」とは、いわば、真実に向かう「知性」（intelligence）によって、人間／自然の区別、また知識／信念の区別が乗り越えられ、知識と信念が、また人と自然が密接につながりあう状態である。

デューイにとって、「知性」は、「批判という方法」（critical method）である。ここで critical を「批判」と訳したが、それは、カントの Kritik を「批判」と訳すことに等しく、何らかの勝手な規準（たとえば、規範・好み・偏り・趣味など）によって他者を論難・否定することなどではなく、人が何らかの目的に向かい、それを具現化しようとするときに、その目的の内容、その目的を支える条件、その目的がもたらす結果をよく考えることである。デューイは、「努力すること、すなわち、私たちの希求するもの、目指すもの、理想とするもの［の内容］……を探究し明示し、［そうした目的を存立させる］条件と、それがもたらす結果を探究し明示するという努力が、批判（criticism）である」と述べている（CD, LW. 1, EN: 312）。また「批判」は、「応答的かつ熟慮的に、事物を存立させる条件と、その結果を開示することであり、そうした条件や結果が、好み・偏り・趣味の表現を可能にしている」と述べている（CD, LW. 1, EN: 312 傍点は引用者）。

こうした批判としての知性は、大きな志向に貫かれている。それは、人と人・もののつながり（「相互活動」interaction）を示すことである（CD, LW. 1, EN: 324）。それは、たとえば、人それぞれの「同意や主張」を「分有されるべき意味の自由なコミュニケーション」に変えることであり、人それぞれが抱く「感じ」を「秩序ある自由な感覚」に変えることであり、さらに人それぞれの「反応」を「応答」（response）に変えることである。こうした大きな志向は、「もっとも深い信念や誠心が向かう理性的なものであり、この方向性を保ち支えることは、すべての理性的希望である」（CD, LW. 1, EN: 325）。それは、人間が、自然の外にいる「小さな神ではなく、［自然の］力動（energy）の現れ（mode）として、他のその現れと不可分に結びついていること」である（CD, LW. 1, EN: 324）。デューイは、「不滅のつながりが、［自然の］力動と［人間の］行為の間にあり、その力動は、［すべての］自然の構成要素である」と述べている（CD, LW. 1, EN: 309）。

デューイのいう、すべての自然に伏在する「力動」は、ベルクソンのいう「生命の躍動」よりも大きな概念である。それが、非生命の物質にもふくまれるからである。それはともかく、ここでふれておきたいことは、デューイのメリオリズムへの信念・確信が、トマスのいう「メリウス」（melius よりよさ）論に通じている、ということである。トマスは、「神は、これ［＝被造物］をよりよく（melius）することができる」と述べている。すなわち、人に「よりよい存在様態（meliorem modum essendi）を贈ることができる」と（TA, ST: I, q. 25, a. 6, ad 1）。メリウスが神の贈与であるなら、それを信じることは、キリスト者の務めである。さしあたり、こうした〈よりよく〉志向（カントの「意志」であれ、デューイの「信念」であれ）は、存在論的に考える場合の「人間性」の、もう一つの特徴として提案される。先に述べた交感に加えて。

4　希望を信じる

1　希望を信じる――能力と存在の重層化

さて、第1節で述べた「思考の停止」は、少なくとも二つの思考によって、決定ないし加速される、と考えられる。その一つは、かつてヴェーバー（Weber, Max 1864-1920）が析出した「目的合理性」（Zweckrationalität）である。すなわち、目的／手段の関係で物事を考えることであり、期待される成果を迅速・確実に達成する方法を採用することである。この思考のもとでは、手段・方法が見つからないとき、努力そのものが放棄される。つまり、思考が停止される。もう一つは、おそらくロック（Locke, John 1632-1704）以来の「快／苦の原則」（pleasure-pain principle）に思考がすっかり染まっていることである。すなわち、快楽か／苦痛か、それだけによって、物事の善・悪、遂行の是・非が決められることである。この快／苦の原則のもとでは、苦痛をともなうことは、思考を拒否されるもの、思考から放逐されるべきものである。温暖化・人新世という事実に人が直面し思考の停止に陥るとき、人が採用している思考は、これら二つの思考法であろう。

本章の提案は、こうした思考の代替となる思考を提案することであった。そのために、まず、およそ「同情」に変質している「シンパシー」を、自分・他者の垣根を越える交感に差し戻し、また、「恣意」と混同されがちな「意志」を、〈よりよく〉の志向に差し戻した。こうした二つの差し戻しによって、ある思考が創出される。それは、「希望」を「信じる」（believing）という思考である。（利用・信用の）可能性を「計算する」（calcurating）という思考ではなく。希望は、計算できないものであり、信じるほかないものである。いいかえれば、人は、計算可能なものを信じない。人は、計算不可能だから信じる。私たちの文化のなかには、希望のように、信じるほかない計算不可能なものがある。それは、たとえば、「美しさ」、「慈しみ」、「義しさ」である。それらは、およそ、人の〈よりよく〉の意志の行先であろう。あらためて敷衍されることであるが、端的に述べるなら、この〈よりよく〉の意志を喚起する感性が、交感である。

しかし、交感と〈よりよく〉志向が生みだす希望を信じる思考は、可能性を計算する思考を排除しない。むしろ、希望を信じる思考と可能性を計算する思考は、重ねられるべきであり、希望を信じる思考によって、計算される可能性の限界は、遠ざけられるべきである。いいかえれば、希望を信じる思考に裏打ちされることで、可能性を計算する思考は、より豊かなものになるべきである。それは、いいかえれば、思考全体が存在論的／機能論的と重層化されることである。それは、たとえていえば、「能力」を「存在」で裏打ちすることである。端的にいえば、人の能力は、有能性・有用性であり、目的を効率的・効果的に達成する力能である（「機能」（function）は、「達成する」を意味する fungi の名詞形である）。これに対し、人の「存在」は、人が（自然的・生動的に）生存していることそれ自体であり、この「実存」（existence）とも呼ばれる生の様態は、人の基底性である。このような能力と「存在」の対比は、あまり重要ではない（しつこく対比させると、対立するものに見えてくる）。実現困難に見える希望を実現する思考は、具体的に可能性を広げる思考である。

補足しておくなら、「存在」は、「無為」と重ねることもできるが、区別しておこう。アメリカの小説家、メルヴィル（Melville, Herman 1819-91）は、短編小説「バートルビー」（*Bartleby*, 1853）において、代書人のバートルビーが、しだいに仕事をしなくなり、すべての社交的関係からも遠ざかり、職場である法律事務所にいるだけ、生きているだけになり、最後は食事もしなくなり、墓場で死んでいく、という様子を描いている。バートルビーの生は、アガンベンの言葉を借りると、「無為」（impotenza）であり、能力（有能）の対極に位置づけられている（Agamben 1993/2005）。しかし、この無為は、自然性・生動性に溢れる「存在」とは区別される。重要なことは、能力を否定することではなく、能力の背後・周囲・前提を思考し、それを「存在」に沿わせることである。「存在」は、能力を立体的・重層的に思考するための思考のツールである。

2　軽やかで不屈の生存——生の肯定

最後に、「生の肯定」（affirmation of life）という概念を紹介しておこう。生の肯定とは、人が、自分が享受している生命を担い生き続けようとすること、すなわち意図し意識する自我とは別に、無心に生き続けようとする、いわば「存在」の力動である。それは、たとえば、リクール（Ricœur, Paul 1913-2005）のいう、人の「生き続けようとする根本的希求」である。リクールは、『記憶・歴史・忘却』（2000）のなかで、この根本的希求を踏まえつつ、ハイデガーの「死に向かう存在」（Sein zu dem Tode）という人間のとらえ方に対し、死ぬとわかっているのに「死に抗う存在」という人間のとらえ方を提示している（Ricœur 2000/2005 下：118, 128, 114）。この生の肯定は、ヨーロッパの概念史のなかで、さまざまに語られてきた。それは、たとえば、アウグスティヌス、トマスの「アニマ」にも、スピノザの「コナトゥス」（conatus）にも、ルソーの「善きもの」（moralité）にも、ニーチェの「本能」（Instinkt）にも、ベルクソンの「生命の躍動」（élan vital）にも、そして、ハイデガーの「死に向かう存在」が前提としている生動的な「実存」（Existenz）にも、見いだされる。

　こうした生の肯定は、すべての現実の肯定的活動を支えている。すなわち、現実の世界を否定するのではなく、それを〈よりよく〉変えるという肯定的活動の源泉である。たとえば、ニーチェは、『偶像の黄昏』で、「私たちは、［現実の世界を］たやすく否定しない。その肯定者で在ることに、自分の栄誉を見いだそうとする」と述べている（KS 6, GD: 87）。いいかえれば、生の肯定は、「生の倦怠」（taedium vitae）と無縁である。生の倦怠は、セネカ以来、ヨーロッパで古くから語られてきたことであり、この現実の世界でふつうに生きることにうんざりしていることである。その前提は、善／悪の区別を、快／苦という自我の経験によって規定することであり、その自我の経験を、歴史的・文化的に規定される相対的なものと見なすことであり、快／苦にもとづく自我の経験を超える思考をもたないことである。生の肯定は、こうした生の倦怠を生みだす自我の経験に執着する思考（いわば「経験論」）とは無関係である。音楽に例えるなら、生の肯定は、ニーチェが愛してやまなかったビゼー（Bizet, Georges 1838-75）の『カルメン』（*Carmen*, 1875）に見いだされる。

この生の肯定は、また、意味・価値づけの議論とも無縁である。それは、たとえば、ニーチェが「本能」（Instinkt）と呼ぶ、自然性の「善さ」（Gute）であり、「軽快で、必然で、自在」である。ニーチェは、「すべての善さ（Gute）は本能である」と述べ、本能の「軽やかな足取りは、神性（Göttlichkeit）の根本属性である」と述べている（KS 6, GD: 90）。生の肯定は、いいかえれば、歓びとともに、自己創出というかたちで自分を保存し生成することである。したがって、生の肯定は、生を手段化せず、生それ自体を目的とする生を浮かびあがらせる。それは、さまざまな客観的予測に押しつぶされず、〈今・ここ〉で自分にできることを愉しみつつ、みずから・おのずから行うという、軽やかで不屈の生存（easily obstinate live）である。そうした生存を端的に形容する言葉は、やはり「自由」（liberty）であろう。ただしそれは、「自発的隷従」（voluntaria servitute）なき「自由」である。三三歳で夭折した一六世紀のフランスの著述家、ラ・ボエシ（La Boéti, Étienne de 1530-63）の言葉を引くなら、この「自由は、自然なものである」（La Boétie 2008: 19）。

ようするに、人は、生の肯定（いいかえれば、「存在」の力動）に根底的に支えられて展開される、交感に彩られ、〈よりよく〉志向に貫かれた希望を信じる思考のもとでは、突きつけられる客観的予測に押しつぶされそうになりながらも、不可能に思えることに軽快にかつ敢然と挑み続けることができる。その軽快で敢然な生動性によって、合理的思考も真にポジティブなものになり、新たな創造的活動を開始することができる。狭い意味の目的合理性や、通念に枠づけられた快／苦の原則に染まる合理的思考の背後に、生の肯定に支えられた、交感的で〈よりよく〉志向に貫かれた存在論的思考を置くことで、ただ楽観的なだけの「未来の希望」も、また自己侮蔑的な「思考の停止」も、ともに回避されるだろう。

第３章

遡及する想像
——精神＝霊性の出来

Retroactivation of Imagination: Emergence of Spiritus

〈概要〉 地球温暖化・環境汚染への対処を自分事としてとらえ、一人ひとりが実際に自発的に行うために必要な思考は、地球を「**生命の生存可能性**」として**全体論**的に把握することであり、また、人類をふくめた生きものすべてが、**自然性を分有している**、と考えることである。こうした考え方は、ベルクソンの**生命論**にも見いだされる。その中心概念は、むろん「**生命の躍動**」である。この「生命の躍動」を知ることは、**直観**と呼ばれている。直観は、いいかえれば、**想像**である。想像は、およそ**類比**による**心象**の形成であるが、それを根底的に司るものは、「生命の躍動」である。つまり、「生命の躍動」を知るものは、人ではあるが、「生命の躍動」の現れとしての直観すなわち想像でもある。この自己言及する「生命の躍動」は、**持続する時間**として人に現れる。この持続する時間から「生命の躍動」にいたる直観の思考方法は、「**遡及**」と呼ぶことができる。この**遡及する想像**によって、人は、自己の「**自由**」を体現し、過去の過ちからも、社会的通念からも解放され、全体論的視界を開くことができる。端的にいえば、この遡及する想像は、「生命の躍動」の**自己言及**である。

1 想像の根底

1 生存可能性

地球温暖化・環境汚染がもたらすだろう人類への脅威は、すでに論じられているように、全面的で壊滅的である（と考えられる）。求められる対策は、化石燃料の廃止だけでなく、農業の脱炭素化、食生活の脱炭素化（すなわち、肉類・乳製品に偏る食生活からの脱皮）、商品生産・消費の脱炭素化（プラスチック製品の縮減）など、さまざまなかたちの脱炭素化である。しかし、政府や自治体、マスコミなどに命じられたり、迫られたりして行う脱炭素化・環境保全よりも、みずから自発的に行う脱炭素化・環境保全のほうが、より効果的である。いいかえれば、同じことでも、他律的にやらされるよりも、自律的に行うほうが、実効的である。

では、どのように考えれば、人は、脱炭素化・環境保全に自律的・積極的に取り組むことができるのか。おそらくもっとも大切なことは、地球を、人・生きものの「生存可能性」（habitability）として意味づけることであろう。生存可能性は、基本的に自然科学的概念である。すなわち、生存を可能にする適度な気温・湿度、大地・空気・水・食料などである。これらは、地球科学（「地学」）において「地球システム」と呼ばれている。守るべき規範はたくさんあるが、人類の絶滅を認めないかぎり、根本規範は、経済活動を持続可能性として追求することではなく、地球システムを生存可能性として維持することである。

この生存可能性の維持という根本規範は、古い言葉を引っぱり出せば、「宇宙船地球号」（spaceship earth）という概念にふくまれている。この言葉は、アメリカの建築家・思想家フラー（Fuller, Buckminster 1895-1983）が一九六八年に用いた言葉である。それは、地球が、宏大な宇宙のなかで人類が生きられる唯一の場所であることを意味し、人類の行動は、人類が唯一生きられるこの場所を守ることも壊すこともできるが、壊してしまえば、人類だけでなく、すべての生命が死滅することを、含意している。ウォレス＝ウェルズは、この言葉を引きながら「あなたは、〔地球を意味づける〕喩えを選ぶことができる。しかし、〔人間に〕生きていく惑星を選ぶことはできない。地球という惑星は、すべての人間の居場所（home）である」と述べている（Wallace-Wells 2019/2020: 310/261）。つまり、「宇宙船」は、人間に他に逃げ場はないということを暗示する言葉である。

2　「生命の躍動」――想像の根底

地球を地球システムとしてとらえることは、哲学思想の言葉でいえば、地球を「全体」（Whole）としてとらえることである。この全体論的思考は、ホモセントリズム、エゴセントリズムといわれる人間の傲慢さを棚上げすることに通じている。全体論的思考は、人間と自然の関係を、人間の利益を確保するために、目的合理的に思考することでなく、自然性としての人と生きもののつながりにもとづき、存在論的に思考することであるからである。たしかに、人間の意思のままに自然を操作することができると思い、その困難さとたえず格闘し続けることもできるが、人間の思考に自然と通底するものがあると想像し、そのつながり全体を感じ続けることもできる。そのつながりの感覚は、自然に対する操作を〈よりよく〉変えるはずである。

さて、先にも述べたように、人間と自然のつながりは、生きものの生存に自然性――「生命の躍動」（élan vital）――を見いだすことで、想像可能になる。その自然性は、あくまで「概念」として措定されたものである。ベルクソンにとって、人間も他の生きものも、基本的に「生命の躍動」という自然性をふくんでいる。そして少なくとも人間は、この「生命の躍動」を思考したり表現したりする。「文化」は、およそ「生命の躍動」が思考され表現されたもの（表出したもの）である（むろん、そうとはいえないような「文化」もある）。「生命の躍動」の含意については、後で確認するが、さしあたり一つだけ述べておくなら、「生命の躍動」

は、「意識」の「［より］深層」（plus profond）に位置している（HB, DI: 93）。これに対し、いわゆる「文化」（文学・芸術・音楽・思想など）は、「意識」の「表層」（superficiel）に位置している（HB, DI: 93）。

本章で確かめたいことは、ベルクソンのいう意識の深層（「生命の躍動」）と表層（文化）をつなぐもの、いいかえれば、「生命の躍動」による文化の表現・表出を可能にするものである。それは「想像」（imagination）という営みである。本書の行論に沿っていえば、この想像という営みを存在論に傾けることで、自然性としての人と生きもののつながりを感じたり、地球＝世界を全体論的にとらえたりすることが可能になる。ベルクソンにとって、想像とは、「心象」（image）を創りだすことであり、心象は、たんなる形（形象・形状）ではなく、感情・情感をともなう「性状」（qualité）であり、身体で感覚・知覚されるもの（刺激・入力）と、意識で認識・表象されるもの（意味・命題）の、交点・中間に位置し、両者をつなぐものである。

ベルクソンにとって、想像は、固有な「論理」をもっている。この「想像の論理」（une logique de l'imagination）は、「分析」という「理性の論理」（la logique de la raison）から区別されるものであり、「類比」（類似の把握）である（HB, R: 32）。類比は、自由で創造的な営みである。類比が、同一なものを異多なものへずらすからであり、物質的なものを精神的なものとむすぶからであり、可感的なものを可知的なものにつなぐからである。このずらし・むすび・つなぎは、「習慣」（habitude）に司られている。ベルクソンは、「習慣と想像の関係は、論理と思考の関係にひとしい」と述べている（HB, R: 32）。つまり、思考を支えるものが論理であるとすれば、想像を支えるものは習慣である、と。ただし、この「習慣」は、通念の習慣ではなく、人類の心に住むもの、すなわち内なる志向（神学的意味の「専心」attention）であり、つまるところ「生命の躍動」であろう（ちなみに、habitude は、ラテン語の habitare（住む・とどまる）に由来する言葉である）。このように考えられるなら、ベルクソンのいう想像は、根底的に「生命の躍動」に方向づけられている、と考えられる。

ベルクソンの生命論は、ハイデガーの存在論から区別されるべきだろうが、それに重ねることもできる。どちらも、「遡及」という思考方法を採用している、と考えられるからである。すなわち、存在者から「存在」へ、持続から「生命の躍動」へ、と。以下、まず、ベルクソンのいう「生命の躍動」という概念を敷衍しよう。直観は「生命の躍動」を想像することであり、持続は「生命の躍動」の現れである、とまとめられる（第2節）。そのあとで、「生命の躍動」のなかに自己の「自由」を見いだしておこう。自己の自由は、権利としてではなく、「生命の躍動」の様態として把握される。また、「生命の躍動」は、ルソーのいう「自然」におよそ重ねられる、と付け加えよう（第3節）。最後に、「遡及」という思考方法と「想像」という思考様態の関係を素描してみよう。想像は、つねにとはいえないが、遡及というかたちで生じる、と（第4節）。

2　生命の躍動

1　動く＝現れる――ベルクソン

ベルクソンの思想は、「直観の哲学」「生命の哲学」と呼ばれてきた。「直観」も「生命」も、古くからある言葉であるが、ベルクソンが活動した二〇世紀前半に、哲学においてあらためて注目され、広く使われるようになった*。ベルクソンにとって、「直観」（intuition）は、もっとも重要な思考の仕方であり、「生命」（vie）は、もっとも重要な直観の内容である。ベルクソンのいう「直観」、「生命」を理解するうえで、まず踏まえておくべきことは、ベルクソンの時間概念であり、ベルクソンの時間概念を踏まえるうえで、まず思い浮かべておくべきことは、音楽の経験である。音楽は「時間芸術」と呼ばれている。絵画や彫刻が「空間芸術」と呼ばれるのに対して。この「時間芸術」といわれるときの「時間」は、「動くもの」（mouvement　動き）を意味し、空間芸術の「空間」は、「動かないもの」（non-mouvement 非-動き）を意味している。

少し敷衍しよう。この「動くもの」としての時間は、人が音楽を聴く・演奏するときに、その人が経験している時間である。この実際に経験される音楽の時間は、感受されるものであり、次つぎに過ぎ去り、次つぎに現れ出るという継起である（いわば、音の生成消滅の反復である）。音楽をただ聴いているときだけでなく、音楽を演奏しているときも、自分が出した音は、どこか〈自分のものではない〉と感じられる。プロであれ、素人であれ。むしろ、演奏者によって思いどおりに演奏された音楽は、演奏者の技能が前景化し、しばしば鬱陶しく感じられる。あらためて論じるが、おそらく、音楽の時間は、人が、自我の意図や意識を越える、おのずからの「音楽そのものの現れ」を体験する時間である、と考えられる。

ともあれ、ベルクソンにとって、音楽は、作曲家・演奏家が作りだすものではなく、「生命の躍動」が生みだす感情の「表現（現れ）」である（第5章も参照）。ベルクソンは、「音楽のなかでは……異様な力〔＝生命の躍動〕が、私たちをとらえる。……音楽の音は、自然の音よりも強力に私たちに作用する。自然〔の音〕は、〔その自然の音が帯びている〕感情を表現する（exprimer）にとどまるが、音楽〔の音〕は、私たちに〔音楽に内包されている生命の躍動が帯びる〕感情を想起させる（suggérer）」と述べている（HB, DI: 11）。前田英樹は、『ベルクソンの遺言』（2013）で「〔ベルクソンにとって〕音楽は、私たちの生命が変化し作りだす運動の、かなり純粋なひとつの表現である。……音楽というものが、純粋に生きられた生命の深層に達する」と述べている（前田 2013: 3）。表現するものは、演奏家・作曲家というよりも、「生命の躍動」である。この「生命の躍動」も、人の意図・意識を越え、おのずから現れるものである。

おそらく、ベルクソンにとって、彼が生きた時代は、こうした動くもの＝現れるものを蔑《ないがし》ろにする時代だったのだろう。科学技術の進歩、知識技能の拡大などにふくまれる「物象化」の広がりによって。二五年くらい、ベルクソンと同時代を生きたアメリカの音楽家、メニューインの言葉を引いておこう。一九七九年に出版された自伝（『果てしなき旅』）からである。「ヴァイオリンの演奏は、『自然な』（natural）活動であるべきであり、そうなりうるが、そういったところで、あまり意味はない」。私たちの生きているこの時代は、あまりに「不自然な時代」だからである。「それが、〔現代〕文明が支払った代償であり、それは、直観を蔑ろにし、そこに戻る道すら見いだしていない。その損失は、すべての人にとって重大である」。（Menuhin 1979: 249/319）。メニューインにとって「自然な演奏」とは、「ほとんど自意識もなく」「高揚感と躍動（élan）をもって演奏する」ことであった（Menuhin 1979: 250/319 傍点は引用者）。つまり、おのずから。

* ベルクソンは、パリ生まれであるが、生粋のフランス人ではなく、父はポーランド系ユダヤ人であり、母親はイングランド人である。彼は、ソルボンヌ大学を卒業し、リセの教員、コレージュ・ド・フランスの教授を四〇年間つとめた。そして一九四一年、八一歳のとき、ドイツ軍が占領する極寒のパリで、暖房のない自宅（アパルトマン）で肺炎を悪化させ、死去した。

2　時間概念——持続

さて、ベルクソンの「生命の躍動」は、言葉としては、よく知られているが、意味としては、よく知られていない。この言葉をよく理解するためには、今ふれた時間の概念をもうすこし深く理解する必要がある。ベルクソンの時間概念を象徴する言葉が、「持続」（durée）である。ベルクソンにとって「持続する」ものは、突きつめれば、「宇宙」（univers）であり、この宇宙を彩る「律動」（rythm）であり、したがって「私たちの存在の基底であり」、「私たちが関与する事物の実体である」（HB, EC: 11, 39 傍点は引用者）。さしあたり「私たちの存在の基底」としての「持続」の内実に注目しよう。まず確認したいことは、ベルクソンが重視したことが、社会が定める諸規範ではなく、個人が抱く蓋然性の漸進であった、ということである。すなわち、社会に規定され制度化されていった諸規範ではなく、ふりかえってみれば、こうとしか考えられないような、自分にとって確かなものが、自分のなかで少しずつ象られていく（想像されていく）ことである。

ベルクソンは、哲学によって人がどこに導かれるのか、人は知らないが、哲学的に思考し続けるなら、少なくとも人生の終わりあたりで、人は自分がどこに導かれたのか、およそわかるようになる、と考えている。さしあたり、その導かれる先を「テロス」（telos 終わり・限界・最期）と呼ぶなら、このテロスは、各人において、事後的なものかつ固有的なものとしてのみ、象られる。つまり、テロスは、あらかじめこれこれであると、他人から与えられたり、教えられたりする「目的」ではない。たしかに、私たちは、人生において、自分なりの目的を立て、それを達成しようとして努力している。しかし、そうした目的から区別されるが、一人ひとりが漠として目指している何かがある。時間概念に即して、もう少し敷衍しよう。

目的は、およそ「計測される」（mesuré）時間を前提にしているが、テロスは、「持続する」（durer）時間を前提にしている。計測される時間は、いわゆる「時間」であり、数量として数えられる「均質時間」（temps homogéne）である（HB, DI: 81, 90）。それは、たとえば、「1時間」という経過であり、「15時」という時刻である。こうした時間は、古代ギリシア語の「クロノス」（chronos）にあたる。人は、およそ、この時間のなかで・この時間に追い立てられながら、生きている。こうした計測される時間に対し、持続する時間は、たえまなく自分自身を創出し続けている「心」（cœur）のなかで流れる時間である。それは、失敗し凹みながらも、弛まず臆まず、新たな思考を紡ぎだし、新たな試みに専心するという、自己創出の時間である。こうした持続する時間は、古代ギリシア語の「カイロス」（kairos 時熟）にあたる（キリスト教思想における「カイロス」

の最初の用例は、パウロの「ローマの信徒への手紙」に見られる（ローマ 13. 11. 田中 2017 も参照）。「持続」（durée）は、いわば、ひとまとまりの「現在」であるが、この現在は、ある時点ではなく、〈今・ここ〉（hic et nunc）において諸要素が緊密に絡みあう何らかの活動が続いている状態である。ベルクソンは、その状態を形容するために「性状的多数性」（multiplicité qualitative）、「相互的浸透」（pénétration mutuelle）という言葉を使っている（HB, DI: 169, 171）。ベルクソンは、持続概念の説明のために「旋律」を例示しているが（HB, DI: 75-8）、日常生活に引きつけていえば、持続は、私たちが何かに懸命に取り組んでいる状態、つまり専心し生動する状態にひとしい（ちなみに、durée は、ラテン語の durare（デューラーレ 堅くする・鍛える・耐える）に由来する）。この専心・生動としての持続は、同じものとして繰りかえされない。そして、同じものではないから、足し算ができない。私たちそれぞれが生きる持続する時間は、似ているが、異質であり、代替不可能である。その意味で、持続する時間は固有・特異である。いいかえれば、持続する時間は、計測される時間とちがい、非等質的で非一般的であるが、だれもが生きうるという意味では、平等的で普遍的である。

3　「生命の躍動」を直観する＝想像する

こうした持続としての時間は、一人ひとりの「心」になかに現れる。「心」は、いわゆる「脳」ではない。前田の言葉を引くなら、「心が脳の付随物に過ぎないなら、つまり、この世にあるものが物質だけなら、［持続としての］時間というものは存在しないことになるだろう」（前田 2013: 37）。「心」はまた、いわゆる「意識」でもなく、意識を越えた「内なるもの」（intériorité）である。この内なるものは、意識を内集合とする、意識よりも広く深い力動である。ふりかえってみれば、古来、ヨーロッパの哲学・思想では、この心＝内なるものは、メンス（mens 心）、アニマ（anima 魂・生きる力）、アニムス（animus 心意・志向）と呼ばれていた。これらは、現在の言葉でいえば、「感性」「意志」「情動」「志向」などの総称であるが、それらとはいささか異なり、「可知的なもの」（通俗的感覚を超えて知りうるもの）に向かう、という特徴をもっていた。

さて、この心の本態をとらえる心自身の自己言及的な営みが、「直観」（intuition）である。端的にいえば、心に満ち溢れている生動性、すなわち「内なる生命」（vie intérieure）を想像することが、直観である。この「内なる生命」は、過去から未来に向かう「広がり」に彩られている。この「内なる生命」は、また「絶対的なもの」（l'absolu）とも、「精神」（esprit　エスプリ）とも、呼ばれている（HB, PM: 177-9, 27）。持続する時間が繰りかえされると、この「内なる生命」＝「精神」がしだいに直観＝想像されていく。この「内なる生命」＝「精神」は、たしかに生命の進化と結びつけられて語られているが、およそキリスト教思想の概念であり、古来、「霊性」（spiritus）、「知性」（intellectus）と呼ばれたもの（の変奏）である。キリスト教思想のそれらは、もともと人間の内にある神性であり、堕落してボロボロになっているが、絶えざる努力によって再生されうるものである。ベルクソンは、『思考と動くもの』において、直観について、次のように述べている。

> 「直観は……［人の］不断な広がり（prolongement in interrompu）を、すなわち、未来に被さり現在に引き継がれている、過去からの不断の広がりを、とらえることである。それは、精神（esprit 霊性）によって精神［＝霊性］を直接的に見て象ること（vision）であり、そこに［言葉のような、人と人を］媒介するものはなく、……内なる生命（vie intérieure）の流れと不可分な、実体的な［つまり、心の動きに支えをもたらす］連続［＝持続］があるだけである」（HB, PM: 27 傍点は引用者）。

繰りかえすが、この「内なる生命」＝「精神」は、生き生きと躍動し生みだす力動である。ベルクソンは、この「内なる生命」に支えられた「動き」の連続が「〔通念から〕隔絶された新しい何かを創造する」と述べている（HB, PM: 174）。ベルクソンは、こうした、人間が「直観」する「内なる生命」・「生命の躍動」という力動を、晩年に長い沈黙ののちに語った。事実上の最後の著作『道徳と宗教の二源泉』（1932）が、それである。その沈黙は、ベルクソンにおいても、精神＝霊性、その由来が少しずつ象られていったことを暗示している。同書から引こう。「生命の躍動（élan vital）を少しでも再始動させるために、その躍動が由来するところ〔＝内なる生命の起源〕に遡及するなら、人は、そこに、自分に欠けている安らぎ（confiance）を……あらためて見いだせるだろう」。それは「直観」によって為しうることである、と（HB, DS: 224）。

ベルクソンにとって、「生命の躍動」の現れである諸活動は、「安らぎ」、すなわち無条件の「愛」へと方向づけられている。キリスト教思想に即していえば、そもそも人間の創造そのものが、無条件の愛の現れである。その起源に立ちかえり、その愛を体現する動因が、「生命の躍動」である。ベルクソンにとって、ソクラテス、イエス、パウロなどは、「生命の躍動」にふれることで、「愛の躍動」（élan d'amour）に向かった思想家である（HB, DS: 267）。ベルクソンは、ふれていないが、ダンテも、その一人に加えられるだろう。ダンテは、『神曲』で次のように述べている。「すべての実体としての形相（forma sustanzïal）は、質料（matera）から区別されるが、質料と一体になり、それぞれ固有の力（specifica vertute）をもつ。この力は、そのはたらき、その成果のなかにのみ、見いだされる。草木の場合、その生命（vita）が、緑の葉のなかに示されるように」（D, DC: Purgatorio, C. 18, l. 49-54）。人のアニマは、この固有な力に満ち、それが向かうところが、「愛すべきもの」である。「アニマ、すなわち希求につかまり、それに飲まれるアニマは、精神〔＝霊性〕の不断の運動であり、その運動は、それが愛するものにいたるまで続く」と（D, DC: Purgatorio, C. 18, l. 31-33）。

3　精神＝霊性の出来

1　自己の自由――ベルクソン

こうした「生命の躍動」は、また内在する「自由」としても、人の心に現れる。音楽論でも有名なフランスの哲学者、ジャンケレヴィッチ（Jankélévitch, Vladimir 1903-85）は、『アンリ・ベルクソン』（1959）で、次のように述べている。ベルクソンにおける「人間は、頭の先から足の先まで、生成（devenir）にどっぷり浸かり、また自由（liberté）にもどっぷり浸かっている。それら［＝生成と自由の］のなかで、私たちは、生存し、活動し、存在している（in ea vivimus et movemur et sumus）」と（VJ, HB: 77/109）。この傍点部分は、もともと新約聖書に記されたパウロの言葉であるが、パウロにおいては、「それら」は、むろん神である（使徒 17. 28）。

ベルクソン自身は、「自由」を、一人ひとりに固有な「人格」・「自己」の本態である、と考えている。この「人格」・「自己」は、「固有な生動性」（vitalité propre）、つまり「生命の躍動」をみなぎらせている（HB, DI: 125）。その意味で「私たちは、自由である。そのとき、私たちの活動は、私たちの［生動的な］人格（personalité）全体から発出し、その人格を表現し、その人格に対し定義困難な類似性をもっている。その類似性は、芸術作品と芸術家の間にしばしば見いだされる」（HB, DI: 129）。「自己」（moi）から、そして自己のみから発出するすべての活動を自由と呼ぶなら、私たちの人格を表徴するものをともなう活動は、まさに自由なものである」（HB, DI: 130）。ベルクソンは、「私たちが自由と呼ぶものは、具体的な自己が［私の意識に妨げられず］自己が成し遂げる活動に深く関与していることである」と定義している（HB, DI: 165）。ちなみに、この personnalité は、「位格」（persona）、「息吹」（psyche）という神学概念に通じる言葉である。

ジャンケレヴィッチの解釈が示唆しているように、ベルクソンにとって、「生成」と「自由」は、大きく重なる営みであり、ともに「実在的」（réel）と形容されている。確認するなら、ベルクソンのいう自己の「自由」は、自我による「自由選択」や「自己決定」ではなく、むしろ自我が先導されることである。すなわち、なんらかの選択肢、たとえば、購入商品や治療方法や支持政党などを、みずから選ぶことではなく、何の保証もないままに、自分の内面の何かが示唆する先におのずから向かうことである。ハイデガー風にいえば、無条件に自分の「固有的に存在する可能性」におのずから向かうことである。ようするに、ベルクソンの自己の「自由」は、道徳論議や営利活動において、私がみずから意図・意思したりすることではなく、はじめから一人ひとりに贈られている、おのずからの「生命の躍動」が現出することである。

具体的に例示してみよう。たとえば、「試行錯誤」（trial and error）と呼ばれる、あれこれ試したりやり直したりする営みがある。また、子どもは、あちこち寄り道をしたり、ころころ話題を変えたりする。そして、人は、「秋の空」のようにころころと心変わりをすることもある。これらは、つねにではないが、自己の「自由」の現れである、と考えられる。こうしたあれこれ・あちこち・ころころといった生成変化の営みは、たんなる「気まぐれ」に還元されない。人が何らかの不協和音、歪んだ音色にも旋律・律動・和音・和声を聴き取ろうとするように、どんな思考も、まだ見いだされていない未然の調和を希求している。知性の本態とは、おそらくそうしたおのずからの「混沌」ともいえる思考であろう（第8章参照）。その調和を希求する混沌の思考が、自己の「自由」であり、それがさまざまな生成変化を生みだす、と考えられる。思うに、音楽も、そうした自己の「自由」の現れであろう（第7章参照）。

2　精神＝霊性の出来

さて、ベルクソンの思想の特徴、いわゆる「内在主義」（intimisme アンティミスム「内面主義」）は、この自己の「自由」を思考の本態と見なす、という立場を意味している。この自己の「自由」は、本質的に一人ひとりの固有な内面に属する営みであるが、それがより深まるとき、ジャンケレヴィッチの言葉を借りていえば、「より深い意味における父・子のつながり、すなわち、父・子の強力で親密な交感（sympathie puissante et intime）」が生まれる（VJ, HB: 78/111）。ようするに、ジャンケレヴィッチにとって、ベルクソンの自己の「自由」は、大いなる父、つまり神と感性的につながる契機である。このつながりに向かうことは、「精神＝霊性」の声に、あるいは、アウグスティヌスの「内なる人」（homo interior）の声に、無条件に従って生きることである。繰りかえすなら、その声の内容は、無条件に人を愛せ、である（HB, DS: 267）。

こうした、神に向かう自己の「自由」によって、人の具体的な生き方そのものが、さまざまな軛から解放される。人は、自己の「自由」によって、自分の生を新たに生きなおすことができる。人は、過去においてどんなにろくでもないことをしてきたとしても、そして教会で「告白」や「懺悔」をしなくても、自己の「自由」において「生命の躍動」が自己言及的に想像されることによって、自分の過去すべてから解放され、新たに自分を生成し変化させることができる。「想像」といわれるものは、そもそも勝手に湧きあがるが、その湧きあがりの源は、「生命の躍動」である、と考えることもできる。ジャンケレヴィッチの言葉を引くなら、「自由は、過去全体から自分を解放する（se dégage）」（VJ, HB: 78/111）。そしてこの自由は、人生のすべてに及んでいる。「自由であることは、全体的であり、根底的である」（VJ, HB: 78/111）。

ベルクソンにとって、こうした自己の「自由」は、「無力な」（annulée）と形容される意識の状態が、活性化された状態である。ベルクソンは、『物質と記憶』（1896）において、「無意識」を「均衡し、結合し、中和している」状態である、と述べている（HB, MM: 246）。いいかえるなら、「無意識」は、いわば、凍りついたような不活性状態である。これに対し、自己が「自由」であるとき、意識は、いわば、沸騰したような活性状態である。そしてベルクソンは、「生命の使命は、質料（matière）のなかに自由を挿入することであり、精神（esprit）の出来のための準備を整えることである」と述べている（VJ, HB: 223/302）。この「精神」は、ジャンケレヴィッチのように、キリスト教思想に傾けてベルクソンを解釈するなら、先にふれた「霊性」であるが、さしあたり〈神への志向〉ではなく〈生命への志向〉と解釈しておこう。

つけ加えるなら、ベルクソンのいう「自己」（moi）は、ニーチェのいう「自己」（Selbst）に通じている。ニーチェのいう「自己」は、「私（自我）」（Ich）から区別されるものであり、いわゆる魂／肉体、感覚／精神という区別の背後に見いだされる。この「自己」が「私の支配者である」（KS 4, ASZ: 39-40/51-2）。すなわち、「私」は「自己」に帰属している。「私」が「自己」を蔑ろにすれば、「私」は「畜群」（従属者）になり、「自己」も「低き本能」となってしまうが、「私」が「自己」を重んじれば、「私」は「牧人」（支配者）になり、「自己」は「高き本能」となる（KS 11, NF 1884-85: S. 34［84］）。ニーチェにとって、この「自己」は、一人ひとりに分有されている「力への意志」であり、生き生きとした「肉体」「感覚」「思考」として現れるものである。ちなみに、「力への意志」は、〈生命への志向〉と形容することもできるだろう。

3　内なる自然――ルソー

さて、ここで歴史を少しさかのぼり、近代教育思想に引きつけて、ベルクソンの生命論を敷衍してみよう。ベルクソンのいう「生命の躍動」は、ルソー（Rousseau, Jean-Jacques 1712-78）の思想にも見いだされる。念のために補足しておくなら、ルソーは、いわゆる「近代教育思想」の創始者の一人であり、カントの教育思想にも大きな影響を与えた、スイス生まれの思想家である。そのルソーは、子どもを「内なる自然」に立ち帰らせることを教育の基本とした。ルソーの教育思想は、『エミール』（1762）に見られるように、〈自然／社会〉（ないし〈自然／理性〉）という対立軸を設定している（OCR 4, EE）。この自然は、「大いなる自然」（Nature）であり、本書の序章で措定した自然性であり、およそベルクソンのいう「生命」に重ねられる。

ルソーはまず、「自然」は、人間の心を「善良」「自由」「至福」として創造したが、その人間が作った「社会」は、人間を堕落させ、隷属させ、不幸にした、と考えている。しかし、ルソーは、人間の心のなかには、まだ「自然」の一部分が残っている、とも考えている。その残存する「内なる自然」は、人間が本来もつ「無垢」（innocence）、つまり汚れなさである。この「内なる自然」は、古代から近世にかけて、「心の鏡」（speculum mentis）、「心の眼」（oculus mentis）と呼ばれたものであり、「可知的なもの」、すなわち内在する神性（「神の像」）を見るものである（田中 2021 参照）。ルソーは、人間は、この無垢なる「内なる自然」を想起しつつ、堕落している「社会」を〈よりよく〉作りかえよう、と論じている（OCR 4, EE）。こうしたルソーの議論は、基本的にキリスト教思想の堕落論・完全性論の変奏である（田中 2023a 参照）。

ルソーにとって、社会が堕落したおもな理由は、「知恵の実」にひとしい「理性」（raison）が、とどまることなく発達展開し、大いなる自然（Nature）を押し殺した」ことである。この「大いなる自然」（遍く広がる自然性であり、たんに「自然」とも表記されている）の一人ひとりへの現れである「内なる自然」が、動物にもある「感性」（sensibilité）である。もっとも大切な感性は、「ともに憐れむこと」（commisération）である。この「ともに憐れむこと」は、ラテン語の「コムミセラティオ」（commiseratio）のフランス語表記であり、第2章でふれた「ミセリコルディア」と同義であり、人と人・生きものを無媒介につなぐもの、つまり交感である。それは、あれこれ考える前に、意識に現れ、人を突き動かす感情、「内なる衝迫」（l'impulsion intérieure）である（OCR 3, OFI: 126）。すなわち、「憐れみ」（piété）は……あらゆる反省（réflexion）の習慣に先立つものであり、いっそう普遍的で有益的であり、動物ですら、ときにその徴候を示すくらい自然なものである」（OCR 3, OFI:

154 傍点は引用者)。つまり、人の「内なる自然」は、他のいのちのそれと地続きであり、交感を生みだす。

　こうしたルソーのいう「(大いなる) 自然」、またベルクソンのいう「生命の躍動」、つまり超越的・可知的なものが、自分のなかで真実として感じられなくなると、人の心は、虚しさに占められ、いわば、刺激的なものへの欲望によって飽和するようになるだろう。事実、私たちの心をふだん動かしているものは、およそ、そうした刺激的なものである。それは、たとえば、スポーツ選手の偉業、異様な深海生物の発見、有名人・権力者のスキャンダル、芸人の人を笑わせる話術などである。しかし、こうした刺激的なものでなくても、人の心は動かされる。ルソーのいう「自然」、ベルクソンのいう「生命の躍動」は、まさに非刺激的に人の心を動かすものである。そうした非刺激的に心を動かすものを繰りかえし経験しているうちに、刺激的なものへの欲望は、すっかり消えていく。たとえば、つねに通念の枠内にあるテレビを見なくなる。

4　遡及する想像

1　「かのように」措定する——類比する

　さて、ここで取りあげたベルクソンの生命論は、一つの考え方を指し示している。それは、脱炭素化・脱環境汚染に人が自律的・自発的に取り組むうえで必要なことは、私たちが「生命の躍動」、つまり自然性を他の生きものと分有している、と考えることである。このように考えることは、あくまで措定する試みであり、実証された事実を記述することではない。いいかえるなら、この考え方は、人類だけでなく、すべての生きものが、自然性＝「生命の躍動」を分けもっている、と考えてみることである。自然科学的にいえば、自然性は、長大な生命の歴史から贈られたもの、と考えられるが、キリスト教思想的にいえば、神から贈られたもの、と考えられる。それは、第1章で述べた「存在」の分有という概念におよそ重ねられる。

「措定」（assumption）という思考方法について、私なりに敷衍しておくなら、それは、事実と著しく違背していない範囲で、仮定可能であるものを仮定することである。なるほど、人間をふくめ、生きものは、一方で、競争的であり、あらゆるものが他のあらゆるものを犠牲にしつつ生存している、と考えられるが、他方で、人間をふくめ、生きものは、共生的でもあり、あるものが他のあるものを勇気づけ、破壊を減らしつつ生存している、とも考えられる。どちらも、事実と著しく違背しているとはいえないし、どちらかが、正しい考え方であるともいえない。むしろ、前者が、通念としてよく語られているとすれば、それに対抗し、後者が、仮定可能性として示されるべきである。本章でベルクソンの生命論に依りつつ示してきたことは、後者を構成可能にしている命題、すなわち「生命の躍動」という自然性の分有、という措定である。

補足するなら、こうした措定は、いわゆる「アルス・オプ」（als-ob）、すなわち「かのように［考えること］」にひとしい。アルス・オプという考え方は、たとえば、ヒュームの批判にめげず、「形而上学」を再生させようとしたカントに見いだされる。「私たちは、世界を次のように考えている。すなわち、世界は、現にあるものとしても、内にあるものとしても、最高の理性［＝神］に由来するものである、かのように（als ob）」（KW 5, P: 235 傍点は引用者）。すなわち、人には「最高の理性」が何であるかがわからないが、それは、この世界に人間の「理性」として現れている、と考えられる。そうであるなら、神を「最高の理性」であるかのように考えることができる、と。ようするに、アルス・オプとは、さまざまな可視的な証拠を積み重ね、不可視の事実を「推論する」（infer）ことではなく、可知的なものを可感的なもののなかに見いだし、その可感的なものを可知的なものに「類比する」（analogize なぞらえる）ことである。ちなみに、類比は、中世キリスト教思想で語られた思考の方法であり、わかりやすい例は、「被造物である人は、造物主である神に類比される［＝なぞらえられる］」というような「帰属の類比」（analogia attributionis）である（田中 2017 参照）。

前節の最後でもふれたように、ベルクソンの「生命の躍動」と「自由」は、ルソーの遍く広がる「（大いなる）自然」と「内なる自然」に重ねることができる。ベルクソンの「自由」は、「生命の躍動」を体現しているし、ルソーの「内なる自然」は、「（大いなる）自然」と共振している。この「自由」も「内なる自然」も、ともに思考の内容であり、「生命の躍動」も「（大いなる）自然」も、この思考の内容に類比される思考の基底である、ということができる。〈今・ここ〉に局在する薄明が「自由」であるとすれば、大地に遍在する太陽のはたらきが「生命の躍動」である。「全体」のはたらきという場のなかに、「一つのいのち」が存在する。このように考えられるなら、二人の論じていることは、個々の思考がその思考の基底（「全体」）に自己言及的に向かうことである。この個々の思考の自己言及が、「遡及」である。

2　遡及する想像

「遡及」（retroactivity）は、〈何らかの可感的な事実・現れがあるかぎり、そこには可知的な法則・本態が見いだせる〉と、事実・現れの根源にさかのぼって想像する（象る）ことである。このさかのぼって想像される可知的なものは、再確認すれば、可感的なものについての思考のなかに、すでにふくまれている。何らかの本態、つまり自然性にさかのぼり象る思考が、遡及する想像である。自分の思考の方法として「遡及方法」（méthode régressive）を採用していたサルトルの『想像力』（1940）から引こう。サルトルは、「具体的に与えられていない［可知的な］ものが、具体的に与えられている［可感的な］ものと同じように実在的（réel）である理由は、それ［＝可感的なもの］が、人にその表徴（signification）や本態（nature）を供与するからである」と述べている（Sarte 1986［1940］: 345, 347）。ようするに、可知的なものが実在的に感じられるのは、可感的なものが可知的なものを表徴したり、その本態を暗示したりするからである、と。

この遡及する想像は、哲学・思想に見られる思考であるが、物理学にも見いだされる。哲学・思想の場合、それは、たとえば、自分の言動をふりかえり、後悔したり自戒したりすることから、人には〈よりよく〉生きたいという「意志」がある、と考えることであり、その〈よりよい〉の志向が向かう先に予め規定されえない「テロス」がある、と考えることである。物理学の場合、それは、高いところ（樹上）から低いところ（地面）へ物（リンゴ）が落ちるという現象から、重力（引力）という力（「万有引力の法則」）がある、と考えることである（これは、カントがニュートンを読んで挙げた、遡及的思考の例である）。また、たとえば、＋・－の電荷を帯びた帯電球の間に引力・斥力が生じるという実験の結果から、電荷は反発したり（＋・＋、－・－）引き合ったりする（＋・－）という法則（「クーロンの法則」）がある、と考えることである。

物理法則を脇においていえば、遡及する想像が向かう本態、つまり「生命」（「大いなる自然」）は、たんなる抽象概念ではない。抽象概念は、基本的に、具体的な似ているものを放り込むバケツのようなもので、意味としての集合に付けられた名称である。こうした抽象概念は、いわば、さまざまな具体を飲み込んでしまう貪欲な意味の容れものである。たとえば、私の子どもは、私にとって言葉にしようがないほど、かけがえがない存在（代替不可能な生動性）であるが、「子ども」という抽象概念は、そのかけがえのなさを記述も表現もしていない*。ただ飲み込んで、無化してしまう。この種の集合論的抽象概念は、学校教育に染みついている。たとえば、「学年」「教科」「性別」「学力」「資質・能力」「成長」などである。「生命」は、たしかに抽象概念ではあるが、同時に一つのいのちのかけがえのなさを表現する概念でもある。

「生命」に遡及する想像は、また、本章の冒頭でふれたように、全体論的視界を開くはずである。遡及する想像が、全体を俯瞰することに通じているからである。全体を森に喩えるなら、森は、ドローンを使うにしても、森から離れて見なければ、見えてこない。森、つまり全体を俯瞰する可能性は、人が、その全体、すなわち無数の生きもののつながりのなかに着床している一つの木、つまり「私」でありながら、その木、つまり「私」の視点を上昇ないし後退させることを必要としている。俯瞰は、ただ眺めることではなく、「私」が全体とつながりつつもその全体から離れることである。ようするに、遡及される本態と遡及する現れという通底する関係が、俯瞰される全体と俯瞰する「私」という、やはり通底する関係を生みだす。この遡及・俯瞰は、あくまで一人ひとりにおいて、それぞれに「特有」（particulier）なかたちで行われる。すなわち、「私」が遡及的に想像する「生命」・全体と、「あなた」が遡及的に想像するそれらは、それらの性状を比較したり、どちらの「生命」・全体が正しいか、などと議論するべきものではない。

＊「記述する」（describere）ことは、経験されるものが「何であるか」を（微細に）語ることであり、「表現する」（repraesentare, exprimere）ことは、それが「いかに現れたか」を（如実に）語ることである。「表現する」ことは、「表徴する」こととも言いかえられる。それは、言語化以前の原経験を暗示することである。その原経験から、それが着床している経験されえない「全体」を象ることが、遡及である。

第4章

内在する実在
――生死は律動する

Immanent Reality : Rhythm of Generating and Perishing

〈概要〉前章で述べたように、ベルクソンの「**生命**」概念は、遡及的に思考されることで見いだされる概念、つまり**措定**概念であり、ハイデガーの「**存在**」概念も、同じく措定概念である。ハイデガーの**存在論**の特徴は、**存在論的差異**と表現されている、**存在者**と「存在」の区別でありかつ通底である。こうした特徴は、**表徴・良心・力・象り**という概念によって敷衍することができる。人の生は、それぞれ**固有性**であり、それは「存在」の表徴である。その生はまた、良心をふくんでいる。この良心の声は、「存在」の忘却を暗示している。こうした、隠されているが、暗示されている「存在」を「力」すなわち真実として象るという試みが、存在論である。こうしたハイデガーの「存在」概念を、ベルクソンの「生命」概念と重ねあわせながら、**生**／**死の関係**を考えるなら、「生命」・「存在」には、「**生死の律動**」という特徴が見いだされる。この律動する「生命」・「存在」は、すべてのいのちが内属する**全体**に充満しているが、そうであるにもかかわらず、それは、あくまで一人の心に「**内在する実在**」である。個人の**エゴセントリズム**を相対化する思考は、こうした存在論的思考であろう。

1　生命と存在の関係

1　生命のマトリックスと「存在」

前章で述べたように、温暖化を自分事としてとらえ、自分にできる対処策を自発的に行うために必要なことは、地球を生命の生存可能性として把握することであり、そうするために必要なことは、人類をふくめた生きものすべてに自然性＝「生命の躍動」が内在する、と想像することである。本章でいくらか具体的に示されるように、この考え方は、ハイデガーの存在論が語る「存在」（Sein）にも見いだされる。

ここで、ハイデガーの存在論を理解するために、ハイデガーが知らなかった概念を用い、補助線を引いてみよう。それは、地球惑星科学が語る「原始海洋」（原始の海 primordial ocean）である*。この原始海洋は、生命のマトリックス、すなわち、人類をふくむすべての生命（およそ八七〇万種の生物）の母胎である。まさに「母なる海」（la mer mère）という言葉があるように、この原始海洋から、最古の生命が誕生し、私たち人類の起源も、その最古の生命に見いだされる。こうした生命の起源についての自然科学的知見によって、人間の生命を、人文知が行ってきたように、個人や人類のなかに「アニマ」のような「実体」として見いだすだけでなく、長い「生命の歴史」のなかに「系統」のような「流れ」として見いだすことができる。

この「生命の歴史」の「生命」は、むろん抽象概念である。それは、たとえば、古生代のシーラカンスも、中生代のティラノザウルスも、新生代の人類も、すべて飲み込んでしまう普遍的な物質概念である。生命を何らかの物質の構造に還元する考え方は、現代では、およそ一般的である。生命概念もそうである。たとえば、「生命の最小単位は、自己再生する細胞であり、それから構成される有機体が生命である」という「生命」の定義がある。この定義は、オーストリア生まれの物理学者、シュレーディンガー（Schrödinger, Erwin

1887-1961）が、『生命とは何か』（*What is life?* 1944）において、生命の本質を「細胞」を構成する「遺伝子」という物質的構造に見いだしたことに、由来する考え方であろう（Schrödinger 1944/2008）。

こうした物質的生命概念は、生きものの「生存」を可能にしている何かであるが、この物質的生命概念になじんでいると、見えなくなってしまうことがある。それが、ハイデガーがいう「存在」である。この「存在」も、人間の「生存」を可能にしている何かであるが、物質ではない。むろん、「本がある」とか「家がある」とかという意味の「ある」でもない。「存在」は、プラトン以前の古代ギリシア哲学において「フュシス」つまり「自然」と呼ばれたものにも見いだされるが、この「存在」という概念を理解するために、ハイデガー独特の考え方を確認しよう。それは、彼の「存在論的差異」という概念に端的に示されている。

＊ 原始海洋が生まれたのは、四四億年前らしい（地球が生まれて二億年後）。この海は、大きさが数キロメートルに及ぶ「微惑星」が地球に衝突するたびに、蒸発した、と考えられている。海が安定的に存在するようになったのは、三八億年前くらいで、そのころに最初の「生命」が誕生した、といわれている。そして、最初の「生命」は単細胞であり、魚類のような多細胞の生物が誕生するのは、二八億年前である、と。これらは、すべて、前章で述べた「推論」である。

2 存在論的差異

「存在論的差異」（ontologische Differenz）は、「存在」（Sein）と「存在者」（Seiende）が異なり連なることである。存在者は、「存在」の具体的現れであり、「存在しているもの」である。この「ザイエンデ」は、中世スコラ哲学で使われた「エンス」（ens）のドイツ語訳であり、「ザイン」は、「エッセ」（esse）のドイツ語訳である。たとえば、トマスにとって、エッセは、人が〈今・ここ〉で生きていること、つまり自然性・生動性であり、エンスは、〈今・ここ〉で生きているものである。エンスは、エッセそのものである神に類似するが、無限（＝無限定）・永遠（＝非消失）である神とちがい、〈今・ここ〉に限定されて「存在しているもの」である。エンスとエッセは、近世あたりまで用いられたが、近代以降になって忘れられていった。

たとえば、「人」「動物」という抽象名詞で語られる生存者は、すべて存在者である。この存在者は、「現存在」（Da-sein）、「実存」（Existenz）とも呼ばれている。現存在は、〈今・ここ〉（da 現に）で・「生きている」（sein 存在する）ことを意味し、その特徴が実存、すなわち「外へと在る」（ex-est）ことである。これは、たとえば、通念の生き方を越えて、新たな生を創始することである。「エクシステンツ」は、古代から使われているラテン語の「エクシステンシア」（exsistentia）のドイツ語訳である。「エクシステンシア」は、「［外に］現れる・［新たに］生じる」を意味する「エクシステレ」（exsistere）という動詞の名詞形である。

さて、確認すれば、「存在」は、「本質」（Essenz/essence）ではない。「存在」と本質の区別は、もともと中世スコラ哲学の「エッセ」（esse）と「エッセンティア」（essentia）の区別である。端的にいえば、エッセは、神の属性であり、エッセンティアは、エッセに由来するが、人の属性である。この区別も、近代以降、忘れられていった（ないしキリスト教思想のなかに囲い込まれていった）。たとえば、トマスにとって、エッセンティアは、エッセを可能にしている所与（神からの贈与）、つまりアニマである。「アニマ」という言葉は、ギリシア語の「プシュケー」のラテン語訳であるが、トマスにおいては、それは、神からの贈りものであり、もともと「神の自然」であるが、人に贈られて、「人の自然」となったものである（田中 2021 参照）。

こうした存在論的差異の解釈は、せっかくハイデガーが遠ざけた神学的思考で、ハイデガーの存在論を解釈することである。そうすることは、ハイデガーにとっては、余計で迷惑なことであろうが、ハイデガーの存在論をよく知ろうとする人にとっては、必要な予備知識である。神学的思考は、ハイデガー存在論の台座ないし下地のようなものだからである。さて、以下において、まず、ハイデガーの存在論的思考の特徴を、表徴・良心・力・象りという概念で敷衍することで、まとめてみよう（第2節）。次に、ベルクソンの「生命」概念とハイデガーの「存在」概念を重ねあわせつつ、「生命」「存在」に「生死の律動」を見いだしてみよう（第3節）。最後に、エゴセントリズムを相対化する考え方として、「生命」「存在」は、世界に充満しているが、あくまでも「内在する実在」である、という考え方を示してみたい（第4節）。

2　思考の象り

1　存在論的思考と表徴――ハイデガー

ハイデガーのいう「思考」は、「存在論的思考」（ontologische Denken）と形容されている。この存在論的思考は、隠れているもの（こと）を思考することである。これは「非現前の現前」「隠されたものの開示」と形容されている。たとえば、ゴッホ（Gogh, Vincent van 1853-90）の「一対の靴」（"Paires de Souliers," 1886）と題された絵は、物体としてみれば、一足のくたびれた靴が描かれているだけであるが、物体の彼方を情感的に思考するなら、その絵は、その靴を履いて農作業を日々行う農夫（農婦）の過酷で寡黙な暮らしぶり、そしてそれを支えているもの、すなわち「大地」（Erde）を暗示している。この大地が「隠れているもの」であり、それは、その絵を観る人が心で象るものである（この「象る」については、本節の後半であらためて述べる）。

　この存在論的思考は、古いキリスト教思想の「表徴」（signum）と呼ばれた思考に重ねられる。表徴は、可知的なものを暗示する可感的なものである。アウグスティヌスは、「表徴とは、感覚（sensa［sensus］）にもたらされるもの（species）ではない、他なるものを、それ自体として、思考にもたらすものである」と述べている（AA, DDC: 2. 1. 1）*。たとえば、十字架は、物体としてみるなら、たんなる十字の形であるが、それを表徴として観るキリスト者にとって、その形は、イエスの刑死・再臨、そしてイエスの神性を暗示している。このイエスの神性が「隠れているもの」であり、それも、十字架を観る者が心で象るものである**。また、イングランドの詩人、ブレイク（Blake, William 1757-1827）が「無垢の予兆」（Auguries of Innocence）でいう「砂」も「花」も「掌」も「一時」も、すべて表徴である。ブレイクは、そこで「一粒の砂に世界を／一輪の野の花に天上を見いだす／あなたの掌から無限を／一時から永遠をつかむ」と書いている（WB, AI: 490）。

ハイデガーは、この表徴概念を、人の生存に適用している。ハイデガーにとって、人は、およそ「世人」（das Man）として生活している。すなわち、社会の規範・制度に従い、自分や係累の利益を優先し、それら以外の人・動物を「道具」「手段」と見なしてる。ハイデガーは、そうした世人の生を「頽落」（Verfallen）と形容している（SZ: 175）。それは、自分の「固有性」（Eigentlichkeit）を、「公共性［＝社会的なもの＝現実の世界］のなかで見失っている」状態である（SZ: 176）。ハイデガーは、「『世人の自己』（*»man selbst«*）は、基本的に、固有に存在しうる自分そのものではない」と断じている。「自己なるものは……固有な自己存在可能性に即してのみ、いいかえれば、［他者への］気遣いとしての現存在の存在の固有性に即してのみ、解読されるべきである」と（SZ: 322）。大切なものは、世人の自己によって隠されている、他者への慈しみであり、その慈しみに体現される、一人ひとりの固有な「存在」である、と。

したがって、「存在」は、存在者一人ひとりの固有性として現れる。どんな人も、固有なかたちで「存在」を開示・現前させている。この固有なかたちの「存在」は、物質的生命（生きている身体）を前提にしつつも、それに還元されるものではなく、自己保存（生命維持）、そのコロラリーであるエゴセントリズムを越えていく力動である。この自己を越える「存在」の現れ（生動性）は、繰りかえすなら、具体的な他者への「気遣い」（Sorge）――「細心の注意」「気配り」ではなく――に見いだされる。気遣いは、自分に対する営みでもあるが、基本的に、傷つき弱っている他者に対する営みである。いいかえれば、私たちの「存在」は、他の人・生きものの「存在」に敏感であり、その敏感さは、「交感的」（sympathetic）と形容される***。

* アウグスティヌスの「表徴」については、Cameron 1999 参照。

** トマスの言葉も引いておこう。「心は、象り（imaginem）のもとにあり、とりわけ神と自分に向かうときにそうである。象りは、自分に現前し、神も同じように象られるからである」（TA, QDV: q. 10, a. 2, ad 5）。この象りを可能にするものが、人に内在する「神の類似」（similitudo Dei）である。「神の類似は、人間の自然（natura humana）のなかに見いだされる。なぜなら、それが、知る（cognitionis）、愛する（amoris）という、人間に固有なはたらきによって、神に近接し神を受容するからである」（TA, ST: III, q. 4, a. 1, ad 2）。

*** ちなみに、フランスの哲学者、レヴィナス（Lévinas, Emmanuel 1905-95）は、この交感を「可傷性」（感じやすさ vulnérabilité）と形容している（なお、紛らわしいが、英語の vulnerability は「脆弱性」と訳され、およそ「心の脆さ・弱さ」という意味で使われている）。

2　有責性と良心

このように考えるなら、私たちにとって他者の「死」（Tod）が重大である理由は、それが――「有能なスタッフ」がいなくなることだからではなく――代替不可能である固有な「存在者」が消失することだから、ということになる。そして、よく知られているように、ハイデガーにとって、存在者の「存在」は、「死に向かう存在」（Sein zum Tode）である（SZ: 251-2）。つまり、消え去る運命にある一つの力動である。ハイデガーにとって、人はまた「有責性」（Schuldigkeit 負いめ）である。すなわち「良心」（Gewissen）によって「私は、為すべきことを為していない」と責められている人でもある。この良心も、「存在」の現れである。

一つの試みとして、まず、ハイデガーの良心をニーチェの良心と重ねてみよう。「良心」のラテン語に立ちかえれば、それは「コンスキエンティア」（conscientia）であり、それは「ともに知っていること」を意味している。私と「ともに知っている」者は、他の世人ではなく、世人の私たちを超えた存在者である、と考えてみよう。そうすると、責められる内容は、社会が規定し権威づけている道徳・倫理によって「悪」と見なされていることではない。私と「ともに知っている」存在者は、いいかえれば、私の奥底にいる自己である。ハイデガーが、世人の私の奥底にいる自己に「存在」の現れを見いだしているとすれば、この奥底の自己、すなわち良心は、ニーチェのいう「知性の良心」（intellectuelle Gewissen）、「［いわゆる］『良心』の背後にある良心」（ein Gewissen hinter deinem "Gewissen"）にひとしい（KS 3, FW: S. 335）。その良心が私に語りかけることは「あなたは、あなたで在るものになれ」である（KS 3, FW: S. 270）。この「あなたで在るもの」は、ハイデガーのいう「もっとも固有な存在可能性」に重ねられるだろう（SZ: 302）（田中 2023 参照）。

もう一つ試みてみよう。ハイデガーにとって、「本来的に『死を思う』［＝メメント・モリ］は、一つの存在の仕方であり、それは、良心に従うと意志することが、実存することとしてよくわかっている存在の仕方である」（SZ: 309）。その良心のもとで死を思うことは、いのちを思うことであり、いのちを思うことは、自分の生き方を思うことである。その対極は、たとえば、私がいのちという贈りものを受けとって生きているにもかかわらず、その贈与に感謝せず、またその贈与にふさわしい生き方をせず、エゴセントリックな欲望に塗れて生きている、と思うことである。責められるべきことは、贈与としてのいのちの看過、自分の身体の私物化、他者への気遣いの忘失である。気遣いは、自分のいのちにも、他者のいのちにも、向けられるべきである。いのちはすべて、その贈与者の表徴だからである。こうした解釈の文脈は、キリスト教思想である。それは、たとえば、パウロの「神は、すべての人に生命、息吹、そして万物を贈った」という言葉に、また「神のなかで、私たちは、生存し、活動し、存在している」という言葉に示されている（使徒 17. 25, 28）。

こうした解釈の当否はともかく、ハイデガーの「存在」も、「良心」も（また、ニーチェの「知性の良心」も）、通念としての有用性の思考を相対化することに大きく寄与するはずである。有用性の思考、すなわち「役に立つ／役に立たない」という有用性の多・寡、大・小で言動を決定するという考え方は、良心に呼びかけられながらも、消失する運命にある私たちの「存在」に支えられて可能であるが、有用性に気を取られていると、人は、この「存在」による支えという事実を忘れてしまう。しかし、「存在」を心に象ることで、人は、有用性が「存在」に支えられているという事実を思いだすことができる。また、有用性に気を取られていると、人は、自分が、すでにつねに他者の「存在」を気遣いつつ生きていることも、忘れてしまう。しかし、「良心」を心に象ることで、人は、この事実を思いだすことができる。

3　真実としての「力」

ようするに、存在論は、現実社会的な目的への思考を棚上げし、一人ひとりの固有のテロスとしての「存在」への思考を試みることである。現実社会的な目的は、外在の所与であり、他の何かを得るための功利的営みのなかに位置づけられるが、固有のテロスは、各人において事後的に象られる内在の到達点であり、それ自体をめざす探究のなかに位置づけられる。この固有のテロスは、あれこれ試行錯誤しながら、逸れたり後もどりしながら一人ひとりがめざすものである。いいかえれば、そのテロスは、他者によって明示的に教示されて学習し所有する知識ではなく、一人ひとりが自分なりに探究し想起する固有性である。つまり、固有のテロスは、事後的に固有的に語られうるが、所与として語られるものではない。

　こうしたハイデガーの「存在」への思考は、ニーチェの「力」への思考におよそ重ねられる。ニーチェの「力」は、科学的な事実性ではなく、内在的な実在性である。すなわち、ニーチェの「力」は、自分の「心」のなかに在ると実感されるが、それを内省し言葉で規定し始めると、それはたちまち内在的実体性に変貌してしまう。したがって「力」への思考は、「力」を実感しつつもそれを規定しないという態度を必要としている。この態度を彩るもどかしさは、けっして排除されるべきものではない。ニーチェは、強い「力」に向かうべきであると論じているが、全員一致の強い「力」の内容を規定していない。したがって、「力への意志」は、人びとを動員する「根拠」（Grund）になりえない。ようするに、柄谷行人が述べているように、ニーチェにとっては、「人間を人間たらしめる『根拠』は、その『無根拠性』にある」（柄谷 1988: 180）。

　もっとも、より重要なことは、ニーチェのいう「力」が、虚偽（le faux）ではなく、真実（le vrai）である、ということである。いいかえれば、人が、自分に内在する「力」を実感するだけでなく、はじめから「力」という真実のなかで生きている、ということである。この「力」という真実は、人が認識するものではなく、人がすでにともに生きているものである（ベルクソンの言葉を引けば、「私たちは、実在の時間を思考しない。しかし、その時間を生きている」（HB, EC: 46））。すなわち、認識する者（主体）と認識される物（客体）という区別に先立つ真実である。いいかえれば、「力」は、人が所有するものでも、作りだすものでもない。人によって所有されたり作りだされるものは、どんなに活動的でも、しばしば真実ではないが、この世界に到来し出来した自分も、他者も、おのずから生まれる力動であり、みずから生みだす力動であり、生き生きした真実である。子細に論証しないが、ハイデガーの「存在」も、同じように「力」であり、真実である。

　この「力」・「存在」そのものは、語りえないが、これまでにも、「啓示」のような霊性体験や、「忘我」のような美的体験において、感受され暗示されてきた。すなわち、それは、証明されていないが、証言されてきた。たとえば、「いのち（psyche）は、糧に勝る」と（ルカ 12. 23）。この「いのち」は、無心の生存であり「力」・「存在」の現れ、と考えられる。少なくとも、「力」も「存在」も否定されていない。それだけで充分である。ようするに、次のように措定できる。存在論的思考が向かう「力」・「存在」は、ふつうの思考においては、隠されているもの、語りえないものであるが、敢えて表現すれば、おのずからの自然性、みずからの生動性であり、人間や他の生きものがともにある力動であり、証言される真実である、と。

4　生きる力と象る力

人が内属する「力」・「存在」が、隠されているものとして思考されうる、ということは、第3章で用いた言葉を用いるなら、人が存在者である自分から「存在」を遡及的に思考する、ということである。本章の第2節で用いた言葉を用いるなら、それは、可感的なものから可知的なものを表徴的に思考する、ということである。それは、たとえば、ネコやイヌの健気な生きざまに「生の肯定」を見いだすことであり、またゴッホの絵から「大地」を思い描くことであり、さらに十字架から、「神性」を思い描くことである。ちなみに、ダンテにとって、そうした「象り」（imaginativa）は、とても強力であり、「周りで何千もの管楽器が鳴り響いても、しばしばそれから私たちの心を逸らせる」ほどである（D, DC, Purgatorio, C.17, l. 13-5）。

こうした存在論の遡及的（表徴的）思考は、自然にかんする知見に支えられながら、可知的である「自然」そのものの像を象ること（imaginatio 思い描くこと）である。この「自然」は、「自己」といいかえることもできる。カントが、「理性は……自己を理解するのではなく、自己を好んで夢想する」と書いているように（KW 11, EAD: 185）。この遡及する思考は、「メタ自然的」（meta-physique 形而上学的）と形容することもできる。支えとなる自然にかんする知見は、自然科学的なそれであれ、人文学的なそれであれ、宗教的なそれであれ、何でもかまわない。この遡及する思考に不可欠な要件は、「真摯」と呼ばれる態度だけである。詩作・芸術といわれる営みは、こうした、通念を超越する「象り」を何かで具現化することである。

このような存在論的思考を踏まえるなら、人に内在する「力」は、少なくとも二つに分けられる。すなわち、現実に生きる「力」と、心で象る「力」である。現実に生きる「力」は、外在する環境にかかわりつつ、感覚する自分を維持しようとする力動であり、心で象る「力」は、内在する心象にかかわりつつ、感覚されたものを把握しようとする力動である。後者こそ、強度の思考であり、そこで把握されるものが、感覚されたもののたんなる理由（原因）ではなく、通念を超えるもの、たとえば、「自然」そのもの、「存在」そのものであるなら、その思考は、古典的な意味で「知性」・「精神＝霊性」と呼ばれるだろう。こうした生きる「力」と、象る「力」は、カッシーラー（Cassirer, Ernst 1874-1945）が『精神と生命』（1993）でいう「活動する力動」（Energie des Wirkens）と、「形成する力動」（Energie des Bildens）に重ねられるだろう（Cassirer 1993: 45）。

さて、前章で述べたベルクソンのいう「生命の躍動」の「生命」、また本章で述べたハイデガーのいう「存在者」の「存在」（「力への意志」の「力」）について、もう少し敷衍しよう。これまで述べてきたように、「生命」も、「存在」（「力」）も、自然性・生動性であるが、この自然性・生動性は、ある種の律動をふくんでいる、と考えられる。以下、ハイデガーの「死に向かう存在」にかかわる考え方を紹介しよう。自然性・生動性のもつ律動は、「死に向かう存在」、つまり生と死の関係にかかわる思考に見いだされるからである。

3　生死は律動する

1　死が臨在する生

まず確認すれば、「生命」・「存在」は、「死」（Tod/mort）・「無」（Nichts/néant）の対項である。「生命」・「存在」と「死」・「無」は、対比される一対の概念であり、片方だけでは成り立たない。ハイデガーにとって、人が「死に向かう存在」（Sein zu dem Tode）であることは、私たち一人ひとりの不可避の事実性である。ハイデガーが前提としている生／死の関係は、死が臨在する生、といいかえられる。すなわち、人の生は、「死に向かう」こと、自分の消失と隣り合わせであり、自分の死をはっきり意識することがなければ、心豊かであること（すなわち、「生命」が躍動すること、「存在」が充溢すること）は、きわめて難しい、と。補足しておくと、死が臨在する生は、自分が「死者の眼ざし」のもとで生きている、と想うことでもある。

心豊かな経験は、どのような言葉で形容されようとも、固有なだれかの、固有な歓びに満ちた、固有な経験である。それはときに、かけがえがないと思えるほどの、大切な経験である。キリスト教思想をさかのぼっていえば、それは、パウロがイエスと夢のなかで出会うという希有な経験であり、本人が「眼からうろこのようなものが落ちる」と形容した驚異の経験である（使徒 9. 3-18）。そうした、かつて「カイロス」と呼ばれていた「時熟」（力動的で豊穣な時間、つまり持続）は、およそ、自分と他者・生きものの感性的つながりのなかで生じる。こうした時熟を生きる生は、いわば純粋な経験であり、いくら繰りかえしても、利益も地位も高評価も得られない。それは、計画を立案し利益を追求する功利主義者からは、「刹那主義」と呼ばれ軽侮されてきたが、それでも、〈今・ここ〉の心豊かな経験は、人の生を根底的に支えている。

死は、思考の彼方、思考が終焉するときであるにもかかわらず、なぜ豊かな経験を生みだすのか。死は、たんに思考の終焉であるだけでなく、なぜ思考の契機でもあるのか。おそらく、自分（また親しい他者）の死を想うときが、通念の意味・価値が空しくなるときであり、通念の意味・価値が空無化するときにこそ、逆に大切なことが鮮やかに浮かびあがるからだろう。この論理の前提は、「無限」（infinitus）のなかの「有限」（finitus）という考え方である。ヨーロッパのキリスト教思想史において、有限は、人の生成・消滅を意味している。それは、いわば一点である。無限は、神の永遠・普遍を意味している。それは、いわば全体である。人は、通念の意味・価値を棚上げするとき、宏大な全体のなかで儚く生きる人となり、考えるべきことを考え、為すべきことを為すことができるようになる。これが、心豊かな経験が生じる理由であろう。

ともあれ、死が逆説的に豊かな思考・活動の契機であることを示す、よく知られた言葉を挙げよう。それは、ハイデガーもふれている「メメント・モリ」（memento mori）である。これは、ヨーロッパの有名な俗諺である。言葉を補うなら、「メメント・モリ」は、「メメント・モリ、メメント・ヴィーヴェレ」（memento mori, et memento vivere）である。すなわち「死を想え、そして生を想え」である。死は、たしかに人間が消滅することであるが、死の思考は、人間の生を心豊かにするからである。もっとも、通俗的な「メメント・モリ」は、心を豊かにするというよりも、死を来世における永生の始まりと考えることであったが。

2　芸術のメメント・モリ――死を想う生

芸術とかかわりが深いメメント・モリについて、すこし敷衍しておこう。ヨーロッパの近世において、およそ一五～八世紀くらいだろうか、黒死病（Pest ペスト）がもたらした死の恐怖を背景に、「死の舞踏」（la danse macabre）、「生の虚妄」（omnia vanitas すべては虚妄）、「死の勝利」（De triomf van de dood）といった、死を意味づける類型的な表現が使われるようになった。どれも、版画・絵画のタイトルになっている。「死の舞踏」と題された作品はたくさんあるが、たとえば、ホルバイン（Holbein, Hans 1497?-1543）の版画がよく知られているし、「生の虚妄」は、カスティリオーネ（Castiglione, Giovanni 1609?-64）の絵の題名としてよく知られている。「死の勝利」は、ブリューゲル（Bruegel, Pieter 1525?-69）の絵の題名としてよく知られている。

こうしたメメント・モリ系の芸術において、死は、「骸骨」として表現されている。どの絵にも、およそ、骸骨が生者にまとわりつく様子が、描かれている。メメント・モリ系の芸術で描かれる生／死の一対性は、バランスのとれたものではなく、死が勝っている。「生の虚妄」「死の勝利」といわれるように。そこには、死を永生の始まりと見なしつつも、諦め、悲しみ、哀れといった感情が漂っている。メメント・モリにおける生は、あくまで死を想う生である。その象徴が、一五世紀から広まった「往生術」（ars moriendi）である。それは、黒死病の恐怖のなかで主題化された「いかに死ぬか」についてのガイドブックである（ようするに、臨終のとき、悪魔の誘惑に負けると地獄行きだから、負けるな、と諭している。Imhof 1991 を参照）。

歴史家の立川昭二は、『生と死の美術館』（2003）で、「メメント・モリ……は人間がこの地上にあるかぎり、歴史の底部に絶えることなく響き続ける通奏低音」である、と述べている（立川 2003: 61）。この「通奏低音」（basso continuo）は、一人ひとりにおいて生涯にわたり響き続ける音でもある。たとえば、画家ゴッホ（Gogh, Vincent van 1853-90）は、生涯にわたり「生の悲しみ」にとらわれていたが（立川 2003: 114）、それも、メメント・モリがもたらした感情であろう。ゴッホは、弟への手紙で「ぼくは、人間の生涯とは麦の生涯と同じような気がして仕方がない」と書いている。生も死も「相対的」なもので、生はあまりにも儚い、と（立川 2003: 114）。そのゴッホがピストル自殺を遂げたのは、一八九〇年、三七歳のときであり、最後の言葉は「悲しみはいつまでも続く」（La tristesse durera toujours）であった（立川 2003: 115）。

メメント・モリは、近代以降、とりわけ科学技術の発展とともに、しだいに薄れていった。近代とともに、死は、ただ待つものではなく、近代医療によってできるかぎり遠ざけられるべきもの、そしてギリギリの時まで忘れうるものになったからである。むろん、そうした時代の趨勢への反逆は、芸術のなかにいくつもあった。たとえば、マーラー（Mahler, Gustav 1860-1911）の『交響曲第六番イ短調』（*Die 6. Sinfonie in a-Moll*, 1904）は、「悲劇的」と形容されてきたように、自分は倒れながらも他者を鼓舞するような悲壮感を漂わせつつ、死の運命に翻弄されるいのちの哀しさに彩られている。しかし、近代、そして現代において、死を想うことは、もはや生を想うことではなく、神を感じる契機でもなくなった。少し敷衍しよう。

3　死に対抗する生

さかのぼるなら、近代の黎明期に、ヨーロッパの哲学・思想は、キリスト教思想を踏まえながら、死がもたらす負の感情に打ち勝つべきである、と説くようになった。この死に対抗する生という考え方は、たとえば、ドイツ観念論のカント、フンボルト、ヘーゲルなどの哲学・思想に見いだされる。カントは「人間の歴史の憶測的始源」（1786）において、「考える人は、悲しみ（Kummer）を覚える。その悲しみは、人倫の退廃をもたらしうるが、考えない人は、この悲しみをまったく知らない」と述べている（KW 11, MAM: 98-9）。「考える人」が考えている内容は、さまざまな「災悪」、すなわち人が不慮の出来事で死ぬことである。

この「考える人」は、他者が不慮の死を遂げるとき、自然にその他者を憐れみ・悲しむ。そうした憐れみ・悲しみは、ときに、人が死んでいくという「摂理」（Vorsehung［=providentia］）への憎悪や、生存への諦めを生みだす。「なぜ死ななければならないのか」、「生きていて何の意味があるのか」と、悪態をつきながら。しかし、カントにとって、憐れみ・悲しみつつも、「摂理に満足することは、きわめて重要である」。なぜなら「おそらく、私たち自身の罪深さが、すべての災悪の唯一の原因だからである」。たとえば、戦争における大量殺人・大量破壊などのように。そしてカントは、「そうであるかぎり、私たちは、自己改善につとめ、災悪に対抗するための〔他者・自分への〕支援を続けなければならない」と論じている（KW 11, MAM: 99）。なぜなら、「理性」という神からの贈与が、私たちに自己改善を命じているからである、と。

カントに見いだされる死に対抗する生は、自己頽落と自己改善の矛盾のなかで、敢えて自己改善に向けて「自己形成」（Selbstbildung 自己陶冶）、「形成」（Bildung 陶冶）をめざす生である。この考え方は、カントが『教育学について』（1803）で子細に論じていることであり（KW 12, UP）、形成は、少なくとも一九世紀以降のドイツの近代教育思想の基礎概念であった。むろん、その論調は、確かな光に向かい闇に挑みかかる果敢さでもあれば、微かな灯りに支えられ闇のなかを手探り進む不屈さでもあった。確認しておくなら、この（自己）形成する生は、神という超越者を前提にしなければ、おそらく成り立たなかっただろう。この超越者という前提条件は、近代教育思想がはじめから孕んでいた、解決困難な問題である。端的にいえば、近現代社会が、機能的分化を本態とする社会であり、そこには、超越者の居場所などないからである（田中 2023a）。

ともあれ、ここでは、少し時代が下るが、ドイツの版画家コルヴィッツ（Kollwitz, Käthe 1867-1945）の言葉を紹介するにとどめよう。彼女は、自分の版画のなかで、「死に逝く子どもを抱きしめる母親」や「戦死の知らせに顔をおおう妻子」など、家族の悲しみを繰りかえし描いているが、同時に次のように述べている。「いつか一つの理想が生まれるでしょう。そしてあらゆる戦争は終わるでしょう。この確信を抱いて、私は死にます。そのためには、多大な努力をしなければなりませんが、かならずその目的を達成するでしょう。……それは人類を同胞として見る思想です」（立川 2003: 139; 箕田 1970 からの引用。ただし改訳した）。この思想を支えているのは、キリスト教の神を前提とした〈よりよく〉の意志であり、また、「同胞」という言葉に暗示されているように、その意志が醸成される土台としての交感でもあるだろう。

4　臨在と相即——生死の律動

さて、現代においては、医療テクノロジーの著しい発達とともに、死に対抗する生は、ますます強化されているように見える。人は、あいかわらず死んでいくが、医療テクノロジーの顕著な発達のせいだろうか、死を想う生は、遠ざけられている。また機能主義（功利主義）、目的合理性（目的手段図式）にもとづく行動原理が拡大したせいだろうか、ハイデガーがいう死が臨在する生も、遠ざけられている。人生は、キャリアに縮減され、デザインするものと見なされている。心のどこかで死に臨みつつ、〈今・ここ〉の時熟の経験を大切にする時間は、かりにあったとしても、せいぜいエピソードにとどめられているように見える。そうであっても、存在論は、死が臨在する生という古い考え方を、繰りかえし語るだろう。

次章の議論のために確認しておくなら、死が臨在する生は、古来の日本文化に見られる、いわば死と相即する生にいくらか似ている。宗教民族学者の金山秋男は、「無常観」に日本人独特の死生観を見いだし、「もとより無常観とは、滅亡の思想であると同時に、生成の思想でもあった」と述べている（金山 2013: 309）。金山は、「無常感」と「無常観」を区別している。無常感は、こうあってほしいという自己の欲望がかなわず、すべてが流転する様子を嘆き諦める（ふてくされる）ことであるが、無常観は、そうした自己への執着を捨て、「大きないのちに抱かれて生きる」ことである。金山は、人が、エゴセントリズムを脱し、「その自分を超えたものを完全に受け入れたとき、既に死は死ではない」と述べている（金山 2013: 314）。

金山のいう無常観は、存在論的全体としての時間を示している。自分の死が重大であるのは、自己に固執するからであり、自己を棚上げすれば、「死は死でない」。しかしそれは、生が生でなくなることでもある。無常観は、いわゆる生も死も棚上げし「無常を本質とする裸形の時間」（金山 2013: 384）のなかに、自己を解消することである。この裸形の時間＝全体は、生存と死滅、有と無の反復として、律動している（リズムをもつ）時間かもしれない。第7章であらためて論じるが、律動する時間は、「生命」「存在」の律動として、古代ギリシアにおいても、またクラーゲス、ベルクソン、デューイにおいても、語られてきた。

　ベルクソン、ハイデガーに戻り、「生命」・「存在」を踏まえつつ考えるなら、キリスト教思想のように、造物主としての神を前提にするかぎり、生／死の関係は、ある個体の生死、別の個体の生死、……という反復、律動をふくみながらも、造物主への畏敬・畏怖を背景にした、死を想う生、死に対抗する生、そして死が臨在する生として語られうる。しかし、これらのうちの、死が臨在する生は、日本の無常観のような思想で語られた、死と相即する生に少なからず重ねられそうである。ともあれ、ここで確認しておきたいことは、こうした生／死の関係のどれにおいても、生死が全体の律動として把握されていることである。

4　内在する実在

1　内在する自然性

　ふりかえってみよう。序章から本章にいたる議論は、私たち一人ひとりが人間と自然の関係をとらえなおすための、いわば準備作業であった。それは、人が所有し操作する自然という、人間と自然の関係に替わる、人が与り使う自然という、人間と自然の関係を提案することであった。この、人が与り使う自然という考え方は、外在する自然と人間に内在する自然の重なり、すなわち自然性を前提としていた。私は、この人が与り使う自然という考え方を、おもにベルクソンの生命論の「生命」、ハイデガーの存在論の「存在」に依りながら、措定してきた。次章から終章にいたる各章で、より具体的に、この人が与り使う自然という考え方を敷衍してみたい。それはまず、いわゆる「自我」の代わりに、自然性を主体化することである。それは、たとえば、想像するのは、自我というよりも、内在する自然性である、と考えることである。

　この内在する自然性は、人・生きものに内在する「生命」・「存在」であるが、エゴセントリズムのような、自己利益のために思惑し計算する思考によって、見過ごされてしまう。マルセル（Marcel, Gabriel 1889-1973）の「問題／神秘」の区別を援用するなら（田中 2017: 215-6）、人は、エゴセントリズムによって、自分の外にある処理対象としての「問題」（problème）に吸引され、自分の内にある「神秘」（mystère）を看過してしまう。エゴセントリズムが自分の内にある「神秘」を見失ってしまう理由は、自分の利益を確保するために、自分の外に「問題」を求めてしまうからである。「神秘」は、内在する自然性に重ねられる。この「神秘」は、少なくとも感性的つながり、交感をともなうものであり、たしかに自分の内にあるが、同時に自分を取り巻いているものでもあり、意図・意識する自我を越えたものでもある。

　なるほど、人は、エゴセントリズムから逃れられそうにない。人が身体をもつからであり、身体が自己修復、自己保全を行うからである。しかし、そうした自己修復・自己保全は、エゴセントリズムから区別されるべきである。エゴセントリズムは、たんに自分を中心に置くだけでなく、そうするために、形状・能力・利益などの社会的観点から、自分と他人をたえず比較し、他人を自分の下に置くことに快感を覚える、という営みをふくんでいるからである。ダンテの『神曲』の一文を挙げよう。「私は、［神が歓ぶ思考である］サピア（Sapia）をもっていない。なぜなら、私は、自分の幸福よりも、他人の災禍を、大いに喜ぶからである」（D, DC: C. 13, l. 109）。その「サピア」は、「ソフィア」（sophia 叡智）であり、他者との比較で自分を上に置こうとする自我を忘れて、自分のいのちの生成消滅を贈与と知り、それを享受することである。

　補足しておくなら、苦境にある人が、自分のいのちという贈与に、不思議さではなく、理不尽さ・不公平さに見いだす理由は、その人が、比較するという思考にとらわれたままだからである。一つのいのちは、比較されるものではなく、享受されるものであり、あれこれの思議を超えたものである。たしかに、一つのいのちは、他のいのちを憐れむが、その憐れみは、他のいのちを苦しめる負の境遇に対する感情であり、一つのいのちの出来という贈与に対する感情ではない。一つのいのちの出来という贈与に対する感情は、在ることとそれ自体に対する歓びである。その在ることに対する歓びを覆い隠すものが、何らかの社会的観点から、人にあれこれとケチをつけたり、ひとりほくそ笑んだりする、あの比較という思考である。

2　内在する実在—可知的実在論

最後に、内在する自然性、つまり一人ひとりの「私」が感じる生動性が実在性である、と再確認しておこう。ジャンケレヴィッチは、有名なベルクソン論のなかで、「生命以外に、絶対的な実在性（réalité）は存在しない。空間そのものも、密かに持ちこまれた生動性（vitalité）によって存在する」と述べている（VJ, HB: 174/236）。生き生きしていることが、生きている者にとって、否定できない実在性である。それは、まさに生き生きと感じられるもの、そう象られるものである。そして、たとえば、子ども部屋のような空間も、ある子どもの幼いころの生き生きとした活動の痕跡（壁の落書き、床の傷跡など）が、そこに残されているから、特異な空間として実在している。書斎も、台所も、家屋も、道も、街も、同じように考えられる。

ただし、この実在的に感じられる自然性は、厄介なことに、その実在性を消し去るという営みをともなっている。ジャンケレヴィッチは「もっとも悲劇的なことは、死滅の傾きが生動性（vitalité）そのものの核心に住み着いていることである」と述べている（VJ, HB: 175/239）。この「死滅の傾き」とは、「死への欲動」（フロイト）などではなく、いわゆる「知性」（学識・教養による理性的思考）による、知の命題化・固定化である。つまり実在性の形骸化である。ベルクソンは、たとえば、『創造的進化』において「……生命が新しい心象を創造する行為と、この心象を〔命題として〕記述する行為は、およそ対立する二つの運動である」と述べている（HB, EC: 140/VJ, HB: 176/239）。つまり、人は、内在する生動性として、たえず何らかの心象を生みだすが、その心象は、つねに命題（言表）として記述されることによって、消失する運命にある、と。

　現代の世相を踏まえていえば、この「死滅の傾き」は、ますます肥大化しているように見える。すなわち、「生命」の自然性の現れであった古来の「自由」は、いわゆる「自己選択」「自己決定」にすりかわり、夥しい言説の抗争のなかに埋没し、「生命の躍動」に敵対するものになっている。ジャンケレヴィッチは、「革新の創意は、一歩前進するたびに、くどさ、冗長さ、辿々しさに脅かされる」と述べているが（VJ, HB: 176/240）、これらの革新の創始を脅かすものとして、現代社会に見いだされる、だれもが作りだす夥しい比較の言説（批評）を加えることができる。それは、「表現の自由」の名の下に正当化されているが、人からの批判に対し「何が正しいかは、私が決めることです」と答えるエゴセントリズムをふくんでいる。それでも、実在論を生命論・存在論的に転回させることで、すなわち、象られた「可知的心象」（intelligible image）も実在と見なす、「可知的実在論」（intelligible realism）にずらすことで、エビデンス、データを恣意的に利用し自己正当化をはかるという、エゴセントリズムから離れられるのではないだろうか。

　ともあれ、最後にある歌を紹介しよう。イングランドのプログレッシブ・ロック・バンド、イエス（Yes）の「目覚め」（*Awaken*, 1977）である（Yes　1977 所収）。「願いは、陽光（Sun）がこれからもあること、〔陽光は、〕私たちすべての存在にふれようとするが、私たちのような死に逝く者を置いて行く。私たちは、ここで存在することができる〔それで充分である〕」（Wish the sun to stand still / Reaching out to touch our all being / Past all mortal as we / Here we can be）。「陽光の気高さが私を貫き、〔私は〕目覚め、優しく大いなるものが、〔私に〕ふれる」（Suns High

Streams Through / Awaken gentle mass touch)。「[私の]魂を司る者[=あなた]は、[その大いなるものが私に]ふれる機会を用意する」(Master of soul / set to touch)。「自分自身に正直であれ。そこに疑うべきものはない」(Be honest with yourself / There's no doubt)。「時がそうであるように、私は走り去る。[それでも]ふりかえると、あなたは私の近くにいた」(Like the time I ran away / Turned around and you were standing close to me)。「陽光」は、神の隠喩であり、「あなた」は、内在する神性の隠喩である、と考えられる。どちらも、象られた可知性である。

第5章 想像される自然
——閑かさと音楽

Imagined Nature: Silence and Music

〈概要〉**事実性**と**実在性**を区別するなら、ハイデガーのいう**哲学する**ことは、事実性ではなく、実在性を想像することである。この実在性は、**感性的なもの**である。ハイデガーのいう「**気分**」も、「**感性的つながり**」として把握することができる。哲学することも、そして**詩作すること**も、ともに感性的つながりのなかで、「**存在**」を想起することである。この想起は、基本的に、何らかの物質から何らかの感情・心象が想像されることである。たとえば、芭蕉のいう**閑かさ**は、蝉の声という物質的騒音から対極的に想像されたものである。また、ルソーのいう「**自然**」は、音楽という物質的音響から共振的に想像されたものである。音楽は、**自然性**としての「自然」の**現れ**である。人は、音楽に感動するとき、自然性としての「自然」の**模倣・代補**としてのそれを通じ、その「自然」を遡及的に想像している。ただし、音楽から「自然」、つまり「存在」・「生命」を遡及的に想像することは、何らかの**存在論的思考**を必要としている。たとえば、古いキリスト教思想にふくまれていたそれのような、

1 事実と実在の関係

1 事実性に向かう思考

一つの考え方であるが、自然科学的思考は、具体的に経験するようには経験できないものを、具体的な経験から遡及し、「事実性」(factity/Faktizität)として措定することである、と考えてみよう。たとえば、「地球がどのように生まれたのか」、だれも見たことがないが、地球惑星科学では、さまざまな仮説が提案されている。その措定する(仮説を立てる)という思考そのものは、小学生であれ、地球惑星科学の研究者であれ、大まかにいえば、同質的ではないだろうか。妥当性(説得力)が、大きく異なるだけではないだろうか。真実に向かって、何らかの理解の仕方を考えることは、人間に等しく見いだされる力であろう。ランシエールにならって、それを「知性の平等」(l'égalité des intelligences)と名づけることもできるだろう(JR, MI: 78)。

むろん、妥当性は、高いほうが好ましいが、仮説を立てないよりも立てるほうが、思考(cogitare)を広げ、深めることになる。問題があるとすれば、エゴセントリズムから自説に執着し、他の仮説を論難したりすることである。「私はそう思わない」というエゴセントリズムを取り去り、妥当性の高さだけを考えれば、仮説は、より整合的になり、思考力も、おそらくより柔軟・多様に、より創発的になっていくだろう。思考は、本来、そういうものである。ちなみに、フーコーが哲学用語として使い、広まった「言説」という概念があるが、原語の「ディスクール」(discours)は、「コースを外れる」(混沌に帰る)を意味している。

ともあれ、柔軟・多様、創発的な思考力を方向づけるものは、一人ひとりの固有的な傾きである。その傾きは、「関心・志向性・趣向性・傾向性」などと呼ばれている。しかし、それに自己利益の保全・拡大という「欲望」(desire)が絡みつくとき、またエゴセントリズムが生じる。自然科学の世界において、このエゴセントリズムに取り憑かれ、進むべき道を誤った研究者が、実際にいた。たとえば、アメリカのベル研究所の研究員だったシェーン（Schön, Jan Hendrik）である。彼は、二〇〇〇～二〇〇一年に、超伝導、レーザー発振などにかんする多くの研究論文を発表し、物理学界で高く評価されるようになった。高名な雑誌に掲載された彼の研究論文は、五〇本を越えていたが、そのデータのほとんどが捏造であった（Reich 2009 参照）。

2　実在性に向かう思考

さて、自然科学的思考が、措定されうる事実性に向かう、とするなら、哲学的思考は、具体的に経験できないが、措定されうる「実在性」（reality/Realität）に向かう、といえる。自然科学的思考と哲学的思考の違いは、自然科学的思考が、外在する事実性を対象とするのに対し、哲学的思考が、心に内在する何かにその心自体が向かうことである。厄介なことは、自然科学的思考と事実性は、内在する主観／外在する客観というかたちで、はっきり区別されているが、哲学的思考と実在性は、どちらも自分の思考であり、はっきり区別されていないことである。見いだされる区別は、せいぜい向かう思考／向かわれる思考の区別である。

この向かう思考は、これから向かうものを実在性と見なすという構えをふくんでいる。この構えは、昔話・小説を読んだり、映画・ドラマを観たりするときの、これから始まる作りものの物語に嵌まろうとする構えに、いくらか似ている。小説も映画も作りものであるという意味において、事実で構成されたものではない。したがって、そこで描かれる出来事も、客観的な真・偽が問われるべき事実性（認識の対象であること）ではない。そこで展開される出来事は、その物語世界に受容し埋没することによってはじめて、実在性になる。その物語世界に求められる要件は、その作品を読み・観る者が、その世界で自分なりの実在性を構成できること、つまり、その世界への「嵌まりやすさ」である。それは、物語の経験者において、その世界が事実性と著しく違背しないことである。つまり、物語と事実性の整合性である。

この向かう思考は、「問う」といいかえられる。哲学者は、この「問う」という言葉を多用する。念のためにいえば、この「問う」は「〜とは何か」「なぜ〜なのか」という根源的に問うこと、いわば「そもそも論」である。したがって、早急な「問題解決」を必要としているときに持ちだされると、この問いは、鬱陶しく感じられる。問題解決は、およそ利益・利潤・収益を拙速にめざして行われる。こうした功利性に傾斜した営みは、その営みを可能にしている前提を、しばしば看過してしまう。その前提は、一人ひとりの根底的な自然性・生動性であり、それと一体である一人ひとりの感性である。この感性の内容が、一人ひとりの心のなかで感じられ・象られる実在性であり、この感性から想像される具体的に経験できないものが、これまで論じてきた「存在」「生命」「自然」であり、かつて「可知性」と呼ばれたものである。

本章で確認することは、この実在性への「問い」が、この感性と密接につながっている・重なっている、ということである。以下、まず、ハイデガーの「哲学する」という概念を辿りながら、哲学の問いと、実在性としての感性の内容の、つながりを確認しよう。そこでは、ハイデガーの「気分」は、「感性的つながり」として敷衍され、ハイデガーのいう「哲学する」と「詩作する」が、ともに「存在」を想起する思考として、敷衍される（第2節）。この想起は、基本的に、何らかの物質から感情・心象が想像されることである。その端的な例が、音楽に感動することである。ルソーに倣っていえば、音楽に感動するとき、人は、「自然」の模倣・代補としての音楽から、「自然」を類比的に想像している（第3節）。最後に、音楽から「自然」、つまり「存在」・「生命」を遡及的に想像することは、存在論的思考を必要としている、と述べる（第4節）。

2　哲学すると感性

1　「哲学する」——ハイデガー

ハイデガーは、『哲学——それ／そうすることは何か』において「哲学する」（philosphieren）ことを語っている。それは、「自己を脱する」（existeiren 実存する）ことによって、「私たち自身［＝固有性］を保ちつつ、自分の［自分に対する］態度を決定すること」である（GA 11, WiPh: 8）。この「自己を脱する」＝実存することは、いいかえれば、自分の固有性、自分の「存在」を忘却している通俗的思考、つまり「世人の思考」から脱することである。それは、たとえば、「フュシス」という言葉で自然性を語っていた古代ギリシアの思考に「立ちかえる」ことである。プラトンの「イデア」、アリストテレスの「根本原因」にではなく。

この「立ちかえる」（schreiten zurück）という言葉は、「遡及する」といいかえられる。もうすこし具体的にいえば、「哲学する」ことは、日常において出来するが隠蔽されがちである、「存在」の呼び声（「良心」の呼び声）に、自分が「応答する」（antworten）ことである。ハイデガーは、「哲学する」ことで、「存在」への「道」（Weg）を探し続けた。この「道」は、いわば「［既定の］道なき道」であり、私たち一人ひとりが「存在」の呼び声に応えようとするときに新たにたどる道である。ハイデガーの研究者、川原栄峰（1921-2007）は、ハイデガーの「道は、精進することとそのことである」といい、「その精進がわれわれを変える」と述べている（川原 1968: 83）。私は、この「精進」の意味がよくわからないので、ハイデガーに立ちかえる。

哲学する言葉は、何らかの経験を「何である」と客観的に記述する言葉ではなく、経験が「こう現れた」と固有的に表現する言葉であり、いわば「なぞらえる」（隠喩化する）の言葉である。この哲学する＝表現する言葉は、また自我を超えた力動（「衝迫」「感動」と呼ばれるもの）を暗示している。ハイデガーは、たとえば、『形而上学の根本概念』（1929/30）で、同郷の詩人、ノヴァーリス（Novalis 1772-1801）の言葉を引きながら、「哲学とは、本来、郷愁（Heimweh[homesickness]）である。すなわち、どんなところにいても、家に居るように居たいと願う、一つの衝迫である」と述べている（GA29/30, GM: 7）。「家に居る」とは、「全きもののなかに在る」（sein im Ganzen）ことである。「全きもの」は、人が還帰し人が出立するどこかである。仮に、パウロの言葉にそって、それを「神の慈愛」、つまり完全な慈愛である、と考えるなら、それに対立するものは、「部分」であり、たとえば「高慢」「妬み」「私利」「知識」である（Ⅰコリント 13. 24-10）。

　すでに述べたように、ハイデガーは、人のなかには、それぞれの「存在」に向かう力動（志向）がある、と考えている。その力動が発現することは、一人ひとりが「もっとも固有な存在可能性」に向かうことである（SZ: 302）。ハイデガーは、人が「存在」に向かうきっかけは、「感動」（Ergriffenheit）である、と述べている。動詞の ergreifen は「［心を］掴まれる・［感情に］襲われる」を意味する。ハイデガーにとって、「何よりも大切なことは、これらの哲学概念［＝郷愁や存在］によって把握される何かによって、私たちが予め感動させられ（ergriffen）ていなければ、私たちは、けっして……これらの概念を把握することはない、ということである」。そしてハイデガーは、「……この感動を心に呼びさまし植えつけることに、哲学することの根本的努力は、向けられている」と述べている（GA29/30, GM: 9 傍点は引用者）。

　ようするに、すでに「存在」を先取、すなわち、おぼろげにであれ、「大切だ」と思っていなければ、「存在」を「問う」ことはできない、と。このように言われると、哲学することは、「存在」を先取できる選ばれた人にのみできることである、と思われるだろう。実際、そのような限定された人（選民）にのみ可能な思考は、ヨーロッパで「エソテリシズム」（esoterisism）と呼ばれてきた。eso は、ギリシア語で「内部の」を意味し、esoteric は「少数の・深遠な」などを意味する言葉である。この言葉は、政治哲学・教養教育論を展開したレオ・シュトラウス（Strauss, Leo 1899-1973）が用いたことで、知られている。一般大衆への教養教育は無意味か、と問われつつ。しかし「哲学する」ことは、だれにでも可能である。「存在」の「感動」は、だれもが抱いている内在性、自分の心の奥に内在するものに自分が気づくことから、生じるからである。

2　自分を越えて広がる「気分」

さて、ハイデガーにとって、「存在」の「感動」は、「（根本的である）気分」（Stimmung [mood]）――感情の基底としてのそれ――の動きである。この「気分」は、「情態性」（Befindlichkeit）とも表現されている。その原義は「すでにあるもの」である。ハイデガーは、次のように述べている。「哲学的概念を把握することは、ある感動（Ergriffenheit）に根ざしている。そしてこの感動は、根本的である気分に根ざしている」と（GA29/30, GM: 10）。念のためにいえば、この「気分」は、「空気を読む」の「空気」ではない。この「空気」は、「同調圧力」をともなう場の雰囲気であり、すべきことが命じられている場の情況認識である。「気分」はまた、「気分がわるい」というときの「気分」でもない。この「気分」は、心理的状態を意味している。

気分は、身体を越えて広がる感性（感情）の中身、つまり「まさに交感されているもの」である。それは、たとえば、ふだん私と一緒にいる知人が親を亡くしたとき、彼が私を拒絶しているわけでもないのに、私は、彼を気遣いつつも、彼に近寄りにくくなることである。たとえばまた、友人が末期がんで入院しているとき、彼がどんなに笑顔で私を迎えてくれても、私は、ぎこちなく笑顔を作り、口ごもってしまうことである。ハイデガーは、このような状態は、私が、彼と「ともに悲しみの内に在る」から生じる、と述べている。すなわち「悲しさの存在（Traurigsein）に、ともに聴従［＝帰属］している（gehört mit）」から生じる、と（GA29/30, GM: 99）。「私」と「友人」をともに捉えて放さない、この「悲しさの存在」が、気分である。

したがって、ハイデガーにとって、「悲しい」という感情は、心理的状態というよりも、「私」と「彼」がともに属している気分である。ハイデガーは、「気分は、だれかの心のなかにあるのではなく、また側にいる私たちの心のなかにあるのでもなく、……あたり一面を覆い、広がっている」と述べている（GA29/30, GM: 100）。興味深いことに、ハイデガーは、この気分の動きを「旋律」（メロディ）に喩えている。すなわち「一つの気分は……一つの様態であり、旋律（Melodie）という意味での調べ（Weise）であり……人の存在を方向づける。すなわち、人の存在の様態と方向を調律し、規定する」と（GA29/30, GM: 101）。ようするに、気分は、自・他がともに帰属し旋律する「存在」の現れであり、人の思考・行為の前提である。

気分はさらに、人を自分自身（固有性）に出会わせる契機である。ハイデガーは、「気分において、私たちははじめて……私たち自身に出会う」と述べている（GA29/30, GM: 102）。気分が「人にその人にもっとも固有的な責務を背負わせる」からである。具体的にいえば、それは、気分によって、人は、自分が支え援けるべき特異な人に気づく、ということである（GA29/30, GM: 248）。たとえば、親である私は、この子にとってのこの私であり、この子を支え援けるこの私である、と気づくことである。なお、実の親による子ども虐待の事実をあれこれあげつらい、このような想いを「たんなる思い込み」「客観的妥当性を欠く」と論難する人もいるだろうが、その人にとって、私の想いが「たんなる思い込み」であろうとも、私にとって、私の想いは、否定しようのない固有的な実在性であり、自分に否応なく迫ってくるものである。繰りかえしておくなら、客観的・趨勢的である事実は、固有的・特異的である実在ではない。

3　共存在と感性的つながり

ようするに、人は、気分のなかで、自分と他者の「根源的一体性やつながり」（ursprünglichen Einheit und

Fuge）を感じることができる。すなわち、「現存在（Da-sein）とは、他者とともに在る（Mitsein mit Anderen）ということである」（GA29/30, GM: 301）。この「ともに在ること」＝「共存在」（Mitsein）は、社会的機能の次元で「協働」することでもなければ、政治的機能の次元で「連帯」することでもなく、一人ひとりの固有特異な・代替不可能な「実存」（Existenz）の本態である。この自分・他者の共存在は、むしろ「協働」や「連帯」が、知性的なかたちで行われるために欠かせない、感性的つながりの存立条件である。

この感性的つながりを、いくらか具体的に描いてみよう。さしあたり、教育臨床学的に敷衍するなら、この感性的つながりの典型は、人が過去に豊かに経験し、後にしばしば想起する、親・子の肯定的関係性である。この関係性は、自分が他者から無条件に気遣われたことであり、自・他をつなぐ感受性（情態）の広がりのなかで、すなわち安らかさ・和やかさ・寛ぎのなかで、生じる関係性である（田中 2020）。この想起される関係性は、むろん遂行態ではなく、およそ遡及的に思考される心象、つまり想起される心象である。それはまた、本来、言葉（意味・価値）に回収されない「感覚」（センス）である。すなわち、この遡及的に思考（想起）され、象られる肯定的関係性は、なんらかの「情景」（シーン）をともなうものである。

ここで、肯定的関係性とその情景を詩人の長田弘（1939-2015）の作品に見いだしてみよう。一つは、『人の一日に必要なもの』という詩である。「人の一日に必要なもの」は、幼い頃の記憶である。それは、言葉ではいえないが「細部まで覚えている／感触までよみがえってくる」ものであり、「手につかむことのできないもの／けれども、あざやかに感覚されるもの」である。長田は、その記憶が、一日を、そして人生を「音のない音楽のように」支えている、と表現している（長田 2009: 72-3）。もう一つ挙げよう。『贈りもの』という散文である。幼いころ、誕生日の贈りものに「一本の夏蜜柑の木」をもらった。その木は、年々たくさんの実をつけた。……立派な木ではなかったが、それが自分の木だとおもうと、ふしぎな充実をおぼえた」。

成人してからも、その木を見ると「こころがかえってきた」。家族とともに過ごした情景世界（景色）に。しかし、その木は「もう記憶の景色のなかにしかのこっていない」。「いまは、山も川原もない街に暮らし、矩形の部屋に住」み、「何が正しいか」自分では考えなくなったが、部屋には、自分が自分に贈った「鉢植えの一本のちいさな蜜柑の木がある」――こうした内容である（長田 2021[1987]: 118-9）。

こうした感性的つながり（肯定的関係性）を語っている有名な一節も、挙げておこう。この一節は、フランスの作家、サン＝テグジュペリ（Saint-Exupéry, Antoine de 1900-44）の『戦う操縦士』（1942）のなかの一節であり、メルロー＝ポンティも、鷲田清一も引用している。「もしもあなたの息子が炎に包まれていたら、あなたは、彼を助けだすだろう。……あなたは、あなたの行為そのもの（acte même）に宿っている。それがあなたである」。そうしたあなたの行為に「あなたの意味づけるという営みが、まばゆいほど現れ出ている。それは、あなたの義務であり、あなたの嫌悪であり、あなたの慈愛であり、あなたの誠実であり、あなたの創意である。……人間とは、さまざまな関係性の結節点（nœud de relations）にすぎない。この関係性だけが、人間にとって重要である」（Saint-Exupéry 1942: 171, 174; MMP, PP: 520/762; 鷲田 1997: 310 傍点は引用者）。

4 哲学すると詩作する――「存在」を想起する営み

「哲学する」に戻ろう。まず確かめておくなら、ハイデガーにとって「哲学する」とよく親和する営みは、「詩作する」（Dichten）という営みである。ハイデガーにとって、詩作することは、「脱自」（Ekstase/Außer-sich 自我を越えること）である。詩作することが、「自我」や「事実」という囲いを超えて、はるか彼方の他者に向かうことだからである。ハイデガーは、「詩人の詩作と思考者の思考においては、つねに広大な世界空間が開けられ、そのなかでは、一つのもの、一つの樹、一つの山、一つの家、一つの鳥の声が、つまらなさとありきたりさをまったく失う」と述べるとともに（GA 40, EM: 29）、「思考する人は、存在を語るが、詩作する人は、聖性（Heilige 霊性）を名づける」と述べている（GA 9, NWM: 312）。

　詩人自身の言葉を挙げよう。ハイデガーがときに言及する詩人、リルケ（Rilke, Rainer Maria 1875-1926）は、『時禱集』（*Das Stunden-Buch*, 1905）のなかで、次のように語っている。「……だれもが、自分を閉じ込め、いたぶる牢獄から／逃れ出るかのように／自己から逃れようとする／これは、この世界にある大いなる驚異（großes Wunder）である」と（RR, SB, 2: 61）。リルケにとって、人は、つねに、牢獄としての、通念の言葉で意図し意識する「自我」から逃れ出ようとしている。そして「驚異」と形容される離脱の営みは、言葉を超えて詩作する＝脱自することそれ自体であり、それはおよそ、だれもが保有する力である。その力は、知性・霊性に導かれた想像であり、「真理／想像」、「理性／情動」という通俗の区別とは無関係である。

　さしあたり、ハイデガーにとって、詩作することは、哲学することとおよそ同じ営みであり、人を通念の自己（自我）から離脱させ、自分を根源的に支えている「存在」（「聖性」）に向かわせる営みである、と考えておこう。いいかえれば、詩作することは、自分を深いところで支えている「存在」を想起する営みである、と。この「存在」の想起は、この「存在」を迎え入れるという、いわば「構え」・「覚悟」を必要としている。この想起は、先にふれた川原の言葉を借りていえば、「［平坦でのっぺりとした］時間地平の呪縛を突き破れというアナウンスを聞く」という覚悟である。すなわち、「まなじりを決して［その］封鎖を解除せよ」という「現存在の奥底からのＳＯＳ」を聞くという確固とした態度である（川原 1992: 68）。

　このような詩作する＝哲学することは、たんなる「創作」（作り話）にすぎない、と論難されかもしれないが、そうした論難を、ハイデガーは平然と受け流すだろう。というのも、ハイデガーは、『ニーチェ１』で「哲学といわれるものは、大いなる思考者（Denker）の創作である」と述べているからである（GA 6. 1, N. I:

268)。ハイデガーにとって、「私」の思考は、一人ひとりの固有な創出であり、それはまた、「私」の思考を超えるだれかの思考に触発されて生じる想像だからである。いいかえれば、哲学することは、意図し計算する自我が棚上げされたところで営まれる。それは、よくいわれる「評価」、すなわち、比較による裁定の対極にある営みである。すなわち、あれこれとアラやミスを探せる上位の立場に自分を置き、相手を意味・価値づけられる下位に置くことではない。「これは間違いです。これも間違いです」と言い続けるような。したがって、「批評」と称し、映画、絵画、音楽の優劣・巧拙を論じることは、哲学することではない。

3　閑かさと音楽

1　物質系と感性系の重ね書き

こうしてみると、哲学することは、何よりもまず、物質系の事実性に感性系（「気分」「情態」）の実在性を重ね書きするという認識の仕方である、と考えられる。たとえば、物質系としての人は、客体として把握される身体・衣服・形姿・顔貌などであるが、私たちは、それらの心象を何らかの感情で彩っている。たとえば、私たちが、だれかに会い、「気難しい」「気さくな」などの感情をいだくように。物質系の自然もそうである。たとえば、マッターホルン、アイガー北壁を間近に見て、人は、傾斜が何度くらい、高さが何メートルくらい、と客観的に考える前に、その形状にただ圧倒され、「すごい」と感嘆するはずである。

　哲学することにかぎらず、人は、そもそも物質系の事象に何らかの感性系の想像を重ねて、その事象を感受し意味づけている。何かを物体・形状としてのみ、すなわち計量的・幾何的に把握することは、かなり難しい。それは、感情を排除し客観性を重視するという意図的・意識的思考を必要としている。ただ見ているだけで、自然に見ているものに感情がまとわりつくからである。たとえば、ネコを抱きあげれば、体温を感じる。その体温は、物質的現象であり、死んだネコは、冷えて固くなる。しかし、そのネコの飼い主は、その体温に、また消えるその体温に、かけがえのない「一つのいのち」を感じるはずである。

ネコにかぎらず、だれかの体温が意味する「かけがえのなさ」は、物質的現象が誘発・喚起する、感情に満ちた心象である。こうした心象が削りとられた客観的認識は、「没価値的」であり、およそ「非人間的」と形容されるだろう。少なくとも詩作的に哲学することは、「分析哲学」の明晰化する思考とはちがい、感情的（情感的）である心象をより豊かにするために営まれる想像する思考である。この想像する思考は、可感的な物質的現象から知覚しえない可知的なものに遡及する思考であり、端的に「詩情」（poetic sentiment）と呼ぶこともできる。たとえば、第４章で引いたブレイクの「一粒の砂に世界を／一輪の野の花に天上を見いだす」という言葉は、可感的なものから可知的なものを遡及的に想像することである。

以下、まず、だれもが知っているだろう日本の俳句を取りあげて、この物質系／感性系の重ね書きの様態を、敷衍してみよう。その後で、後続の章で行われる議論に向かう準備として、ルソーの音楽論を取りあげ、感情の象り方として「音楽する」という営みがある、と述べよう。端的にいえば、音楽することは、哲学すること、詩作することと似ていて、人に通念を超越させ、人を可知性に誘う営みである。

2　閑かさと無常——芭蕉

まず取りあげるのは、一六八九年に日本の高名な俳人、松尾芭蕉（1644-94）が詠んだ次の句である。そこで語られている「閑かさ」を、後で存在論的な「存在」と対比させるためである。

「閑（しずか）さや 岩にしみ入る 蝉の声」

この俳句は、当時の出羽国（現在の山形市）の立石寺（りっしゃくじ）で詠まれた。そこには、たぶん当時のままに、巨大な岩壁がそそり立っている。まず確認できることは、蝉が「岩に染み入る」くらいうるさく鳴いているという物質的状況である。耳に聞こえる蝉の声は、たしかに「うるさい」と感じられる。しかし、その声を聞いている芭蕉の心は、その「うるささ」の背後ないし対極にある「閑かさ」を感じている。つまり、芭蕉は、物質としての騒音のなかで、感情としての静寂を聴いている。この静寂は、生の騒音に対する、死の静寂であろう。さしあたり、この思考法を「対極の想起」と形容しておこう。

有名なこの句については、さまざまな解釈が提案されているが、ここでは、前章でふれた金山秋男の解釈を紹介しよう。金山は、二〇一五年の論文「いのちとことば」において、芭蕉は、この句によって「生と死、刹那と永遠の相即相入［これは相互浸透と考えられる］」を示そうとしている、と述べている（金山 2015: 29）。金山は、芭蕉のいう「蝉の声」の「うるささ」に、やがて消え去る刹那の「いのちの叫び」を見いだすとともに、その対極に——金山の表現ではなく、私の表現であるが——いわば、永遠の「死の広がり」を見いだしている。金山によれば、そうした解釈を可能にするものが、次の芭蕉の句である。

「頓（やが）て死ぬ けしきは見えず 蝉の声」

この句は、やがて死んでいく蝉の様子は、実際に見えるものではないが、賑々しく鳴くその声は、そのはかない一生、そのあまりに短い生成死滅を暗示している、と解釈することができる。金山は、この句を踏まえつつ、先の句の「閑かさ」は、「蝉の声」という刹那の「いのちの叫び」の背後にある、永遠の「死の広がり」を意味している、と考えている。金山はさらに、このような永遠の死の広がりのなかにこそ、はかない一命がある、といい、「生と死の相即相入こそ、日本人の〔仏教的〕諦念と感性が……血肉化してきたものである」と述べている（金山 2015: 28-9）。それは、いわば、一つのいのちが、有として、ひとときだけ、無の大海から浮かび上がるが、たちまち無の大海に消え去るという、「無常観」の情景である（第4章参照）。

3　閑かさという律動する存在の現れ

こうした死のなかの生という無常の情景は、仏教思想のみが描くものではなく、ヨーロッパ思想のなかにも見いだされるが（たとえば、古代のヘラクレイトス、パルメニデスの生成消滅論）、さしあたり考えたいことは、そうした無常の情景そのものではなく、その情景のなかで明滅する人の一つのいのち（生存）である。すなわち、人が閑かさ・無常を感じている存在者であることである。芭蕉も、物質的環境の「うるささ」のなかで内在的世界の閑かさを感じている存在者である、と見なすことができる。環境のうるささに、感情の閑かさを対比させながら。この対極の想起は、私たちがときに経験することである。たとえば、人は、水田が広がる梅雨時の田舎で蛙の鳴き声を聞いているときでも、轟々と流れ落ちる滝の音を聞いているときでも、さらに冬の海岸で激しく打ち寄せる波の音を聞いているときでも、閑かさを感じることができる。

思い切って、この閑かさを存在論の言葉でとらえなおすなら、それは、個人の内面の性状ではなく、およそすべての人の心が向かう「存在」の現れである、ということができる。存在論においては、人が本来的に「存在」に還帰しようとしていなければ、閑かさ（「静寂」）は、人の心に現れない（心で感じられない）。そして、閑かさが「存在」の現れであるかぎり、その閑かさは、人が最後に向かう「無常」に通じるものではなく*、人がたえず還帰しかつ出立する生の基底に通じている。すなわち閑かさとして現れる「存在」は、人がついに入滅するところ（「永遠」〈aeternitas〉）ではなく、人がたえず還帰し出立する何かである。存在論は、閑かさとして現れる「存在」を、生成消滅が繰りかえされる律動的（リズミカルな）力動として、とらえる。

こうした「存在」の現れとしての閑かさに似たものは、物理的に鳴り響く楽音にも感じられる。いいかえれば、閑かさに等値される心象は、音楽を聴いたり演奏したりすることによっても、立ち現れる。しかも、うるささ、つまり物理的騒音が、逆説的に「存在」を暗示するとすれば、物理的音楽は、ときに直截的に「存在」を明示するといえるだろう。その音楽が生みだす心象が、生動性に向けて人を励起させ、鼓舞し、躍動させるものであるかぎり。こうした生動する心象に見いだされる生動性への志向は、人を説得・折伏しようとする、いわゆる「コミュニケーション」の饒舌に隠されてしまうが、実際に音楽を聴くことによって、心のなかに立ち現れてくる。この生動性への志向は、むろん自我の意図・意識を越えている。

もっとも、音楽は、快感を生みだすことで、生動性への志向を覆い隠し、人を自己陶酔させることもある。音楽が生みだす快感は、人が音楽に合わせて身体を揺らしたり、その美しさに陶酔したりすることであるが、自分の声の美しさに自己陶酔している歌手の声は、過剰に顕示的である。当人が、自分の才能にただ酔っているからだろう。自分の出す音や声に自己満足する人は、近づこうにも近づきえない音楽そのもの（可知的である生動性）への畏敬を欠いている。音楽そのものに向かう声は、数多いが、一つ例示するなら、それは、リサ・ジェラルド（Gerrard, Lisa）の声である。たとえば、「天使の支援者」（"The Host Of Seraphim," Dead Can Dance 1988 所収）における彼女の声は、まさに祈りであり、音楽そのものへの従僕である。その声は、神への従僕を体現する「グレゴリオ聖歌」（Gregorian Chant）を思いださせるが、より生動的である。

次に示すように、ルソーは、こうした自己陶酔や自己満足とは無縁である、音楽そのものへの志向を「善きもの」（moralité）と呼び、また音楽そのものを「大いなる自然」（Natur）・「自然」（natur）と呼んでいる。ルソーはまた、音楽の「旋律」をもっとも重視している（ルソーのいう旋律は、律動をふくんでいる。後で述べるように、私も同じように考えている）。今道友信の「旋律は音楽の命である」という言葉は、ルソーの音楽論にこそふさわしい。ちなみに、今道にとっての旋律は、本来、意識のなかの「命の流れ」であり、それに音を当てはめたものが、音楽の旋律である（今道 2013: 120）。この今道の考え方に倣っていえば、思考は、意識のなかの「命の流れ」であり、それに言葉を当てはめたものが、感性豊かな言葉である。

＊ 金山のいう「無常［観］」は、カントが『万物の終わり』で述べている「すべての自然が動かず、石化した」と形容する「万物の終わり」の状態に（KW 11, EAD: 183-4）、いくらか重ねられるが、たぶん区別されるべきだろう。むしろ、クザーヌス（Cusanus, Nicolaus 1401-64）が『学識ある無知』で述べている「最大の静止」（quies maxima）に近いかもしれないが（NCO 1, DI: L. 1, C. 23[p. 47]）、わからない。

4　自然との共振――ルソー

さて、ルソーにとって、音楽の構成要素である「和声」（harmonie）と「旋律」（mélodie）は、はっきり区別されるべきである＊。和声は、二つ以上の「和音」（accord）――たとえば、ドミソ、ドファラ――の組み合わせ・移り変わりであり、人に感覚される「快感」（plaisir）である。これに対し、旋律は、一つひとつの音のつながりであり、人を生動させる「善きもの」（moralité）である（OCR 5, EOL: 418-9）。その善きものは、「自然」という「原初の力動」（primitive énergie）の「模倣」（imitation）である（OCR 5, EOL: 422, 424）。音楽の旋律は、「［この自然を］模倣する言葉」（langue imitative）である（OCR 5, EOL: 424）。旋律はまた、「自然の声」（la voix de la nature）とも形容されている（OCR 5, EOL: 417, 427）。つまり、旋律は、人為を越える「自然［の声］」のささやかな現れである。それは、「理性」を説得する言葉ではなく、「感性」を感動させる言葉である。

もっとも、旋律は、和声とともにある。デリダ（Derrida, Jacques 1930-2004）の『グラマトロジー』（1967）のなかの言葉を引くなら、ルソーは、和声が「音楽の生動性を破壊し、その模倣する力動を阻害する」と論じているが、同時に「旋律のなかに、すでに和声が存在している」と認めている（JD, G: 303/下 136-7）。ルソー自身の言葉を引くなら、ルソーは、『音楽事典』（1764）のなかで、次のように述べている。「旋律は、二つの異なる原理に関係する。……［第一に］旋律は、その原理を和声（Harmonie）のなかにもっている。……旋律のもつ力のすべては、心地よい音［＝和声］によって耳を楽しませることに依存している」と（OCR 5, DM: 884; JD, G: 303/下 137）。つまり、音楽の原理の第一は、旋律が和声に支えられていることである。

音楽の原理の第二は、音楽が「自然」を模倣することで、人に「善い効果」をもたらすことである。「……音楽が、［自然を］模倣する一つの芸術（un art d'imitation）であるなら、すなわちさまざまな心象（image）で精神（esprit）を励起させ（affecter）、さまざまな感情で心を動かし、情念を掻き立て、押さえ沈めること、つまりさまざまな感覚の直接的支配を越える、さまざまな善い効果（effets moraux）をもたらしうるものであるなら、［和声に支えられているということ以外に］音楽を支えるもう一つの原理が、見いだされる」（OCR 5, DM: 885; JD, G: 303/下 137 傍点は引用者）。それは、「相手の心の動きに合わせ、話し手が声の調子を変化させる」という「言葉の調子」（l'accent des Langues）にふくまれている。「調子がはっきりした言葉は、より生動的・情熱的な旋律を生みだし……調子がほとんど・まったくない言語は、性格も表情ももたない、物憂げで冷たい旋律を生むだけである」（OCR 5, DM: 885; JD, G: 303/下 138）。つまり、音楽の第二の原理は、情動の動きと一体の「言葉の調子」によって、旋律が人を「自然」（の力動）と共振させることである。

この「言葉の調子」は、「アクセント」（強勢）というよりも、心を「自然」（の力動）と共振させる「語り口」である。激しい調子もあれば、静かな調子もあるが、基本的にこの調子は、音程の抑揚・高低で構成されるものであり、たとえば、ハ長調・ロ短調といった、旋律の調子と同一である。ルソーにとって、この調子に彩られ、心を自然と共振させ律動させる旋律が、音楽の本態である。人類史の「始まりのころには、旋律以外の音楽、多様な音色以外の音楽は、まったくなかった。調子が歌を形づくり、長短が拍子（mesure）を形づくった。人は、人と、響き（sons）によって、また律動（rhythme）によって、話していた」（OCR 5, EOL: 410-1; JD, G: 305/下140）。「言葉の調子」を構成する「拍子」は、旋律を構成する「拍子」であり、「言葉の調子」は、旋律にひとしい。「あらゆる旋律を決定する役割は、拍子にある」（OCR 5, EDPR: 357）。

ようするに、ルソーにとって、音楽の本態は、快感を生みだす和声というよりも、生動性に溢れる旋律であり、それがもたらすものは、人が「自然」（の力動）と共振することである。念のためにいえば、それは、物理的に振動させることをふくんでいるが、それに還元されない。ルソーは、音楽の和声と旋律を、絵画の色彩とデッサン（輪郭・形状）に喩えている。「音楽の旋律は、絵画のデッサンである。和声は、絵画における色彩の［きれいという感覚を生みだすという］効果しかもたない」。旋律は、歌によく示されている。「音が、表現（expression）、情熱（feu）、生命（vie）であるのは、それが歌だからであり、歌だけが、善い効果（effets moraux）を和音に与え、音楽の力動（énergie）すべてを作りだす」。音楽という芸術を構成する「たんなる物質的なもの」つまり空気の振動は、その芸術のほんの一部にすぎない（OCR 5, EDPR: 359）。ルソーにとって、音楽の大半を構成するものは、歌、旋律、律動が生みだす、心と「自然」（の生動性）との共振である。

＊ ルソーの音楽論については、海老澤（2012）、Dammann（2006）、内藤（2002）の研究がある。また、デリダの『グラマトロジー』（JD, G）においても、ルソーの音楽論が取りあげられている。また、市田（2007）は、ルソーの音楽

論についてのデリダの考え方を、ランシエール、ロックンロールと絡めながら、論じている。

5　自然の模倣・代補

端的にいえば、ルソーにとっての音楽は「自然」の「模倣」(imitation)であり、その「代補」(suppléance)、つまり代替である。この「自然」は、たとえば、ゲーテの「自然」と類同的であり、おのずから生まれ・みずから生みだす力動(自然性・生動性)である。この「自然」は、人に呼びかけ・語りかける。「自然で在れ」と。人は、自分自身「自然」の一部で在りながら、「自然」を創りだすことができない。それは、神のみにできる「御業」(opus/Art)である。人にできることは、この「御業」を真似て「芸術」(art)を作りだすことであり、「自然」を「代補する」こと、つまり「自然」の営みを代行し補足することだけである。

ルソーにとって、この「自然」の模倣・代補は、「自然」そのものの現前ではない。「自然」は、音楽として現れ、人に語りかける。「どうしたところで、雑音は、［人の］精神(esprit 霊性)に語りかけることができない。［人の精神に］語りかけるためには、［人が作りだした］もの(objet たとえば、歌、曲)が、語りかけなければならない。模倣された自然すべてにおいて、つねにある種の語りかけが、自然の声を代補し(supplée)なければならない」(OCR, EOL: 417)。付言すれば、デリダにとって、「自然」の代補は、「自然の現前」を妨げるものである。デリダは、「［自然の］代補は、いつもすでに行われてきた。［自然の］模倣は、芸術の原理であるが、それは、いつもすでに自然な充溢(plénitude naturelle)を遮ってきた。［自然の］模倣は、［精神に］語りかけていないだけでなく、つねにすでにその差延(différance 似て非なるものを後から作ること)によって、［自然の自然な充溢という、自然の］現前(présence)を妨げてきた」と述べている(JD, G: 309)。

ともあれ、ルソーにとって、音楽は、それが「自然」の模倣・代補であっても、「自然」がおのずから・

みずから創りだすもの、つまり自己生成するものである。ルソーにとって、音楽は、たしかに人が作りだすものであるが、その「人」は、個人の意図・意識ではなく、「自然」の一端である。したがって、音楽は、音楽そのものが自己創出するものである、といいかえられる。この音楽そのもの、「自然」は、生の躍動だけでなく、生の静寂を象る力能ももっている。ルソーは、『音楽事典』や『言語起源論』のなかで、「……芸術の大いなる驚異は、それ自身の動き（mouvement）による活動（activité）であることであり、また休息の心象（image）を形づくる力能であることである。眠り、夜の静けさ、孤独、さらに静寂さえも、音楽の絵画のなかに組み込まれている」と述べている（OCR, 5, DM: 959; EOL: 421）。いわゆる「音楽」ではないが、人は、たとえば、小波の音や落瀑の音を求め、そのなかで安らぎ、心の平穏を感じとっている。

　さて、ここでは、デリダの怜悧な批判を脇に置き、ルソーに倣いつつ、音楽は、「自然」の模倣であっても、かならずしも人の営みにおける「自然」の現前を妨げるものではない、と考えておこう。いいかえれば、音楽は、人為的なものであっても、「自然」の自然性・生動性をいささかなりとも体現することができる、それで満足しよう、と。ようするに、音楽は、個人に現れるささやかな「自然の声」に依りつつ、大いなる「自然」が共振的に象られたもの（想像されたもの）であり、大いなる「自然」は、ささやかな「自然の声」である音楽として現前する、と。ちなみに、ささやかな「自然の声」は、ルソーが感じた、麗しい人の甘美な声だけでなく、変拍子で畳みかける歪んだ旋律に満ちたプログレ・メタルにも感じられる。

4　想像される自然

1　「自然」の想像としての音楽

先に述べたように、騒音のなかの「閑かさ」と、音楽のなかの「自然」に共通することは、それらが、ともに物質系（外在の事実性）のなかで生じる感性系（内在の実在性）の象りである、ということである。すなわち、「閑かさ」は、物質的な雑音のなかで、それと対極的に象られるものであり、「自然」は、知覚される音楽のなかで、それと共振的に象られるものである。ようするに、「閑かさ」も「自然」も、心で想像された（可知的な）ものであり、その想像という営みは、つねにというわけではないが、存在論のような、エゴセントリズム、ホモセントリズムに染まる通念を脇に置く思考を前提にすることができる（第3章参照）。

この想像が生成するためには、いわゆるコミュニケーション、すなわち通念に塗れて人と人が、言葉を交換しあい、相手を説得し折伏しあう、あのコミュニケーションを遮断し、ディス・コミュニケーションの状態を作らなければならない。一つ例を示そう。イングランドのロック・バンド、ディペッシュ・モード（Depeche Mode）は、「静寂の享受」（"Enjoy the Silence"）という曲で（depeche Mode 1990 所収）、このディス・コミュニケーションを歌っている。「暴力のような言葉が、静寂を破り、私の小さな世界に突き刺さる」。「言葉はまさに不要だ。それらは有害なだけだ。誓い（vows）が語られたら、それらは壊れていく。感情が強度（intense）であり、言葉は些末（trivial）である」（Depeche Mode 1990）。言葉、すなわちコミュニケーションは、強度に満ちた感情にふさわしくなく、むしろそれを阻害する、と。もっとも、この曲で語られる感情は、ルソーのいう「自然」に通じるそれではなく、自分と他者を無条件につなぐ「慈愛」のように思われるが。

ともあれ、ルソーの音楽論で語られている音楽は、「自然」（「生命」・「存在」）の力動の象りである、ということができる。すなわち、ルソーが、その音楽論において、一つ一つの音の響き、そしてそのつらなりである旋律を重視したということは、ルソーが、すべての人が「理性の秩序」（音階の秩序としての「平均律」）のもとで「正しく生きる」ことよりも、一人ひとりが「感性の力動」（「自然の声」の呼びかけに応えること）のなかで「善く生きる」ことを大切にしている、ということである。その感性の力動は、たんなる感覚・知覚ではなく、「自然」が発する響きを感受することで、生存を活気づけることである。その活性化の契機が、「私」に現れるささやかな音楽から大いなる「自然」を想像することである。

この、ささやかな音楽から大いなる「自然」を想像するという営みは、音楽の存在論的な営み、といえるだろう。いいかえれば、演奏することも、作曲することも、音楽を聴くことも、大いなる「自然」を象ることである、と。音楽の表現形態は、いわゆる音楽学において、それ特有の観念・概念によって言語化され、秩序化されている。しかし、そうされる前の、知覚・感覚が生みだし感情・心象として象られる音楽から、大いなる「自然」に遡及する想像は、「存在」「生命」を何とか語ろうと試みる存在論的思考によって支えられている、といえるだろう。たとえば、見えない神をなんとか見ようとしたキリスト教思想によって。

2　思考と経験への問い

キリスト教思想に傾いていたルソーによって「自然」「自然の声」と象られた何かは、現代の音楽家のなかにも、いくらか見いだされる。それは、たとえば、カナダのプログレッシブロック・バンド、ラッシュ（Rush）が、アルバム『時計仕掛けの天使たち』（*Clockwork Angels*, 2012）に収めた同名の曲にも見いだされる。その曲のなかで、ルソーの音楽は、「天上の機械」（Celestial machinery）、「霊性の機械」（Spiritual machinery）と形容されている（Rush 2012）。どちらも、「機械仕掛けの神」（Deus ex machina）という、古代ギリシア悲劇に由来する概念を踏まえた表現であるが、その曲では、キリスト教思想の「内在する神性」を意味している。

　この「時計仕掛けの天使」は、一人ひとりの心のなかの神性である。歌詞を引用しよう。「あなた」の天使は、「あなたの命令で動きだす」。それは「神秘の神性であり、とても繊細であり、とても巨大である」（Goddesses of mystery, so delicate and so grand）。そして、「あなた」に「すべての栄誉を約束する」。大切なことは、「自分の悟性に頼らないこと」（Lean not upon your own understanding）である。むしろ「無知は、善いものであり、まさに祝福されている」（Ignorance is well and truly blessed）。それは、「［神の］完全な慈愛、完全な計画を信じることであり」、そうすれば、「すべてが、最善へ向かう」（Trust in perfect love, and perfect planning / Everything will turn out for the best）。知るべきことは「見えるものを越えた、その暗示」（Hint at more than we can see）である（ちなみに、「自分の悟性に頼らないこと」は、『旧約聖書』の「箴言」の一節（ne innitaris prudentiæ tuæ）である（箴言 3. 5））。つまり、ルソーの「自然」にあたるものは、ラッシュにとっては「神」である。

　この曲の歌詞を書いたニール・パート（Peart, Neil 1952-2020）は、この天使のはたらき、つまりこの「天使の声」をずっと聴いてきた。パートは、同じアルバムに収められた『アナーキスト』（"The Anarchist"）という曲で、次のように歌っている（Rush 2012）。その声は「とても静かで、とても長く続く声だった」（A voice so silent for so long）。「私は、ずっと、その声に寄り添わざるをえなかった」。音楽業界の人びとは、そうする「私をずっと否定してきた」。だから、私は、「私が知っていることを、けっして表現してこなかった。私がずっと前から知っていたことを」。しかし、私は、これから、その「借りを返えそうと思う」と。しかし、パートにその時間は残されていなかった。このアルバムは、ラッシュの最後のスタジオ・アルバムであり、パートは、このアルバムの発表のあと、家族を喪い、自分も重篤な病に冒され、二〇二〇年、六七歳で他界した。

　ともあれ、パートが、別の曲で書き記しているように、私たちは、自分の思考を広げ深め、この世界を

「大きなもの」としてとらえることができる。世界という全体を想い描く力能が、人には贈られている。その力能を広げ深めることが、人には可能である。「〔私たちは、〕私がとても狭いと感じる世界に生きている／私は、世界を大きく考えることをやめられない」（In a world where I feel so small / I can't stop thinking big）と（Rush, "Caraban", Clockwork Angels, 2012）。世界を「大きなもの」、すなわち、通念を越える宏大深遠なものとして感じ考えるために、次に、感覚と思考、感性と知性は、そもそもどのような営みか、と問い、考えてみよう。

第6章 生命の〈よりよく〉
――交感するいのち

Meliorating of Life: A Life is Sympathizing

〈概要〉 一つの試みとして、「**経験**」と呼ばれる営みは、Ⅰ感覚・知覚という**感受**、Ⅱ感情・心象という**想像**、Ⅲ表象・意味という**認識**という、**心**のはたらきの三つのフェーズの連関である、と考えてみよう。Ⅰの感受とⅡの想像の連関が**感性**であり、Ⅱの想像とⅢの認識の連関が**知性**である。つまり、感性と知性は**和集合**である。「**美的経験**」は、感情・心象が自我の意図・意識を溶解し無化する、**強度の経験**である。本書で注目してきた**交感**（**共振**）は感情であり、「**生命**」・「**存在**」の**自然性**は心象である。この交感と自然性は密接につながっている。人は、人だけでなく、他の動物とも、ともに自然性の**生動性**、いわば**いのち**であることによって、交感するからである。また、人のなかには、人の経験全体に彩り方向づける力動として〈**よりよく**〉**志向**を見いだすことができる。それは、たとえば、カントにおける「**人間性**」としての「**理性**」に見いだされる。理性が、可知的である「**至福**」に向かう「**自由の意志**」をふくんでいるからである。この自由の意志は、**交感するいのち**と無関係ではない。交感するいのちの「生命」こそが、〈よりよく〉志向だからである。この「生命」と〈よりよく〉が一体となったものを「**生命の意志**」と呼ぼう。

1　感性と知性の関係

1　経験とは何か

前章の最後でふれたように、この世界を宏大深遠なものとしてとらえるための準備作業として、感性と知性の関係を、次のように描いてみよう*。まず、物質と接する身体は、感覚する（五感・体感で知覚する）。すなわち、外在するものが身体で感受される（感じられる）。この身体で感受されたものは、感情・心象を生みだす。すなわち、内在するものが想像される（象られる）。感情は想像されたものか、と問われるだろうが、ここでいう「想像」は、情動的に想い描くという広い意味で用いられる。「想像と呼ばれるものは、情動的な営み（conduite émotionnelle）である」（MMP, RAE: 3/103）。この感情・心象は、表象されたり、意味づけ（言葉で分節され接合され）られたりする。すなわち、言語によって認識される。ハイデガーの「存在」、ベルクソンの「生命」が象られる場は、こうした、想像され認識される内面世界である。

この内面世界で生じる想像と認識の営みは、自我（自己）の意図・意識に、また〈よりよく〉志向に彩られている。自我の意図・意識は、〈よりよく〉志向とまったく同一ではない。自我の意図・意識が、しばしば「傲慢」・「恣意」・「欲望」と呼ばれてきた、想像されたものに染まるからであり、これに対し、〈よりよく〉志向が、古代・中世キリスト教思想で「意志」・「霊性」と呼ばれたものだからである。世界が宏大深遠なものとしてとらえられるのは、この〈よりよく〉志向に彩られた想像・認識というはたらきが、現実の社会、通念の世界を越えて、この社会・世界を新たに象るときである。その新たな象り・想像は、後で述べる「交感」を契機に生じるものであり、「遡及」（超越）と呼ばれる営みをともなう。

次に、「経験」（experience）と呼ばれる営みを、広めに概念設定し、こうした感受・想像・認識の連関である、と考えてみよう。短くまとめれば、それは、Ⅰ「感覚・知覚という感受」、Ⅱ「感情・心象という想像」、Ⅲ「表象・意味という認識」という、心のはたらきの三つのフェーズである*。ここでいう感性は、これらのうちのⅠ・Ⅱのフェーズである。これは、なんとか受け容れてもらえるだろう。思考力としての知性は、これらのうちのⅡ・Ⅲのフェーズである。これは、通念の知性概念と異なるもので、違和感が生じるかもしれない。ともあれ、この感性と知性の連関という図式においては、感性（Ⅰ＋Ⅱ）と知性（Ⅱ＋Ⅲ）は、共通の集合をもたない集合（重ならない二つの円）ではなく、共通の集合（Ⅱ）をもつ和集合（部分的に重なる二つの円）である。つまり、ここでいう経験は、感性と知性がともにはたらくことで、成り立つ。

この感性かつ知性であるⅡフェーズ（ⅠとⅢの積集合）は、自我の意図・意識を超えたものが突如、現れる局面でもある。すなわち、何らかの感情・心象が、思いがけず・知らないうちに現れる局面でもある。このうちの意図・意識を超えた心象は、たとえば、中世キリスト教思想において「神性」「内なる人」と呼ばれたものであり、ドイツ・ロマン派が「自然」と呼んだものであり、ハイデガーが「存在」と呼び、ベルクソンが「生命」と呼んだものである。また、その現れ方は、パウロによって「盗人のように」と形容されたり（テサロニケ 5. 2）、デューイによって「衝迫」（impulsion）と呼ばれたり（CD, LW 10, AE: 64）、デリダによって「到来」（invention）と呼ばれたりしている（D, P: 53）。もう一つの意図・意識を超える感情は、おもに「交感」である（第3章参照）。この知性を背景とした感情は、ある情況において、唐突に・不意に人に襲いかかる。ようするに、感情・心象の想像において、通念を超越する可知的なものが生じる。

* 感性と知性の区別は、アリストテレスにさかのぼることができるが、ここでは、ヴィーコ（Vico, Giambatrista 1668-1744）の言葉を引いておこう。「詩人［がはたらかせるもの］は、人の感覚（senso）であり、哲学者［がはたらかせるもの］は、人の知性（intelletto）である」。「感覚に根ざさないものを集めてつなぐことが、知解する（intelligere 知

性的である）ことである」（GV, SN: PN 363）。つまり、見えないものを見ること、いいかえるなら、非可感的なものを知ることが、知性の営みである、と。

** ここに示した、Ⅰの感受、Ⅱの想像、Ⅲの認識という図式は、恣意的なものではなく、それぞれ、スピノザのいう「感覚・受容」（sens/affectio）、「感情・想像」（affectus/imaginatio）、「概念する」（concipere）・「観念」（idea）に、およそ対応している（田中 2020　参照）。それらはまた、ヒュームのいう「感覚」（sense）・「知覚」（perception）、「感情の印象」（impression of sensation）、「印象の模像」（copy [of impression]）としての「観念」（idea）・「反省の印象」（impression of reflection）としての「観念の模像」（copy [of idea]）に、いくらかずれながらも、対応している（Hume 2007, 1: 11）。

2　美的経験とは何か

このように経験を理解するとき、「美的経験」（esthetic experience）と形容される経験は、まず、特異な強度に彩られている経験である、と措定することができる。というのも、美的経験においては、Ⅱフェーズに現れる感情・心象が、自我の意図・意識を溶解し無化するからである。いいかえれば、美的経験は、個人の経験であるにもかかわらず、その個人の意図・意識を棚上げする強度をもっているからである。その意図・意識の棚上げ状態は、キリスト教思想やドイツ・ロマン派の思想において「忘我」（エクスタシス ekstasis）と語られてきた。この忘我は、さかのぼれば、パウロが「自分を脇に置く」（エクセステーメン exestemen）と述べたことである（2コリント5.13）。デューイの経験論においては、この棚上げ状態が、人の生命と「［大いなる生命／自然の］律動」の「合一」（union）、と形容されている（CD, LW 10: 152, 154）。

こうした美的経験においては、また、感覚・知覚という感受と感情・心象という想像が強く結びつき、表象・意味という認識は後まわしにされる、と考えられる。美的経験の中心は、たとえば、見える風景、聞こえる楽音が、それらによって生みだされる感情・心象と密接につながり続けることである。それは、風景、楽音という外在と、感情・心象を生みだす心という内在が、たえず相互に作用しあうことである。フランスの現象学者、デュフレンヌ（Dufrenne, Mikel 1910-95）が『美的経験の現象学』（1967）で述べている「美的経験」の「直接性」（immédiat）は、この感覚・知覚と感情・心象との持続的つながりを意味している（Dufrenne 2011: 487）*。通常の感覚・知覚されたものは、さっさと感情・心象という想像されたものに引き取られ、さらに表象・意味という認識されたものに引き渡されてしまうが、「美的経験」の場合、心は、どこまでも感覚・知覚という感受と感情・心象という想像の結びつきを象り続ける（から、それから離れられない）。

こうした美的経験においては、さらに、先にふれた超越ないし遡及の可能性がより生じやすい。それは、美的経験においては、「驚異」・「崇高」・「畏敬」といった感情とともに、「自然」・「生命」・「存在」といった心象が、感受された形状・音響の、いわば「背景」を成すものとして想像されうる、ということである。本章、また次章であらためてふれるが、音楽の場合、この想像される「自然」・「生命」・「存在」の本態は、ルソーにおける「旋律」（メロディ）であり、デューイ、クラーゲス、ベルクソンにおける「律動」（リズム）である。この「自然」・「生命」・「存在」は、感覚・知覚される音を、心のなかでいわば待ち構えている心象であり、この心象は、それらを心のなかに取り込み、心が想い描く世界を宏大深遠なものに変えていく。

もしも、このように、美的経験をふくむ、経験全体を理解できるなら、次に考えてみたいことは、こうした経験全体を方向づけている、人間の〈よりよく〉志向である。先にふれたデュフレンヌは、同じ著書のなかで、芸術作品が示そうとする「美的対象」によって現実の社会に構成されうるものは、「実在の共同体」（communauté réelle）であり、その共同体は、「めざすべきより優れたもの（objectivité supérieure）であり、それは、諸個人を連帯させ、諸個人の差異を忘れさせる」と述べている（Dufrenne 2011: 104）。「実在の共同体」は、シラー（Schiller, Johann Ch. F. von 1759-1805）のいう「美的状態」の変奏であるが、ここでは、その具体的内容を問わず、〈よりよく〉志向がデュフレンヌの美的経験論を貫いている、とだけ述べておこう。

さて、本章で提案されることは、この〈よりよく〉志向が、美的経験に見いだされるような、交感によって生じる、「自然」・「生命」・「存在」に遡及する思考に見いだされること、端的にいえば、そこで遡及される「自然」・「生命」・「存在」が〈よりよく〉志向である、という考え方である。以下、まず、カントに立ちかえり、カントの「理性」は、「意志」の「自由」をふくみ、それは、たしかに〈よりよく〉志向であるが、それは、交感と無縁ではない、と述べる（第2節）。次に、ベルクソンに立ちかえり、ベルクソンのいう「交感」は、あるいのちと他のいのちの共振である、と述べるとともに、このいのちが指し示す「生命」の生動性が、〈よりよく〉志向である、と述べる（第3節）。最後に、いのちの交感＝共振が、「自然」・「生命」・「存在」に遡及する思考を呼び覚ます、とあらためて確認する（第4節）。

＊　デュフレンヌの美的経験論の概要については、たとえば、テリアンの研究（Thérien 2016）を参照。ちなみに、デュフレンヌの最後の著書である『眼と耳』（Dufrenne 2020（1987））も、美的経験論をふくんでいる。

2　感性の判断

1　自然の二様態――カント

まず確認するなら、カントにとって、外在する（物質系の）「自然」は、人間に対し「破壊的作用を及ぼしている」。たとえば「ペスト、飢餓、水害」などである。しかし、内在する「人間の自然」も、他の動物・

人間に対し破壊的・暴力的である。カントは『判断力批判』のなかで、「私たちに内在する自然は、それ〔＝外在の自然の目的〕を受け容れる余地をもたない」と述べている。この「外在する自然の目的」は、生きものが生きのびること、つまりいのちの保全であるが、カントは、人間に「内在する自然」は、他の生きもののいのちを保全しようとしない、という。そうした「人間のなかの自然の素因（Naturanlage）は、理性よりも劣悪である」。「そのため、人間は、自分が作りだした苦境に苛まれ……他の人間を支配の重圧や戦争の残虐さに追い込んでいる。人間が専心し尽力していることは、自分たち人類の破壊である」と（KW 10, KU: 387）。

　しかし、カントはまた、人間は「理性」（Vernunft）という「人間性」（Menschheit）を贈られている、という。この理性は、「真理」（veritas/Wahrheit）、「美徳」（virtus/Tugend）、「至福」（beatitudo/Glückseligkeit）という理念に向かう思考力である*。この理性は、キリスト教思想が語ってきた、可知性に向かう「知性」に重ねられ**、また創造主のように生動的である「自然」をふくんでいる。それは「偉大な芸術家」（große Künstler）と呼ばれている。「永遠の平和を保つものは、偉大な芸術家である自然（große Künstlerin Natur（natura Daedala rerum））である」と（KW 11, ZeF: 218）。「人間は、自然の機構に属している（gehört 呼びかけられている）し、そこには、人間の実存（Existenz）を根底で支えている形相が、見いだされる。私たちは、この自然を予め規定している、世界の創造主の目的を前提にしなければ、この形相を理解することができない……」と（KW 11, ZeF: 217）。しかし、世界の創造主の「目的」を「それ自体として認識しようとすることは……人間の愚劣な不遜である」（KW 11, ZeF: 217）。つまり、神の目的は、人間にとって「かのように」と措定できるだけである。

　この「〔生動的な〕自然は、人間の傾向性に見いだされる自然の機構を通じて、永遠の平和を保つ」（KW 11, ZeF: 226）。この「人間の傾向性」は、生存すること、闘争すること、法治すること、である。そして、これらの本態である「自然の機構」は、「競いあい」が生みだす「均衡」である。「永遠の平和は、……きわめて活発な競いあいがもたらす諸力の均衡によって、生じ保たれる」（KW 11, ZeF: 224 傍点は引用者）。この競いあいは、生存競争がもたらす適者生存ではなく、人倫的・道徳的に〈よりよく〉在ろうと競いあうことである。ただし、この動的均衡に向かう競いあいが作りだす〈よりよい〉ものは、他者への「愛」によって補完されることで、はじめて完全なものになる。カントにとって、「……愛（Liebe）こそが……人間の自然（menschen Natur）の……不完全性を補完するうえで不可欠なものである」（KW 11, EAD: 187-8）。

ようするに、カントにとって、「人間の自然」は、破壊的でもあれば、生動的でもある。その生動性は、永遠の平和に通じる諸力の均衡を生みだすが、その均衡を完全なものにするために必要な愛は、キリスト教思想が、古来から語ってきた「隣人への愛」の変奏であろう。それが、「他者の意志を、自分の原理（Maximen）になかに、無償で受け容れること」だからである（KW 11, EAD: 188）。それは、いいかえれば、他者の真理への意志を、自分の真理への意志と同じように、尊重することである。「人間の自然」の「根本的な使命」は、「啓蒙を進展させること」であるが（KW 11, WA: 58）、それには、この「愛」が不可欠である（「啓蒙」は、「自分の理性を開かれたかたちで使用すること（öffentliche Gebrauch）」である（KW 11, WA: 55））。

* 「理性」という言葉は、感情・欲望に流されない冷静さを意味しているが、「理性」と訳されているドイツ語の Vernunft は、「聴従する」を意味する vernehmen の名詞形である。つまり「理性」は「声に聴き従う」ということである。この「声」は、良心の声とも、神性の声とも、考えられる。

** ちなみに、カントと同時代のシェリング（Schelling, Friedrich Wilhelm von 1775-1854）は、『自然哲学にかんする考案』（1879）のなかで、「人間の精神」と「自然」は同一である、と述べている。「自然が、見える〔人間の〕精神であるなら、〔人間の〕精神は、見えない自然だろう」と（SW II: 56; cf. Löwith 1990）。ついでにいえば、ハイデガーにとっての「人間の自然」は「自然が生そのもののうちで生きている状態であり、自己を超える自然の崇高性（Erhabenheit）」である（GA 29/30, GM: 263）。これは、先にふれた「使徒行伝」のパウロの言葉「神のなかで、私たちは、生存し、活動し、存在している」を思いださせる表現である（使徒 17. 28）。

2　至福に向かう理性

さて、カントのいう愛を脇に置き、カントのいう理性が究極的にめざすもの（「究極目的」Endzweck）を確認しよう。それは、先に述べたように、理念としての「至福」である。カントにとって、物質系の自然は、至福を考える材料・条件を人間に提供するが、至福自体は、人間が自分で創りださなければならないものである（KW 10, KU: 430）。至福は、何らかの願望を達成したときの感情ではない。至福が、それ自体で成立するものだからである。いいかえれば、それは「無条件の」（unbedingt）目的である（KW 10, KU: 394）。至福は、「それ自身が存立可能であるために、他のどんな目的も必要としない」（KW 10, KU: 393）。今風にいえば、たとえば、「学力の形成」という目的は、合格という他の目的を要し、「健康の維持」という目的も、仕事やスポーツをするという他の目的を要している。したがって、これらの目的の達成は、至福ではない。

至福は、目的の達成、他者との比較、固有な仕方によって得られる、いわゆる幸福から区別される*。ヨーロッパのキリスト教思想の多くが「幸福／至福」（happiness, felicity/bonheur, félicité/Glück, Glückseligkeit）を論じてきたが、究極目的である至福は、神との「交わり」（koinonia/communio）である（Ⅰコリント 10. 16; Ⅱコリント 6. 14, 13. 14）。それは、ラテン語で「ベアティテュード」（beatitudo）と呼ばれてきた。たとえば、トマスは、「知性は、それが向かう神と一体になることによって、完全化する。……神のうちにおいて［＝神との交わりにおいて］のみ、人は、至福（beatitudo）でありうる」と述べている（TA, ST: I-II, q. 3, a. 8, co）。この至福は、神に愛され（その恵みを享受し）、神を愛し（その恵みを使用し）、内在する神性と一体であることである。

子細に検討できないため、端的にいうなら、カントのいう至福も、こうしたキリスト教思想で語られた至福に重ねられる。この至福は、いいかえれば、「神の存在」＝「神の自然」という状態に近い状態、すなわち、永遠にいのちを生みだし慈しみ続けているような、永遠の生動性であろう。これは、ふつうの人間にとって、到達不可能であるが、「理念」（idea）としてなら、言述可能である。すなわち、到達不可能であっても、それに向かい続けることとして、語ることができる。つけ加えるなら、この不朽に至福に向かい続けるという状態は、古来、キリスト教思想が理念として掲げてきた、「完全化」（perfecting）としての「完全性」（perfection）という、生の様態でもある（詳しくは、田中 2023a 参照）。

ともあれ、カントにとって、人間がめざす目的すべては、この至福への意志のもとに立てられるべきである。政治の目的であれ、経済の目的であれ、生活の目的であれ。そうするための出発点が「自由」（Freiheit）である。この「自由」は、ラテン語の「リベルタス」（libertas）の翻訳であり、本来、神に由来する力であり、超越性・可知性に向かう意志が妨げられずはたらくことである。この意志を妨げるものが、「欲望」（Begierde つまりエゴセントリズム）である。この自由においては、事物は、人間が「自分の自由という普遍の目的を原則としながら、その手段として使用」されるもの、と位置づけられている（KW 10, KU: 390）。この使用の概念は、アウグスティヌス、トマスのいう「恵み」の「使用」（uti）という概念と重なっている（第１章参照）。

＊「幸福」の意味を規定する固有な仕方とは、アラン（Alain [Chartier, Émile-Auguste 1868-1951]）がいう「生きる術」（savoir-vivre / art de vivre）である（A, PB: 189-91[21 mars 1911]）。それは、身体とともに生動的に（＝生き生きと）行動することである。アランにとって「幸福」（bonheur）は、身体とともに遂行される「仕方」（modus/manière）に大きく

規定されている。大切なことは、たとえば、悩んだり苦しんだりしているとき、「暗い顔」をするのではなく、意図して「微笑む」ことである。アランにとって、人はそれぞれ、自分の「内なる幸福」(bonheur intime) を知っているが (A, PB: 204[6 Nov. 1922])、それに向かう術を知らない。

3　自由と意志

カントは、事物を具体的に使用する能力（つまり「悟性」［Verstand］）を形成することを、フランス語由来の言葉で「文化」（Kultur）と形容している（KW 10, KU: 390）。この文化は、「自由という普遍の目的」を具体化するうえでは、重要であるが、「自由を促進するうえでは、充分ではない」。「自由［それ自体］が、人間が［何らかの］目的を定めるための、全面的で本質的な資質を成している」。この自由という資質を生みだす営みは、「修練（Zucht（Disziplin））の文化」と呼ばれている（KW 10, KU: 390）。この修練は、端的にいえば、「生の究極目的」に向かって「理性」を「使用」し、自分を「啓蒙すること」である*。したがって、この「修練」は、フーコーのいう「規律化」（discipline）とは、大いに異なっている。フーコーのいう規律化は、社会・国家が定める局在の目的（有用で従順な国民）にふさわしい能力を形成することである（田中 2007）。

カントにとって、こうした自由は、意志の本態であり、この自由の意志（これは「自由意思」ではない。第1章を参照）は、気ままな随意から区別されるものであり、人間性である理性にふくまれている可知性への志向であり、本来的に〈よりよく〉志向である（第2章を参照）。カントは「この［自由の育成という目的を定立するための］要件は、［基本的に、欲望を］抑制するという営みである。すなわち、さまざまな欲望の専制（Despotism der Begierden）から、意志を解放すること」である、と述べている。カントは、さらに、この「欲望の専制によって、私たちは、ある種の［＝堕落した］自然なもの［これは、本節の冒頭で述べた破壊・暴力である］に囚われてしまい、みずから〔よりよく〕選択できなくなる」と述べている（KW 10, KU: 390）。

古いキリスト教思想の「自由」と「意志」の考え方を、確かめておこう。たとえば、トマスにとっては、神を希求することが「自由」（libertas）であり、この自由の源泉が「意志」（voluntas）であり、「理性」（ratio）である。すなわち、人の「自由の根は、基体（subiectum 支えるもの）という意味では、意志であり、原因（causa 動かすもの）という意味では、理性である」（TA, ST: I-II, q. 17, a. 1, ad 2）。意志は、だれにも強要されず、「人間的な生の究極目的」（ultimus finis humanae vitae）を志向することであり、理性は、この意志に支えられて考え、はたらくものである。その「意志の本源は、神以外の何ものでもない」（TA, ST: I-II, q. 9, a. 6. co）。意志は、人間に属する神的なものであり、人の自由は、神の手中にある。トマスにおいては、人に内在する神性が、人間の自由の意志の根源であり、この自由の意志は、人の「自然」（natura）であり、この自然は、原罪に妨げられながらも、生の究極目的である「至福」（beatitudo）を希求し続けている（TA, QDV: q. 22, a. 5 co）。

こうしたトマスのいう「至福」への希求が見失なわれるなら、カントのいう「自由の意志」と、気ままな選択である「自由意思」（＝随意）との違いは、わからなくなるだろう。カントのいう「自由の意志」が、トマスのいう「自由の意志」の変奏だからである。また、カントのいう理性の使用（⊃文化）と、現代社会に広がっている人の有用化・従順化（＝人材化）との違いも、わからなくなるだろう。理性の使用は、超越的・可知的である「究極目的」としての至福に方向づけられているからである。

＊「理性の使用」は、「啓蒙するとは何か」で語られている（KW 11, WA: 55-7）。この「理性の使用」は、「公共の使用」（öffentliche Gebrauch）と「個人の使用」（Privatgebrauch）に分けられているが、どちらも、自分を「啓蒙すること」（Aufklärung）、すなわち、自分の理性を活性化し、生の究極目的に向かうことである。

4　感性の判断――社交性

さて、〈よりよく〉志向は、交感に支えられていると考えられるが、カントにとって、交感をふくむ感性は、認識から切り離された「快／不快」（Lust/Unlust）の感情に規定される営みである。カントは、「快／不快」の区別を「感性的なもの」（Ästhetische）と呼んでいる。「ある客体の表象においてたんに主観的なもの（Subjektiv）は……その表象の感性的（ästhetisch）性状である」。この「まったく認識の内容となりえない主観的なものは、その表象と結びついた快ないし不快である」と（KW 10, KU: 99）。カントのいう感性は、基本的に「快／不快」の判断であり、およそ好／嫌、美／醜といった感情である。この感性は、「判断力」（Urteilskraft）をともなうが、その思考は、「悟性」の「認識する」（理解する）から、区別されている。

ここで、カントの「悟性」と「判断力」と「理性」の区別・関係を確かめておこう。カントは、「心」（Gemüt）の力能を「認識する」、「感覚する」、「希求する」に分け、それぞれの力能を生みだす「実体」（基底）を「悟性」、「判断力」、「理性」に分け、またそれぞれの力能が従う規則を「合法則性」、「合目的性」、「究極目的」に分け、さらにそれぞれの力能が向かう目的を「自然」、「技巧」、「自由」に分けている（KW 10, KU: 110）。つまり、感性のはたらきは、「快／不快」を感覚することであり、何かを快である（たとえば、好ましい・美しい）と判断することであり、その快と判断された何かを（たとえば、絵画として）表現するという目的に沿って、何らかの（たとえば、構図・筆致・配色などの）技巧を生みだすことである。

カントにとって、人と人がつながることも、快であり、そのつながりが、「社交性」（Geselligkeit）と呼ばれる営みの本態である。カントは、たとえば、「美しいものが、経験的に人に興味を抱かせるのは、人がまさに社会のなかで生きているかぎりである」と述べている。美しさは、なるほど個人の趣向性（趣味）の現れであるが、趣向性は、基本的に社交性に支えられている、と。カントは、社交性を「人間性（Humanität）の属性として認める」かぎり、〔自分なりの快の感情を求める〕趣向性（Geschmack）は、たしかに〔快／不快を〕判断する能力であるが、そこで肯定される快は、自分の感情をすべての他者と共有させる営み〔＝交感〕に支えられている、と述べている（KW 10, KU: 228-9 傍点は引用者）。ちなみに、ヒュームは、「すべての喜びは萎れる。〔人が〕仲間から切り離されて、それを享受するなら。〔そうなれば、もっと悲惨なことも起こる。すなわち〕すべての苦しみが、より残酷で耐えられないものになる」と述べている（Hume 2007, 1: 234）。

ともあれ、カントのいう社交性は、たんなる「社会性」（対人コミュニケーションの作法・態度）ではなく、人が他者と心を通わせることであろう。その心は、一方で、「意志」をはらみ*、「理性」によって自分を「啓蒙」を遂行し、究極目的である至福を追求するが、他方で、交感という、自分と他者を（知性を背景としつつ）感性的に結びつける、と考えられる。カントが「意志」と呼ぶ〈よりよく〉志向は、たしかに重要であるが、彼が「社交性」という言葉で暗示した感性的つながり、すなわち、新約聖書の「憐れみの心」から、ベルクソンの「交感」、ハイデガーの「気分」にいたる感性の営みも、同じくらい重要である。以下、この感性的つながり（交感）と〈よりよく〉志向の関係（重なり）を考えてみよう。

＊アウグスティヌスは、『神の国』で、次のように述べている。神に向かう「意志」に彩られている「心（mens）は、〔自分勝手な〕臆見（sententia）を支配する。いうまでもなく。そして、心は、臆見に吸い寄せられる（consentiendo）ことなく、むしろそれに抵抗する（resistendo）ことで、〔自分の〕力能の定め（regnum virtutis）を遂行していく」と（AA, DCD: 9. 4. 3）。

3　生命の〈よりよく〉

1　想像と交感

冒頭の経験概念に立ちかえるなら、感覚・知覚によって生じる心象は、感覚・知覚されたものが何であるかを教えてくれるが、その心象そのものは、その想像するという思考の背後に控えたままである。たとえば、「あっ、猫だ」と思うとき、その「猫」と呼ばれるものを、まさに「猫」と同定するときの、その前提として内在する猫心象、いわば〈猫的なもの〉は、表に出てこない。この心象は、認識のはたらきによって一つにまとめられたさまざまな猫の心象の集合であろう（デューイは、この原心象を「［何かについての］さまざまな意味」（meanings）と表現している（CD 10, AE: 276））。しかし、このよくわからない猫心象があるから、人は、あるものを「猫」と思うことができる。それは、「猫」だけでなく、すべての物事にいえる。

たしかに、感受（感覚する・知覚する）と想像（感情を抱く・心象を作る）は、区別されているが、想像は、感受されたものに支えられ、感受は、想像されたものに支えられている。つまり、感受と想像は、相補関係にある。また、想像されたものは、新たな想像を可能にする足場みたいなものでもある。そして、私たちの夜更けの夢想に示されているように、想像は自己運動する。想像されたものは、いくらでも増殖し連鎖していく。念のためにいえば、新たに想像されたものは、感覚されたものと整合的であるかぎり、不思議な幻想でも、自堕落な妄想でもない。またそれが、〈よりよく〉志向に彩られていれば、それはときに、原心象のような抽象観念を超える、何らかの超越性（可知性）、たとえば、「霊性」・「知性」となるだろう。

想像されたものとしての感情・心象は、五感・体感の内容によって生じるだけでなく、交感という感情の主要な営みによっても生じる。交感は、自我の意図・意識を超えて生じるという意味で、特異であるが、人に対しても、動物に対しても、自然環境に対しても、生じる。心は、さまざまなものに感情的なものを見いだそうとする。たとえば、人は、黄昏の街という情景にある種の感情を抱く。それは、「寂しさ」「もの悲しさ」と形容される。こうした情景のもつ感情は、人が勝手に作りだすものではなく、この世界が示すその表情である。デュフレンヌは、「感情（sentiment）は、心情（cœur）の気ままな冒険ではなく、世界の一つの顔（un visage du monde）である」と述べている（Dufrenne 2011: 289）。つまり、そこにすでに在る位相である、と。

こうした世界の表情を感じるという営みが、交感という、感情の主要な営みであり、それは、基本的に感性に属する営みであるが、知性に裏打ちされているという意味で、二つが交差する部分で生じる。「だれにとってもわかりやすい」とはいえないだろうが、交感についての具体的な表現を一つ挙げよう。カントと同時代を生きたフランスのサン・ピエールは、「自然は、いつでも魅惑的（intéressante）であり、どんな表情（aspect）で現れてもそうである。［たとえば、］雨が降れば、自然は、私に、まるで美しい女性が泣いているかのように、思わせる」と述べている（SP, EN: 465）。サン・ピエールは、自然を人間が支配するものと考えていたが、同時に自然に人間と交感するものも見いだしていた。自然を「美しい女性」に喩えるサン・ピエールにとって、自然（女性）の支配と自然（女性）との交感は、矛盾するものではなかったらしい。

2　交感は生命の共振である

なぜ交感という感情が生じるのか、よくわからないが、さしあたり、交感は、「生命の共振」である、と考えてみよう。それは、基本的に、あるいのち（ある人）と他のいのち（ある猫）が、ともにいのち（「生命」の現れ）で在ることにおいて、つながることである。先の例についていえば、黄昏の街は、人びとの諸活動が暗示していた生動性が消えつつあるという状態であり、その状態が「寂しさ」といった言葉で形容されることである。その感情の背後には、たとえば「生命」のような、可知的心象を見いだすことができる。本節の提案は、感情が、つねにではないが、「生命の共振」といえるような交感をともなう、ということである。この生命の共振は、前章で提案した感性的つながり、交感を敷衍する概念である。

まず確認するなら、ベルクソンは、交感を重視している。ベルクソンにとって、交感は、「知性」（intelligence）から区別されるが、それと並立する「本能」の営みである。つまり「本能は、交感（sympathie）である」（HB, EC: 177）。それは、また「直観」である。この本能＝直観＝交感は、「一つのものの内に自分を移し、それの特異性、したがって表現不可能なものと一体化することである」（HB, PM: 181）。自分に移された一つのもの、つまり他者の特異性は、知性によって「象徴」（symbole）にされる前までは、如実な心象である。知性は、心象にふさわしい概念を作りだす。その概念に紐つけられた心象は、生動性を失うので、「象徴」と呼ばれる（HB, EC: 161）。ベルクソンが重視することは、概念によって事物を「記述する」ことではなく、生存するものの生動性に密着する心象によって「生命の躍動」を「想起する」ことである。つまり、本能は、「生命の躍動」に遡及する。「それ［＝本能］は、生命に差し向けられている」（HB, EC: 177）。

ベルクソンのいう交感は、いいかえれば、人びとが、それぞれ、一つのいのちとして類似することで、感じあうことである。その意味で、交感は、「意識」の「相互浸透」（interpénétration）と形容されている（HB, PM: 28）。この「意識」は、孤立した個人の意識ではなく、一人ひとりの固有ないのちであり、それは、「生命の躍動」の固有な現れである。交感は、空間的隔たりを越えて、それぞれ固有ないのちである、自分と他者が通じあう、ということである。いいかえれば、交感がめざすことは、計測によって、何かと何かの「同一性」（identité）を確かめることではなく、芸術によって、一人ひとりのいのちの「類似性」（ressemblance）を象ることである（HB, PM: 60）。ベルクソンのいう交感はまた、自分のいのちを直観することでもある。その直観＝交感された自分のいのちは、「持続する自己」（moi qui dure）と形容されている。この持続する自己（「内在の持続」）が、私たちが「知性的ないし精神的に交感できるもの」である、と（HB, PM: 27, 182）。

ベルクソンのいう交感はさらに、人間と動物という通念の区別を越えて営まれる。動物もまた、人間と同じで、固有ないのちだからである。つまり、人間も、動物も、いのちとして交感し、いのちを直観する。それは、「交感のコミュニケーション」（communication sympathique）と呼ばれている。この交感のコミュニケーションは、「私たちと他の動物たちとのあいだに設けられる（établira）ものであり、私たちの意識を膨らませるものであり、私たちに生命という固有な領域を導き入れるものであり、その領域は、［自分と他者の］相互浸透（compénetration réciproque）の場であり、無限に続く創造（création indéfiniment contnuée）の場である」（HB, EC: 179）。人が交感を失い、生命を直観できなくなれば、動物は、ただのモノになる。捕獲され、繁殖させられ、販売され、売れなければ、殺され、ゴミとして捨てられるモノに。

ベルクソンにとって、芸術は、人間と「自然」（＝「生命」）が共振することで、生みだされる。ベルクソンは次のように述べている。「もしも実在性（réalité）が、直接的に感覚と意識で感じられるなら、すなわち、私たちが事物や自分と直接的に交流できるなら、いわゆる芸術など無用であろう。いいかえれば、私たちは、だれでも芸術家になれるだろう。というのも、私たちの魂（âme）は、そのとき［＝科学的思考を排除するとき］自然と共鳴し（l'unisson de la nature）、たえず共振している（vibrerait）からである」（HB, R: 115 傍点は引用者）。「私たちは、心の奥底で……つねに独創的である。私たちの内なる生命の不断の旋律が奏でられることを［自分なりに］聴いているからである」（HB, R: 115）。ちなみに、ベルクソンのいう「魂」は、古来のキリスト教思想で語られてきた「アニマ」（anima 生きる力）の意味をふくんでいる（田中 2021）。

ベルクソンのいう実在性は、一人ひとりが如実に感じる、心を潤し支える固有な内在性であり、いわば

「個体性」(individiulité) である。すなわち「さまざまな形状や色彩から構成されている、[だれかの・] 何らかの、まったく特異なかたちで調和しているもの」である (HB, R: 117)。この個体性は、それが「役に立たないときは、つねに見落とされる」ものである。人は、多くの場合、自分に深く関与するものでなければ、個体性に張りつけられている「ラベル」を読んでいるだけである。「……私たちは、事物そのもの [= 個体性] を見ていない。私たちは、およそ、事物に貼られたラベル (étiquettes 値札) を読んでいるだけである」(HB, R: 117)。たとえば、「人間」「日本人」というラベルを。近世ドイツの詩人、シレジウス (Silegius, Angelus 1624–77) の言葉を引いておこう。「調和するもの——ああ、人は、野鳥とまったく違うものになった。野鳥は、それぞれ自分の音色を持ちながら、楽しくともに鳴いている」(AS, CW: B. 1, no. 265 傍点引用者)。すなわち、人は、いつのまにか、特異に実在しながら調和するという生き方を忘れてしまった、と。

3　感情の共振、精神の交感

あらためて確認しておくなら、ベルクソンにとって「自然」は、「生命」にひとしく、この「生命」は、まず、一人ひとりにおいて「感情の共振」(résonance sentimentale) として現れる。たとえば、芸術家は、自分の感情と共振する何か、たとえば、音楽・形象・色彩を求めている。「……通俗的で社交的な言葉の背後に、彼ら [= 芸術家] が純一で純粋なものとして探し求めるものは [ある種の] 感情であり、心の状態である」(HB, R: 119)。この「心の状態」は「生活から離脱した心」とも形容されている (HB, R: 119)。たとえば、私たちの音楽の好き嫌いは、それなりの社会的趨勢を成しているが、基本的に人それぞれである。しかし、何らかの音楽によって、自分が支えられたり援けられたりすることは、つねにというわけではないが、だれにでも見いだされる。それが、音楽による、およそ「普遍的」といえる、感情の共振である。

ベルクソンにとって、感情の共振という営みは、「感性」(sensibilité)であるが、ただ何かを受容するだけでなく、「人を［何かに］駆りたてる衝迫(exigence)」もふくんでいる。たとえば、「音楽が生みだす情動」(émotion musicale)は、この衝迫をふくんでいる。人が音楽を魅入られるように聴いているとき、人は「それが表しているものになりきっている」。「音楽が泣いているとき、人類すべて、自然のすべてが、音楽とともに泣いている」。このとき、「音楽は、感情を私たちに［モノのように］移し入れているのではない。……音楽は、私たちを感情［の共振］のなかに引き入れている」。感情は、何かと共振するものであり、生命の躍動は、感情が何かと共振することである。「生命は、人びとのなかにある、疑いえない［＝自然に生起し、強力で、完全であるという特徴をもつ］感情の共振(résonances de sentiment)である」(HB, DS: 35-6)。

ベルクソンにとって、こうした感情の共振は、「美的感情」(sentiment esthétique)、とりわけ「優美さ」(grâce)という感情に見いだされる。この感情は、「ゆるやか」(aisance)・「なだらか」(facilité)とも形容されている。こうした形容は、何かが、たんにこれこれであると固定的なものとして認識されるのでなく、次に来るものを、なんとなく・それとなく予見させることを意味している。すなわち、それは、「曲線」のように「たえず方向を変えるが、新しい方向が、いつもすでにそれに先行する方向によって暗示される」ということである(HB, DI: 9)。この優美さは、「現在のなかに未来を保有するという快感」をともなっている。たとえば、舞踏のような「優美な動きが、律動(rythme)をともなうとき、つまり音楽をともなうとき、……次の動きが、予見可能になる。そうなると、私たちは、自分がその動きの主人であると、思い込んでしまう」。しかも「その動き、律動が、私たちの思考や意志のすべてになってしまう」(HB, DI: 10)。

ベルクソンは、このように、思考・意識が「身体の共振」にさらされるとき、人のなかに、身体の共振から区別される「精神の交感」が生じてくる、と述べている。すなわち、感覚による「身体の交感(sympathie physique）が、「生命へ向かう」精神の交感（sympathie moral）を生みだし、それが［「生命」という］観念を少なからず暗示する」と。いいかえれば、「身体の交感」は、「潜在する、ないし誕生したばかりの［精神の］交感が現れる前兆」である、と。「これ［＝身体の交感から精神の交感が生じること］が、運動する［＝生き生きと活動する］交感（sympathie mobile）であり……最上の恵み（grâce supérieure）の本質である」（HB, DI: 10）。この精神の交感は、たとえば、人が音楽を聴きながら、自分の知性がより「生命の躍動」に誘引され、その「生命の躍動」が、心のなかで生き生きとした感情として励起される、ということである。

ベルクソンは、音楽だけでなく、さまざまな芸術によって人が感情的に共振＝交感すること、つまり「感動させられる」（émotionner）ことに「生命の本質」を見いだしている。「身をもって知るとともに感動させられるという魂（âme）の状態が、さまざまなかたちで存在する。それは、交感すること（sympathise）を生みだす歓喜や悲哀、見る人に痛ましさや慄きや哀れさを生みだす情念や邪心、ようするに、さまざまな感情の共振（résonances sentimentales）によって、［他者の］心から［自分の］心へと広がる感情である。そうした感情のすべては、生命の本質的なもの（l'essentiel de la vie）に与っている。それらの感情すべてが、［他者に対し］真摯であることであり、しばしば［他者の］悲劇に対するものである」（HB, R: 102）。こうした感情の共振、精神の交感を踏まえつつ、いのちと〈よりよく〉の関係について、考えてみよう。

4　生みだされた生みだすもの――生命の意志

いのちが生みだされたものであることは、ヨーロッパの思想史をさかのぼれば、たとえば、スピノザが論じたことである。スピノザは、「自然」（natura）という言葉で、神と人の通底性を示しているが、この「自然」こそ、人を生動させる原因である。スピノザにとって、神は「生みだす自然」（natura naturans）であり、人は「生みだされた自然」（natura naturata）である。「生みだす自然は、それ自身のうちにあり、それ自身によって思考される、自由な原因である。それは、いいかえれば、永遠で無限の本質をあらわす実体の属性である。［これに対し］生みだされた自然（[naturam]naturatam）は、神の自然の必然・属性から生じてくるすべての様態であり、それらは、神のうちにあり、神がいなければ存在もせず、認識もされない」（OS, E: 1. P29. S 傍点は原文の強調）。つまり、人は、生みだされたものであるが、「自然」という生みだすものでもある。

「生みだす自然」と「生みだされた自然」は、対極にあるように見えるが、実際は、「自然」として通底している。この「自然」は、生動性であり、新しい思考・いのちをみずから生みだす力動である。すなわち、人という「生みだされた自然」は、ささやかながら自存的であり、「生みだす自然」でもある。このみずから生みだすことは、一つのいのちの固有な〈よりよく〉であり、また「生命」（「存在」）という〈よりよく〉である。「生みだされた自然」が、ささやかにであれ、「生みだす自然」であるという考え方が、アウグスティヌスからカント、ショーペンハウアーにいたるまで語られてきた「意志」と、ベルクソンの「生命」をつなぐ論理である*。「生命」から区別される〈よりよく〉志向があるのではない。「生命」が〈よりよく〉である。この〈よりよく〉志向の具体的な現れが、感情の共振、精神の交感であり、詩作することである。こうした〈よりよく〉志向は、「生命への意志」というよりも、「生命の意志」（生命と意志の和集合）である。この考え方は、ニーチェの「力への意志」（Der Wille zur Macht）を、ドゥルーズ（Deleuze, Gilles 1925-95）に倣い、「力の意志」（la volonté de puissance）にずらすことにひとしい（GD, NP: 56-9 傍点は引用者）。

先にふれたデュフレンヌが、芸術と「自然」にともに見いだす「詩作的」なものも、やはり生動性である。デュフレンヌにとって、芸術の本質である美的なものは、「自然」をふくみ、詩作的＝生命的であることは、「自然」の本態である。デュフレンヌは、「美的現象（phénomène esthétique）は、まさに［神性である］〈生みだす自然〉（《Nature naturante》）の回帰ないし効果であり、詩作を通じて、この〔生みだす〕自然が〔人に〕与えるものが、見られたり、読まれたりするものである」と述べている。そして「この〔生みだす〕自然は、どんなものであれ、詩作的（poétique）である。その自然がつねに生命的だからである。〔芸術作品として〕生みだされた自然（Nature naturée）は、つねに生みだす自然〔が、人に生き生きと感じられること〕によって確かめられる。ようするに、詩作は、すべての表現の基礎であり、そこでは、自然が自分を表現する」と続けている（Dufrenne 1973: 254）。つまり、詩作する（表現する）ものは、人ではなく、人を通して現れる、生動性としての「自然」である、と。

人のなかに潜在する「生みだす自然」は、さかのぼれば、アウグスティヌスによって「内なる人」と呼ばれたものであるが、それは、「光」「炎」といった言葉でも表現されてきた。リサ・ジェラルドは、それを「内なる炎」（inner flame）と呼んでいる。彼女は、「人間的な営為」（"The Human Game," Lisa Gerrard and Pieter Bourke 1998 所収）という曲のなかで、次のように歌っている。「私たちの眼に見える盛衰（visions vivid and pale）という覆いを取れば、眼に見えない至福〔＝死がもたらす平安〕が現れて、私たちは怖じ気づく／私たちがもはや、死の定めという慰めを求めていないから」。それでも、「魂は、私たちに語り続ける／砕かれた夢の盛衰を」。その声を聞きながら、私たちが、現世の「よどみを出て、〔内なる〕炎（[inner] flame）に向かうとき／私たちは、人間的な営為を始める／それは、彼方に昇ること／〔内なる炎の〕清らかさ（clarity）は、あなたに呼びかける／悲しみから抜け出し、〔神の〕畏れに与れ、と／そして彼方に飛び立て、抱かれて安らげ、と」。「どこかで、私は、内なるあなたを見つける」。そして「私たちは、愛のすべてを始める」と。

＊ベルクソンは、たとえば、「生命が充溢している状態」（une surabondance de vie つまり「生命の躍動」状態）の「魂」は、「どんなに弱々しくても、力強く〔何かを〕具現化する」と述べ、それは「神に対し受容者（patiens）であ

り、人に対し活動者（agents）である」と述べている（HB, DS: 246）。

4　交感するいのち

1　交感するいのち

確認しよう。先にふれたベルクソンの「生命の躍動」は、遡及的に想像される、すべての人・生きもののもつ内在性である、と考えられる。いわゆる自然の美しい風景――たとえば「癒やしの森」「紺碧の地中海」など――に「生命の躍動」を見いだすことは、難しいかもしれないが、人・生きものに「生命の躍動」を見いだすことは、それほど難しくないだろう。ある種の音楽に魅せられることが、「生命」の現れ（＝躍動）であり、「生命」と感情の共振である、と考えられるなら。ともあれ、抽象化思考・通俗的思考から離れることで、人・生きものに「生命の躍動」を感じることは、容易になるだろう。

一つ、具体例を示しておこう。日本の画家、野田弘志が描く『鳥の巣』（1983）は、見る人に、人の「生命の躍動」としての想像力を要請する作品である（野田 1984 所収）。鉛筆で写実的に描かれたこの灰色の「鳥の巣」から想像されるものは、逆説的にも、「生命の躍動」である。たしかに、描かれているのは、カラカラに乾いた捨てられた鳥の巣であり、そこに、生命感を思わせるものは、何も描かれていない。にもかかわらず、その図像は、いのちの営み、雛という新たないのちを想像させ、そのいのちを慈しみ育てた、もう一つのいのちを想像させる。すなわち、もっともらしい意味・価値をはるかに越えて営まれる、あの純朴な生命の営みを如実に黙示している。もっとも、この作品は、観る人を選ぶ作品といえるだろう。

ともあれ、私たちが、「生命の躍動」としての自然性（生動性）を人・生きものに見いだすとき、私たちは、人・生きものと、能力や機能を越えて、つながることができる。そうした「生命」としての自分・他者の交感は、序章で述べたこと、すなわち、人間と自然の、操作し利用するという用立ての関係を超える、人間と自然の、通底し享受するという地続きの関係を可能にするだろう。この人間と自然の地続きの関係は、ありふれた事実であるが、隠されがちな事実である。ベルクソンの生命論が教えてくれることは、この関係が、自分自身に事実として、すなわち交感するいのちとして、内在している、ということである。この交感するいのちの営みを確認することは、地続きの関係を自分のみずから・おのずからの行動の基礎にすえるために必要な、感性豊かな知性の営みの基礎である（感性豊かな知性という概念は、第8章で敷衍される）。

本章で新たに提案したことは、この「生命」、そして「存在」が、〈よりよく〉志向と重ねられる、ということである。これは、古来のキリスト教思想に即していえば、それほど奇矯・奇抜な考え方ではない。というのも、神は「存在」そのものであり、創造する究極の生動性であり、〈完全によい〉ものだからであり、人がその神の究極の完全性＝生動性に近づき続けることが、〈よりよい〉ことだからである。つまり、〈よりよく〉が、〈完全によい〉に近づくことだからである。むろん、実際にキリスト教思想でよく語られたことは、神の究極の生動性というよりも、「神の慈愛」（caritas Dei）であり、およそ自分の「罪に対する赦し」であるが、その「神の慈愛」は、本来、いのちを創造するという究極の生動性を意味していた。そして、「隣人への愛」が「神の慈愛」に類比され、およそ交感と重ねられるなら、このいのちの営みである交感は、人が〈生命の意志〉としての〈よりよく〉志向に向かう重要な契機である、といえるだろう。

2　音楽を聴く力

さて、次章では、この交感するいのちを、「音楽を聴く」という、ありふれた営みに見いだしてみよう。その下準備として、ここで、「音楽的才能」の概念を広げておこう。イギリスの科学評論家、ボール（Ball, Philip）が、『音楽の本能』（*The Music Instinct*, 2010）で論じているように、音楽的才能は、限られた人に与えられている希有な能力ではない。少なくとも「音楽を聴く」という力は、多くの人にひとしく与えられている（Ball 2010/2018）。というのも、人は、何気なく音楽を聴いているときでも、その音（音程・音色）を区別し、その律動（リズム）・旋律（メロディ）・和音（コード）といった、音楽の要素を発見し、次に来る音を予想し、さまざまな音の一つのまとまりとしての「調和」（ハーモニー）を希求しているからである。

こうした、楽曲を構成する音符と休符の組み合わせとしての律動と旋律の調和は、活動と静寂、生成と死滅、存在と無、の調和である、とも考えられる。休符は、フランス語で「シランス」（silence）、つまり「静寂」である。和音自体はともかく、律動も、旋律も、調和も、休符がなければ、成り立たない。「音の響き」（sound）は、静寂が組み込まれていなければ、成り立たない。こう考えるとき、音楽は、どこか生きること、つまり生存に似ている。生存は、生まれて死ぬだけでなく、生きているあいだに多くの死をふくんでいる。その死は、むろん隠喩であるが、それを無視したり棄却したりしなければ、そして人びとが古来、紡いできたさまざまな存在論的思考を想い起こすなら、その死は、私たちの想像を大いに掻き立て、能力の格差、容姿の格差、貧富の格差などを少なくとも棚上げし、「語りえないもの」に誘われるだろう（終章を参照）。

ともあれ、音楽を聴く力の本態は、「音の響き」を感受し、何らかの感情・心象を象ることであり、そのはたらきは、意図し意識する自我を超えている。むろん、音楽をモノと見なし、分析的に聴こうと意図し意識すれば、評論家のように、「アラ」（ミス）を探しながら聴くこともできるが、音楽は、基本的に、意図・

意識を越え、感情・心象としておのずから象られる。そして、この感情・心象のなかで、人と「生命」の交感が、萌芽的であっても、生まれる。その「生命」は、自然性、生動性といいかえられる。先にふれたジルソンは、次のように述べている。「芸術作品は、自然に何もつけ加えない。まったく反対に、自然は、芸術作品が何らかの［自然の］現われに与っているという意味で、潜在的に芸術作品をすでにふくんでいる」と（Gilson 1972/1985: 275 訳文変更）。この「自然」は自然性・生動性であり、芸術の本態である。

最後に、ある歌を紹介しよう。それは、ドイツのシンセポップ・バンドのアルファヴィル（Alphaville）のアルバム『大いなる人に注ぐ光をとらえて』（*Catching Rays on Giant*, 2010）に収められた、「深み」（"The Deep"）という歌である（Alphaville 2010 所収）。「私のなかの深みで、私は、彼方から聞こえてくる音のような、あなたの声を聴く（Deep in myself I hear you like a distant sound）／それは、遠く離れた隠された輝きから送られてきた（Emitted from a secret distant star）／それは、［私たちの］憧れ続ける心と、甘美な望みから、生まれてくる（Made out of yearning and of sweet desire）／それは、私がけっして聞き飽きない音、大海原の小波のような音である（Which I would never tire of listening to like gentle ocean surf）。「あなたの声」は、神性の声であり、神性の声は、いのちの息吹であろう。さて、だれもが、音楽的才能をもっているとしても、この心の深みから響いてくる自然の音を聴く力をもっている、とはいえないだろう。その音を聴くためには、自分の思考を豊かにしなければならない。

第7章 自然は律動する
——音楽の可知性

Nature is Rythmical: Intelligibility of Music

〈概要〉 音楽は、人の**身体性**〈**身体感覚**〉に訴えかけ、人の心を**共振**させる。この音楽と人の共振は、およそ普遍的現象であり、いわば「**人間的営み**」である。その意味で「**人は音楽する**」と形容することができる。人が音楽と共振する理由は、音楽が**律動**をふくみ、その律動が「**自然**」の本態だから、と考えられる。たとえば、**デューイ**、**クラーゲス**は、「自然」に律動を見いだしている。彼らのいう律動は、**生成死滅**という、無数のいのちのつながりである「**全体**」の様態でもある。また、この「全体」を彩る、律動する「自然」は、あくまで音楽との共振から遡及的に象られる**可知性**であり、その「自然」は、「**存在**」・「**生命**」といいかえられる。音楽が懐胎するこうした可知性は、**ゲーテ**が**ゲニウス**と呼ぶものにも見いだされる。それは、**生きる希望**を生みだす「**生命の意志**」にひとしい。こうした生命の意志に通じる、音楽することは、**クロノスの時間**を生きる自我を棚上げし、**カイロスの時間**を生みだすことで、「全体」のなかに生起し退去する一つのいのちの**儚さ**を浮かびあがらせ、そうすることで、現代社会を染める諸制度、たとえば、〈**成功**／**失敗**〉**のコード**を相対化する契機となるだろう。

1　音楽と人の関係

1　音楽のはたらき

〈音楽は、なぜ人を癒やすのか〉――このように素朴に問うとき、私が思いついた一つの答えは、〈音楽が、人の自我を棚上げするから〉である。いいかえれば、音楽が、人を「存在」の「沈黙」（silence）――後述するが、これは「自然」の「律動」（rhythm）ともいいかえられる――に誘うからである。この「自我」は、意図し意識し、あれこれと語り考え、ぐずぐずと思い煩う。こうした自我の心配性の多弁に対し、自分をおのずから・みずから創出し続ける人は、この自我をふくみながらも、沈黙する。そして、音楽を聴くとき、人は、ときに、おのずから・みずから可知的なもの、いわば、神的なものを思い浮かべるだろう。今道友信は、「音楽の神秘は神の小さな影である」と述べている（今道 2013: 142）。

ともあれ、音楽が自我を棚上げするということは、何らかの旋律（メロディ）、律動（リズム）を本態とする音楽が、「心」において鳴り響き、あの意図し意識し思い煩う自我を、心から追い払い、消し去る、ということである。ここでいう「心」は、自我から区別されている。私は、人を満たし生かし動かすいのちに彩られる内面を「心」と呼ぶ。この心は、後でふれるが、かつてヨーロッパにおいて、ギリシア語で「プシュケー」（psyche）、ラテン語で「アニマ」（anima）と呼ばれたものである。私はまた、人を生存・実在させる物質を「身（体）」と呼ぶ。それは、ギリシア語で「ソーマ」（soma）、ラテン語で「コルプス」（corpus）と呼ばれたものである。この心と身体は、非物質と物質として区別されるが、交叉している。

この心と身体の交叉は、音楽を聴くという経験において、具体的に生じる。たとえば、自分で楽器を弾き、その音楽を自分で聴く場合、その演奏するという身体の活動は、演奏されるべき音楽（いわば、音楽の理想）を具体化しようとする。すなわち、その音楽に隔てられつつも、それと一体であろうとする。心は、その演奏し活動する身体のなかにあり、その希求の活動に引き寄せられ、取り込まれる。そのとき、自我は、放逐され、人は、いわば「忘我」——「恣意」（ほしいまま・思いどおり）の衰微、「自己」（「私が」というときの「私」）の希薄——となる。ベルクソンの言葉を引くなら、それは、「私たちの人格の能動的ないし反動的な諸力」が眠らされている状態、つまり「完全に従僕的な状態」（état de docilité parfaite）である（HB, DI: 11）。

たとえば、詩人の長田弘は、次のように述べている。「いい音楽は、こころを凝固させるのではなく、こころを放下させる。［いい音楽によって］いま、ここという場所が、じぶんにとって明るく開かれた場所として、おのずからありありと感覚される」と（長田 1993: 84）。「いま、ここ」という場所は、音楽が作りだす、私だけの排他的トポスである。また、音楽評論で知られる木村元は、「芸術を私たちが愛するのは、それが［私を］ひとりにしてくれるから」と述べている。「〈孤独〉へと連れ去ってくれるから」と（木村 2020: 25）（後でふれるが、こうした排他性は、他者とのつながりを失わせるどころか、むしろそれを生みだす）。長田はまた、「いい音楽を聴いてたのしいときは、健康である。音楽を聴きながら居眠りできるときは、幸福である。……バッハの無伴奏チェロ・ソナタを聴きたくないときは、ほんとうに身体がどこか悪いのだ」と述べている（長田 1993: 84）。この長田の実感は、音楽の一つの性状を暗示している。それは、音楽が心身によってまさに受容されるものであり、音楽の何かが、心身の何かと共振している、ということである。

2　音楽を存在論的に考える——音楽との共振

さて、ここで、音楽と人の関係を、存在論（生命論）的に語ってみよう。ごく大雑把にいうなら、ここでいう音楽の存在論的思考は、いわゆる音楽を「音楽そのもの」の現れと見なし、「存在」（「生命」）のなかにこの音楽そのものを見いだす、という思考である。残念ながら、ハイデガー自身は、音楽を主題的に語っていないが、ベルクソンは、あちこちで音楽を語っている。この音楽の存在論的思考は、他にも、たとえば、ルソー、ショーペンハウアー（Schopenhauer, Arthur 1788-1860）にも、アドルノ（Adorno, Theodor L. 1903-69）、ジャンケレヴィッチにも、メニューイン、アファナシエフ（Afanassiev, Valery）にも見いだされる（Afanassiev 2009/2011）。また、「存在論的」と形容されていないが、ドゥルーズ／グァタリ（Guattari, Félix 1930-92）の『千のプラトー』における「リトルネロ」（ritournelle 反復演奏」）という律動概念にも、見いだされる（DG, MP: 384-5, 429-33）*。

さて、私なりに音楽を存在論的に思考するために、まず「音楽との共振」という概念を用いよう。これは、人の心身が何らかの音楽によって揺さぶられることである（cf. Dufrenne 2020（1987））。それは、ある音楽を聴いて、思わず一緒に歌いだしたり、何度も繰りかえし聴いたり、自分で演奏したくなったり、実際に演奏したりすることである。「クラシック」と呼ばれる楽曲は、音楽学の定義はともかく、長期にわたり人びとのなかに共振を生みだしてきた音楽である、と考えられる。そうした「音楽との出会いは、人生を決定づける出来事になることもある」（Gracyk 2013: 103）。それは、たとえば、ニーチェ、ハイデガーの思想に引き寄せられ、呼びかけられ、自分なりの解釈や展開という応答を試みるということに、似ている。

もっとも、音楽との共振は、人を感動させるだけでなく、人を眠り（ゆるさ・まどろみ）にも誘う。確認するなら、この眠りは、もっとも基底的な心のはたらきに彩られている。そのはたらきとは、自我の意図・意識という緊張を解くこと、すなわち自我を弛緩させることである。先にふれた長田は、「音楽を聴きながら居眠りできる」ことは「幸福」である、と述べている（長田 1993: 84）。この「幸福」が、自我の弛緩である。そして、その音楽は、少なくとも「ヘビィ・メタル」と呼ばれるロックではないだろう。ともあれ、この自我の弛緩は、砂浜で打ち寄せる波の音を聴きながら、心が安らぐ、ということにも見いだされるし、電車に揺られているうちに、居眠りしてしまう、ということにも見いだされるかもしれない。

ともあれ、このような音楽との共振に注目するとき、音楽の経験内容は、分析し表象し比較し評価するという意識の対象ではない。それは、そうした自我によって支配される意識の営みを超え、感情が揺動することであり、計画に追い立てられるクロノスの時間を超えて、心がおのずから専心するカイロスの時熟（持続）を経験することである。音楽と共振する時間は、いいかえれば、ベルクソンのいう「持続する時間」である。こうした感情の共振、時熟（持続）の経験は、現実の世界のなかの事実的なものではなく、想像の世界のなかの実在的なものである。この想像の実在性については、後であらためて敷衍することにしよう。まず、この想像の実在性が、ここで「身体性」と呼ぶ、如実な経験を必要としている、と述べよう。

＊　リトルネロは、たとえば、鳥のさえずり、地域の民謡、子どもの鼻歌などに見いだされる。リトルネロは、およそ「領土化」（＝機能化・手段化）、たとえば、危機の表示、共同体の保全、感情の表現という目的の手段にされているが、「脱領土化」され、いわば、本来の自然性に戻るなら、「宇宙の力」（force cosmique）に向かって開かれるものである（DG, MP: 432）。いいかえれば、リトルネロという律動は、およそ手段化されて記述されるが、脱手段化されるなら、「存在」（の律動？）に通じる営みとして表現されるものである。なお、市田は、リトルネロを、ブルースに絡めながら、解釈している（市田 2007: 148-71）。

3　可知性出来の契機——身体性

まず、「身体」という概念について確かめよう。ヨーロッパの概念史をさかのぼれば、日本語の「身体」は、先にふれたラテン語の「コルプス」、ギリシア語の「ソーマ」にたどりつく。「ソーマ」は、「肉（欲）」と訳される「サルクス」（sarx）から区別されている。この「サルクス」のラテン語訳が、「カロ」（caro）である。このサルクス＝カロの集まり（集合体）が、ソーマ＝コルプスである。それは、「まとまり」、また「共同体」を意味してきた。なお、このソーマ＝コルプスとしての身体と、サルクス＝カロとしての身体の区別は、ドイツ語の「ケルパー」（Körper）・「ライプ」（Leib）と、「フライシュ」（Fleisch）の区別に、またフランス語の「コール」（corps）と、「シェール」（chair）の区別に、引き継がれている＊。

しかし、このような伝統的な身体概念から区別される、「身体性」（corporeality）という概念を設定することができる。それはまず、感受（感性）の経験としての、如実な「身体感覚」（somatic sensation 五感・体感）である。この身体感覚による相手の感受は、言葉・会話の文脈みたいなものとして機能する（この感受が乏しいとき、言葉は、遺漏・誤解がないように、と配慮され、定型的・冗長的になっていく）。この感受によって心に生じるものが、感情である。感情は、およそ善悪の判断をふくみ、その善は、中世スコラ学（たとえば、トマス）の区別を用いるなら、「可知的」・「超越的」（transcendens）と形容される実在性（「神性」「霊性」）の「象り」を誘発する。このように考えるとき、身体性は、自分が他者とともに在るという実感を生みだす「あいだ」の広がり、すなわち、ここにいる私と、そこにいるあなたの、感性的つながりを生みだす経験でもあり、その経験は、ときに、他者のなかに、ないしその彼方に可知性（超越性）を見いだす契機である。

もう少し敷衍しよう。他者の感受（たとえば、その身ぶり・表情などを知ること）は、一方で、解釈・推論とともに、何らかの他者の認識（たとえば「退屈している」と思うこと）を作りだし、他者への応答（たとえば「話題を変える」こと）を生みだすが、他方で、他者との交感とともに、他者への応答（たとえば「［無心に］気遣う」こと）を生みだすこともある。また、他者の感受は、それが如実であるとき、他者に可知性を見いだす契機となる。その可知性は、まれに、如実な他者の現前とともに、そのなか・彼方に見いだされる。たとえば、「受肉」（Ensarkose/Incarnatio）は、如実な神人の現前である。しかし、感受される他者が仮想性（virtuality）であるとき、可知性は、見えなくなる。たとえば、ウェビナー使用時に、「あなた」の姿は見えるし、その声も聞こえるが、それらは、人工物であり、なまみではない。そのため、「あなた」が「そこにいる」と感じられないという不在感が、生じる。この不在感は、「あなた」が暗示する可知性を覆い隠してしまう。

　可知性が出来する契機の一つは、他者が如実に感受されることである、と考えるなら、その契機は、音楽と人の共振にもふくまれている、ということができる。むしろ、人と接するときよりも音楽を聴くときのほうが、可知性は出来しやすいだろう。音楽の経験は、聴覚・触覚・体感という身体性の如実な経験であり、しばしば美的経験だからである。なまみの人に接する経験も、身体性の如実な経験であるが、「美的」とはなかなかいえない。美的経験も、可知性の経験も、しばしば身体性の如実な経験（それにふくまれるもの）である。現代社会に見られる身体性の如実な経験の減衰が、感受されたものを「情報」に縮減し、可知性の象りを遠ざけている、とすれば、如実な身体性は、現下の情報化・ＩＣＴ化のなかで、あらためて確認されるべき人間形成の基底であるといえるだろう。デュフレンヌは、「超越性［＝可知性］」の想像が、如実な身体性に由来しているにもかかわらず、「超越性は、身体性ではない、といわれるなら、超越性とは、いったい何か」と、反問している（Dufrenne 2011: 441）。

　さて、以下において、次のように論じる。まず、デューイに依りつつ、人が音楽と共振する理由は、音楽が律動をふくみ、その律動が「自然」の本態だから、と考えてみる（第2節）。次に、クラーゲスに依りつつ、「自然」の律動は、無数のいのちのつながりである「全体」の様態である、と考えてみる。そして、この「自然」の律動は、あくまで音楽との共振から遡及的に象られる可知性である、と考えて、その可知性は、ゲーテの「ゲニウス」にも見いだされる、と述べる（第3節）。最後に、音楽することは、カイロスの時間を生みだすことで、「全体」のなかの一つのいのちの儚さを浮かびあがらせ、そうすることで、現代社会を染める諸制度、たとえば、〈成功／失敗〉のコードを相対化する契機となるだろう、と述べる（第4節）。

＊ソーマ＝コルプスの「まとまり」という意味は、ベルクソンの「感覚運動体系」（système sensori-moteurs）にも（HB, MM: 169, 249）、またメルロ＝ポンティの「感覚運動回路」（circuit sensori-moteur）にも（MMP, PP: 114）、引き継がれている。メルロ＝ポンティは、可感的である身体を「現勢的身体」（corps actuel）と呼び、その基底に深層的である身体を想定し、それを「習慣的身体」（corps habituel）と呼んでいる。この「習慣的身体」は、「身体的図式」（schéma corporel）とも呼ばれるものであり、たとえば、ピアノの両手の運指を可能にしているものであり、意識にのぼらない心の営みである。フランスの社会学者、ブルデュー（Bourdieu, Pierre 1930-2002）のいう「ハビトゥス」（habitus）も、この「身体的図式」や「習慣的身体」を指しているが、メルロ＝ポンティよりも、その社会的・階級的な機能を重視している。ブルデューの「ハビトゥス概念は……身体に内在する社会化された能力であり、社会的［＝階級的］経験のなかで獲得された、組織化［＝身体知の形成］を方向づける原理を、実践に適用可能にするものである」（Bourdieu 2003: 198）。

2　音楽との共振

1　音楽は心身に受容される——原信頼

さて、音楽に共振するという経験は、何よりもまず、身体が音楽を純朴に受け容れることである。すなわち「純粋な音そのものに、身体を任せることである」（JPS, I: 369）。それは、現に聴かれ感じられる旋律、律動、和声、音質、秩序などを、とにかく受け容れることである。それは、演奏の巧拙、解釈の当否を吟味し批評しながら聞くことではない。いいかえれば、音楽に共振することは、音楽に従僕することである。この従僕は、純朴無心に音楽を「原信頼」（proto-trusting）することである。この原信頼は、納得できる通念的理由（有名な楽曲である、高名な演奏家である、といった理由）がなくても、音楽を受け容れることである。おそらく、音楽の好き・嫌い（「趣向」の違い）は、音楽を原信頼した後に生じる、すなわち、音楽を感受し何かを想像した後に生じる、意図し意識する自我の判断であり、それは、原信頼から区別される。

音楽と共振することによって、人は、浮かれ騒ぐこともあるが、感情の深みに嵌まることもある。ラップやロックは、しばしば前者のノリノリ状態を生みだす。もっともらしくいえば、それは「快感」（valence）も、「興奮」（arousal）も、ともに高められた状態である。そのとき、「音楽は人を解放する」だろう。しかし、「音楽は人を慄かせる」ともいえる。ニーチェは、「涙と音楽を区別できない」と述べている（KS 6, EH: 291）。たとえば、バッハ（Bach, Johann Sebastian 1685-1750）の『マタイ受難曲』（"Die Matthäus-Passion," 1727）は、すべての旋律・和声が陰鬱な短調であり、およそ後者の状態を生みだす。そのとき、音楽は人に死を想わせ、生を暗示する。生の歓び、すなわち長調の旋律・和声は、その曲のなかにまったくふくまれない。死の嘆きの短調があるばかりである。にもかかわらず、その曲は、私たちの生の歓びを浮き彫りにしていく。たしかに、生の行く先は死であるが、いわば、死を想う場に生の歓びが生まれる（メメント・モリのように）。

音楽と共振することによって象られる感情は、一人ひとり、固有的・特異的であるが、同時に自・他の区別を越えて広がるものでもある。その感情は、一人ひとりが自分なりの「音楽の理想」に向かうことで、いわば「共同体なき共生」を生みだしていく。先にふれた木村は、音楽を聴く場所に見えない「コミュニティ」を見いだしている。木村は、音楽を聴いている場の広がりを、孤独な人が作りだす、ただ「その場に居合わせる」というかたちで「そのつど立ちあがるコミュニティ」である、という。そこでは「各人の属性はすべて必要ないものとして剥ぎ取られ、芸術への献身のみが「そのコミュニティへの」参加要件となる」

と（木村 2020: 28）。この「献身」も、音楽への原信頼といえるだろう。自我が捨象された「献身」のみが創りだす、その見えないコミュニティは、人が孤独なままでありながら、他者とつながっている状態である。

2　わざとデシフラージュ

音楽は、理想をふくんでいる。それは、他者の演奏する音楽を聴き、それに共振するときだけでなく、自分で演奏し、その音楽となかなか共振できないときにも、象られる。自分で音楽を演奏することで、自分の演奏の貧しさがわかり、演奏されるべき音楽、つまり音楽の理想が見えてくる。試みに、古いギリシア語を用いるなら、それは、「ノエシス」（noesis わかる力）が、「ノエマ」（noema わかったもの）の貧しさによって、高められることである、といえるだろうか。ともあれ、懸命に演奏することで自分の演奏の貧しさが露わになることは、それに対比されるかたちで、音楽の理想が心に現れることである。

音楽の専門家にとって、音楽の理想は、しばしば具現化されるらしい。音楽を理想的に演奏することは、楽譜に依りながらも、同時に楽譜を越える営みである。それは、自我の操作を越えている。この操作の超越は、いわば「わざ」（ars）の生成である。もっとも初歩的なわざは、たとえば、ピアノを両手で弾くことである。これは、はっきりと自我が、自分の指を意図的に動かすことではない。それは不可能である。その指の動き（いわゆる「運指」）は、一応、意識しているが、自分の指が自然と動くことである。この身体知としての「わざ」は、「行い」（factum）と一体である「修練」の結果である。その結果は、「作品」（artifact）となるが、それは、本来、意図・意識を越えた非人為である。そこに、当人の技量は、あからさまに現れない。ラテン語の古諺を挙げておこう。「［完全な］芸術は、［芸術家の］わざを覆い隠している」（Ars est celare artem）。

もっとも、素人にとって、音楽の理想は、およそ具現化されない。素人の場合、音楽と共振するうえでもっとも重要なことは、「デシフラージュ」（déchiffrage）であろう。音楽学用語のデシフラージュは、「初見視奏」と訳されるが、ここでいうそれは、楽譜を読みながら、演奏することである（このとらえ方は、ヌーデルマン（Noudelmann 2009/2013）に教えられた）。素人の場合、初見どころか、演奏するときは、つねに楽譜を見ながらの、たどたどしい演奏である。楽譜は、解釈を要するが、演奏されるべき音楽（音楽の理想）の表徴である。楽譜は、たえず読み解かれるものであり、その読み方は、およそそのたびごとに変わっていく。その演奏は、一音を弾くたびに、おのずと湧きあがる音楽の心象を象り、自分なりにかたちにすることであり、それは、恣意的でも随順的でもない、手探りに助けられた、ささやかな歓びに彩られた冒険である。このデシフラージュにおいて、人は、現実の世界から解放されるが、あくまで自分の実在の世界にとどまる。

こうしたデシフラージュは、どこか、人の生きざまに似ている。何か・だれかを手本にしながらも、それに支配されず、自分なりに解釈し生きるという意味で。人生において人が理想とするものは、音楽の理想のように、実際に何かを行う（試験を受ける、仕事を担う）ことで、自分の能力の貧しさ（たとえば、学力・実力の不足）がわかり、発揮すべき能力、つまり、自分なりの能力の理想が見えてくる。しかし、そうした能力の理想は、人生の理想ではない。〈いかに生きるか〉という人生の理想は、何か・だれかを手本にしながらも、基本的に自分の置かれた情況を踏まえつつ、たえず自分なりに新たに固有的に創りだされるものである。「理想」は、そこにふくまれるが、それは、自分なりに繰りかえし措定されるものでしかないだろう。

3　人間は音楽する

さて、音楽に対する人類の深く長い愛着・継承を考えるとき、人の心が音楽と深くかかわることは、「人間的な営み」といえるだろう。この心と音楽の深いかかわりは、音楽が心のなかの現れであるかぎり、人において、およそ本質的・自然的に（naturally）形成されうるものである、と考えられる。たとえば、ニーチェは、「音楽」を、死んでもよみがえる「不死鳥」に喩えている（KS 6, EH: 335）。試みに、この、心が自然に音楽に向かい、それと共振することを「音楽する」（being music）と形容してみよう。人が「存在する」（being）ことは、律動・旋律・和声などの音楽的なものを、音だけでなく、思考にも活動にも見いだすことである、と。ここで提案されることは、〈人間は音楽する〉と考えてみることである。この音楽することは、冒頭に述べたように、自我を棚上げすることであり、いいかえれば、現実の世界から一歩引き下がることである。

〈音楽が人を救う〉といったメッセージは、さまざまなジャンルのロックの歌詞に見いだされる。ここでは、古典的な例を一つ示そう。イギリスのプログレッシブ・ロックの代表的なグループの一つ、「エマーソン・レイク＆パーマー」（Emerson, Lake & Palmer）のメンバーであるグレッグ・レイク（Lake, Greg 1947-2016）は、「賢者」（"The Sage", 1972）という曲で、次のように歌っている（"The Sage", in Emerson, Lake & Palmer 1972）。

「私は、旅の埃［＝現実の世界］に塗れている（I carry the dust of a journey
払い落とすこともできず（that cannot be shaken away
それは、私の内奥に棲みついている（It lives deep within me
私が日々、［埃を］吸い込み続けるから（For I breathe it every day
あなたも私も、古（いにしえ）に創られたもの（You and I are yesterday's answers
太古の土塊が、肉になった（The earth of the past come to flesh
大いなる時の流れに侵食され、（Eroded by Time's rivers
今の私たちの姿になった（To the shapes we now possess

私の息吹と実体を［他者と］分かちあえ（Come share of my breath and my substance）
それを私たちの命の流れと時間に混ぜ入れよ（And mingle our streams and our times）
輝く無限の時の広がりのなかで（In bright infinite moments）
私たちの理由づけは、私たちの音韻のなかで失われる（Our reasons are lost in our rhymes）」

この歌詞の内容は、新約聖書の創世記の記述を念頭に置いたものであり、キリスト者から見るなら、いささかありきたりに見えるだろうが、最後の、もっともらしい「理由づけ」が「音韻」（＝詩歌の律動）のなかで失われる、という歌詞は、キリスト教思想のなかにはなく、音楽する人間に通じている。そこに現れる「輝く無限の時の広がり」は、現実の世界から一歩引き下がるときに、現れるものであろう。

もう一つ例示しよう。同じくイギリスのプログレッシブ・ロック・グループのキング・クリムゾン（King Crimson）は、「嘆き」（"Lament," 1974）という曲で、金儲けの手段に堕落してしまったロックを嘆きながら、次のように歌っている（作詞 Richard Palmer-James/John Wetton/Robert Fripp, King Crimson 1974）。

「私は、音楽が進み行くその在り方を好む（I like the way the music goes）
一握りのよい人だけが、その在り方を正しく演奏できる（A few good guys who can play it right）
私は、音楽が動かす足先を好む（I like the way it moves my toes）
あなたが夜通しダンスしたいなら、そう言って（Say it when you wanna go and dance all night）」。

ここで「音楽」の「在り方」と呼ばれているものは、ベルクソンのいう「持続」という動きを思いださせる。それは、つねに進行形の躍動であり、固定されていない。それは、「足先」「ダンス」に象徴される、身体感覚を揺さぶり動かすものである。それは、たしかに人が作りだすものであるが、人の意図・意識を越えて、人の心を導くものでもある。作者たちは、人の心は、その音楽の導きに従うという意味で、音楽を「正しく」演奏しなければならない、という。音楽することは、音楽それ自体に従うことである、と。

4　自然の律動――デューイ

さて、あくまでも一つの試みとして、人が音楽と共振する、人が音楽することを可能にする重要なエレメントは、「自然」の律動（リズム）」である、と考えてみよう（第5章でふれたルソーなら、「旋律」というだろう）。これは、人が音楽を聴いて感動するとき、〈その音楽は、律動をふくみ、その律動によって、自分のなかの「自然」の律動が、呼び覚まされる〉と、考えてみることである。律動の意味は、さしあたり、一つの出来退去、すなわち、始まり・続き・終わりであり、またその繰りかえしである、としよう。したがって、一つの音も、ひとりの人も、律動である。ここでの提案は、音楽との共振が「自然」の律動の現れである、と考えてみることであり、その現れから「自然」の律動が遡及的に想像できる、と考えてみることである。

ここで、デューイの「自然」の律動という考え方を紹介しよう。デューイは、『経験としての芸術』で、律動は、本来、「［物質系の］自然の秩序」（natural order）である、と論じている。「この［物質系の］自然の大きな律動は、人間の基本的生存の条件と一体」であり、それは、具体的にいえば、「潮の干・満」、「朝と夕、昼と夜、晴天と雨天」といった循環であり、また春・夏・秋・冬という「季節の推移」である。生命についていえば、それは、たとえば「種子から草木、草木から種子へ」という循環である。こうした生命に見られる「自然」の律動は、ようするに「終わりなき生と死」の循環である。この生と死の循環に類比されるものは、「覚醒と睡眠、空腹と満腹、活動と休止」といった生の循環である（CD, LW 10, AE: 152）。

デューイにとって、こうした「自然」の律動は、いわば推移する秩序であり、また芸術の母胎である。デューイは、「自然が、固定なき変化のなかに秩序をもち、たんなる流動を超えるものであるかぎり、すなわち、混乱の渦巻きを超えたものであるかぎり、自然は、律動によって徴しづけられている」と述べている（CD, LW 10, AE: 154）。そして、次のように続けている。この「自然」の律動は、何よりも数学で記述されるが、それはまた「実存（existence 人の実際の生きざま）の普遍的な（universal）枠組みであり、人生のすべての変化のうちに秩序を具現化する基底であり、それは、さらに芸術、すなわち文芸、音楽、美術、建築、舞踏に通底するものである。人は、自分の行動をこの自然の秩序に適合させるときにのみ、成功する。人の達成や勝利は、抵抗や闘争を介して得られるが、［自然の律動は、それらのなかで］すべての美的な（esthetic）主題の母胎として現れる。すなわち、［自然の律動は、］重要な意味で、芸術に共有される形態（common pattern）であり、形態の究極的条件（ultimate conditions of form）である」と（CD, LW 10, AE: 154-5）。

デューイの思想は、こうした「自然」の律動を大切にするという意味で、「自然主義」（naturalism）である。デューイは、次のように述べている。「表現されるものすべては、人と環境の［自然の律動による］つながり（relation）を示す重要な様相であり、また、この［人と環境のつながりという］主題は、［表現される］形態（form）と完全に結合しているとき、人と環境の相互活動（interaction）である基底的律動（basic rhythms）は、［人が］すべてを捨てて依拠すべきものであり、また信頼すべきものである」と（CD, LW 10, AE: 156）。したがって、デューイにとって、自然と芸術は対立しない。「自然」の律動が、芸術を通じて現れるからであり、それを感じることが、人を通念の自我からの超越に誘うからである。すなわち、「自然に対する真の反テーゼは、芸術ではなく、恣意的な自惚れ、幻想、そして定型化された因習である」（CD, LW 10, AE: 156）。

3 自然は律動する

1 音群形成と律動的演奏──クラーゲス

こうしたデューイの「自然」の律動論、すなわち、ものごとの始まり・持続・終わりという反復を律動ととらえるという考え方は、ドイツの哲学者、クラーゲス（Klages, Ludwig 1872–1956）の『律動の本質』（1934）にも見いだされる（KSW 3, WR）。クラーゲスは、デューイよりも一世代くらい年下であるが、六〇年以上、デューイと同じ時代を生きている（二人に交流があったかどうかは、わからない）。

まず確認すれば、そのクラーゲスが同書で語っている「音群形成の志向性」は、先に提案した「音楽する」ことと、いくらか重なっている。それが、受容した音を分割しかつ接合しようとする、心の営みだからである。それは、たとえば、時計の音が、単音の連鎖である「タックタック」ではなく、二音の連鎖である「チックタック」と聞こえる、ということである（まぎらわしいことに、デューイは、時計の音を「タックタック」と聞くことを「チックタック理論」（tick-tock theory）と呼んでいる（CD 10, AE: 168 傍点は引用者））。クラーゲスは、音を「拍子」（Takt）で分節する力が、人の心のなかにある、といい、その力を「音群形成」（Gruppenbildung）を「志向する」（abzielen）ものと呼んでいる（KSW 3, WR: 507/9）。たとえば、「強・弱、緩・急をつける」・「音符間に休符を入れる」といった行為は、拍子のまとまりを作りだすという意味で、音群形成である。

しかし、クラーゲスにとって、この拍子は、律動と一体ではない。通念における拍子と律動は、大きく重なっているが、クラーゲスにおいては、拍子と律動は、区別されている（ついでにいえば、ルソーのいう拍子とも区別される（第5章参照））。拍子は、人によって作りだされるが、律動は、人の作りだそうという意図・意識によってでなく、自然な感動によってのみ、生まれるからである。すなわち、律動は、人の意図・意識が弱まるところに、いいかえれば、現実の社会へのかかわりを超え退け、人が独り息づくところに現れる、固有な何かの生成消滅の反復である。その律動は、「もう二度と会えない」という唯一の終わりが繰りかえされるという、永訣の反復に通じている。一つのいのちが一つの律動であり固有的であるかぎり、その終わりは、永遠の別れである。同一の何かの繰りかえしは、永訣の反復に通じていない。一つのいのちの儚さ（＝かけがえのなさ）を感じさせる律動のみが、永訣の反復に通じている。

　ともあれ、クラーゲスに戻るなら、クラーゲスは、慎重に拍子をとる初心者の機械的演奏と、卓越した音楽家の律動的演奏を区別している（KSW 3, WR: 529/55-6）。拍子は、メトロノームが示す規則的な音と音の連なりの速度（「テンポ」）であり、基本的に同一の音と音のつらなりが再現されるという意味で、「機械的」（maschinell）である（KSW 3, WR: 530/57）。律動は、音群（ひとまとまりの拍子群）の境界を架橋し、休符（「間」）すらも、生き生きした無音の音にしていくが、機械的演奏では、律動を欠いた音群＋音群＋……が、たどられるだけであり、休符が、律動のなかの無音の音にならない。具体的にいえば、機械的演奏は、「一本調子」「だらだら」といった聴取感を生みだす。人の心を共振させるものは、律動的演奏である。

2　生命的な律動

　クラーゲスにとって、律動は、音楽学用語としてのそれ（「一連の音の持続としての、楽曲の単位」）ではなく、本来的に、「リュトモス」（rhythmos 流れるもの）である。すなわち「不断に持続的なもの［途切れることのない連続］」であることである（KSW 3, WR: 512/21）。ただし、このリュトモスは、ただの「流れ」ではなく、強弱・大小・有無の違いをふくむ、持続し推移する波動である。いわば、およそ反復されつつも、更新され変容する繰りかえしである。したがって、クラーゲスにおいては、律動と旋律は、大きく重なっていく。旋律は、音のまとまりと音のまとまりの連鎖（律動）が、更新され変容するものだからである。

たとえば、ドイツのエレクトロニック・ロック・グループ、タンジェリン・ドリーム（Tangerine Dream）の『リコシェ［蜃気楼］』（"Ricochet," Tangerine Dream 1975）、「不可抗力」（"Force Majeure," Tangerine Dream 1979）といった曲は、「シーケンス」（sequence）と呼ばれる、一定のモチーフ、フレーズの反復を、音程・音色を推移させつつ、幾重にも重ねている。それは、いいかえれば、トレモロ（tremolo 同音の反復）、オスティナート（ostinato 同一旋律の反復）のポリフォリックな重奏である。そうしたシーケンスにおける旋律は、律動とおよそ一体である。そのシーケンスは、たしかに機械的な音の連続であるが、一九八〇年代のテクノ系バンドが用いたシーケンスとちがい、その響きは、地の底から沸きあがるような重低音とともに、加速度的に高まる切迫感を生みだし、生々しい脈動を感じさせる。なお、似たような旋律・律動は、「ポストロック」（post rock）と呼ばれる音楽にも見いだされる（たとえば、アガロック（Agalloch）の「ロッジ」（"Lodge", Agalloch 2002）など）。

クラーゲスに戻れば、彼のいう律動は、「類似した心象が類似した間隔で回帰すること」である（KSW 3, WR: 529/55）。いいかえれば、律動は、不断の音の持続として、ある様態がそのつど固有なかたちで現れそして消えることである。この現れ消える音は、同一なものではなく、類似するもの、すなわち更新され変容するものである。クラーゲスは「拍子は反復し、律動は更新する」と述べている（KSW 3, WR: 527/49）。いわば、同一的である拍子は、自分を空間的に再現するが、更新される律動は、自分を時間的に更新する、といえるだろう。再現される同一なものは、いつでも・どこにでもあるが、更新される生成消滅は、今・ここを占めるものであり、特異な場所（トポス）の特異な時熟（カイロス）を形成する。こうした律動は、類似の音と音のつらなりが更新され続けるという意味で、「生命的」（lebendig）である（KSW 3, WR: 530/57）。つまり、律動は、「生命現象（Lebenserscheinung）に普遍的に見いだされるもの」である（KSW 3, WR: 510/14）。

しかし、この「生命的」は、「脈動する沸き立ち」（pulsende Wallen）と形容されているように（KSW 3, WR: 530/57）、つねに沸騰状態にあるのではなく、沸騰と鎮静の繰りかえしをふくんでいる。音楽が、音符と休符の繰りかえしをふくんでいるように。いいかえれば、この「生命的」は、生成（誕生・生存）と消滅（死去・帰無）という、二つの背反し連鎖する方向性が生みだす力動を意味している。いいかえれば、クラーゲスの「生命的」は、生成だけでなく死滅をふくんでいる。それを、クラーゲスは、「対極的持続性」（polarisierte Stetigkeit）と形容している（KSW 3, WR: 536/69）。すなわち、対立的に二つに分かれている「極」（Polarität 方向性）のバランスが生みだす、持続し推移する状態である。それは、たとえば、パレードの行進ではなく、ダンスの動きに、印刷された文字ではなく、書家の筆跡に、機械製品ではなく、手作りの作品に、さらに命令されて行う労働ではなく、自由に行う遊びに見いだされる。ようするに、生成と死滅という、二つの背反する双極の力動が生みだすバランス（調和）が、クラーゲスが考える生命的なものである。

3　生動的な〈よりよく〉志向

クラーゲスにとって、この生命的なものは、潜在する「生命」（Leben）――おそらくトマスの「存在」、ニーチェのいう「力への意志」、ベルクソンの「生命」、デューイのいう「自然」、ハイデガーの「存在」に重ねられるもの――の現れであり、この「生命」それ自体は、感じられないが、それを暗示・表徴する律動は、感じられる。それは、人によって具体的に体験されるが、自在に操作されない。クラーゲスは次のように述べている。「……律動に心をうばわれる［＝感動する・共振する］ときにだけ、私たちは、律動を体験することができる」。また「律動のなかで［私たちが律動と］共振することは、生命の脈動のなかで［私たちが、それと］共振することを意味する」と（KSW 3, WR: 549/96 傍点は引用者）。

私は、たとえば、ギリシアの音楽家、ヴァンゲリス（Vangelis 1943-2022）のアルバム『ノクターン』（*Nocturne*, 2019）を聴くたびに、哀しくも美しい旋律と一体化した、ゆったりとした律動の連なりとともに、若くして死んだ友の姿を思いだす。友の死は、私という生のなかで、私の生を照らしつつ、私と連なっている。友は、日々に疎くなるが、つねにともに在る。私のこうした死者の想像は、さらに、生と死という「生命」の律動を越え、無数のいのちの生成消滅の連鎖へ広がっていく。こうした想像は、たしかに私の思考の産物であるが、同時にこのアルバムの産物でもある。それは、私とその音楽との相互作用の結果である。その相互作用は、私の思考を、通念のそれから離脱させ、所与の目的なきテロスに向かわせる。こうした想像は、ただの追憶にすぎず、都合よく死者を思いだしているだけ、と軽侮する人もいるだろうが、そこに広がる想像は、当人をとらえて放さない実在性であり、いくらか可知性への思考をふくんでいる。

　クラーゲスに戻っていえば、クラーゲスのいう「生命」の律動は、たとえば、リルケのいう「脈動」にも見いだされる。リルケは、『体験』（*Erlebnis*, 1913）という手記のなかで（RKA, 4, E）、ある城館の庭園で、小さな木に寄りかかったとき、その木が発する「微かな脈動」（unmerkliche Schwingungen）に共振した、と記している。それは「身体のすみずみまで響きわたる、神秘的な息吹」であり、リルケは「自分の身体が、その脈動のなかにあり、自分は、清らかに、へりくだり、ただ立ちつくすこと以外、何もできなかった」と述べている（RKA 4, E: 666）。リルケの「脈動」は、生動性としての「生命」の律動に重ねられる。意図・意識としての「自分」は、自分の身体が感じた、この生き生きとした「脈動」をただ受け容れることしかできない。

　おそらくクラーゲスが、『律動の本質』において明示的に語らず暗示していることは、この「生命」の律動が、生動的な〈よりよく〉志向をふくんでいる、ということである。この志向は、生き生きと生みだすことへの志向である。これは、いいかえれば、生動する「コナトゥス」（conatus）、創成する「ゲニウス」

〈Genius〉、強度の「力への意志」である。「ゲニウス」は、ゲーテによれば、何を作っても虚しく終わる「理性」とちがい、「自然のなかで自然を増やすもの」であり、「悪から善を創りだすもの」であり、人が意図的・意識的に形成しなくていい「すでに形成されているもの」である（SSW 1, TV, MA 1797: 311）。これは、クラーゲスがゲーテ論のなかで「デモーニッシュなもの」（Das Dämonische）、「神性」（Gottheit）と呼んでいるものである（KSW 5, GSf: 237）。このゲニウスを、生動的な〈よりよく〉志向と見なし（第6章参照）、少し紹介しよう。

4　ゲニウスという生命の意志――ゲーテ

ゲーテのゲニウスは、ゲーテとシラーの共作である『奉納歌』（Tabulae Votivae, in *Musen-Almanach für das Jahr 1797*, 1796）のなかで語られている（SSW 1, TV, MA 1797［なお、この共作は、シラーの全集にふくまれている］）。ゲニウスは、先に（第6章）ふれたスピノザの「生みだす自然」（natura naturans）の別名であり、まさに「デモーニッシュなもの」（人知を超えたもの）であり、「神性」（完全な自存性のいわば極小版）である。それは、先に措定した〈生命の意志〉、すなわち、生動的な〈よりよく〉志向の別名でもある。

> ゲニウス――まさに思考が繰りかえすものは、すでにある本質である／自然が創りだしたもの、思考はそれを選び、それに倣う／理性は、自然を超えて［何かを］作りだすが、虚しく終わるだけである（Über Natur hinaus baut die Vernunft, doch nur in das Leere）／ゲニウス、あなただけが、自然のなかで自然を増やす（Du nur, Genius, mehrst in der Natur die Natur.）［SSW 1, TV, MA 1797: 311］
>
> 模倣者とゲニウス――善は善から、思慮深い人によって形成される／しかし、ゲニウスは、悪から

善を創りだす（Aber der Genius ruft Gutes aus Schlechtem hervor.）／模倣者であるあなたよ、すでに［神によって］形成されているもの［＝自己すなわちゲニウス］によって、模倣せよ（An Gebildetem nur darfst du, Nachahmer, dich üben,）／すでに形成されている自己［すなわちゲニウス］は、［あなたにおいて、あなたを］形成する霊性の資材である（Selbst das Gebildete ist Stoff nur dem bildenden Geist.）（SSW 1, TV, MA 1797: 311）

ゲニウス的なもの（*Genialität*）――ゲニウスは、いかに知られるのか／造物主が知らしめたものから／［それは］自然のなかの、無限の全体のなかの、［神からの］贈りものである／どれも明白である

が、把握しえないくらい深遠である／眼に入っても、心にとっては、永遠に謎のままである（Offen dem Aug, dem Verstand bleibt er doch ewig geheim.）（SSW 1, TV, MA 1797: 311）

あくまで一つの解釈であるが、ゲーテ（とシラー）のいう「悪から善を創りだす」とは、「意志」（voluntas）に「霊性」（spiritus）を見いだし、「自由意思［自由選択］」（liberum arbitrium）に人の「欲望」（cupiditas）を見いだすことであり、これは、アウグスティヌス以来のヨーロッパの思想的伝統である。この思想的伝統のなかで、人は、悪に染まりがちな「自由意思」によって生きているが、人の心は、本来的に善に向かう「意志」をもっている。それを喚起し覚醒させることが、思考を更新するうえで、大切である。つまり、現実の社会に蔓延する悪のなかにありながら、「意志」を稼動させることが大切である。ゲーテのゲニウスは、「自己」に内在するこの「意志」、すなわち〈生命の意志〉である。この「意志」と「自由意思」を区別しなければ、「悪から善を創りだす」ことは、意味不明のただの矛盾である。

4　音楽の可知性

1　全体のなかの一命の儚さと〈成功／失敗〉のコード

山崎正和は、その「リズム」論において、ものごとは、始まり・続き・終わるものであり、つまるところ、生成消滅のリズムをもっている、と述べている。山崎は、このリズムを、ドイツの哲学者、ベッカー（Becker, Oscar 1889-1964）を引きながら、「儚さ」（Hinfälligkeit）、「無常」（Vergänglichkeit）と呼んでいる（山崎 2018: 249-50; OB, VAK; OB, VHS）。これは、一つの出来（つまり、一つのいのち）を越えて続く、無数のいのちの「全体」（das Ganz/Ganzheit）が想定されているからであろう。この「全体」を背景にしてはじめて、一つの出来＝一つのいのちは、「儚さ」・「無常」として、いわば、不可避の死を回避し続け、何とか歓びを見つけ、生き延びる生として、浮かびあがる。この「全体」は、金山のいう「裸形の時間」（第４章）、ディドロのいう「全体」（tout）（DOEG 2, RDA: 132/44）、そしてニーチェのいう「永遠回帰」（ewige Wiederkunft）に重ねられる。

本書の論脈に引き寄せていえば、その「全体」は、存在論・生命論的にも、自然科学的にも、とらえられる。その「全体」は、存在論的にいえば、「存在」であり、生命論的にいえば、「生命」であるが、自然科学的にいえば、すべての人間の一生が位置づけられる「人類史」（history of humanity）であり、拡大すれば、三八億年に及ぶ「生命史」（Bio-history）である。どちらにしても、「全体」のなかで生成し死滅する一つのいのちが帯びる儚さは、変わらない。音楽の響きは、ときにただ独り儚く在る一つのいのちを浮かびあがらせる。中原中也（1907-37）の詩「春の夜」の一節を引こう。「かびろき胸のピアノ鳴り　祖先はあらず、親も消ぬ」（中原 1981: 21. また「心象」も参照（中原 1981: 82-4））。しかし、永遠の生存を欲望する人にとって、自分のいのちの存続は、他のいのちが誕生する歓びに勝る。また、自分の生存のみを欲望する人にとって、「全体」

などどうでもよいことである。いいかえれば、人は、自分のエゴセントリックな欲望にとらわれているかぎり、自分を超える「全体」を知らないし、一つのいのちに僂さを感じることもない。

「全体」のなかの一つのいのちに僂さを感じるとき、人は、現実の世界を棚上げしている。それは、人が、生活において社会的制度に従いつつも、思考において社会的制度を相対化することである。この社会における現実の生を規定しているものは、まず、この社会を秩序化している諸制度（諸規範）に従うという態度、つまり規則随順（コンプライアンス・法令遵守）の態度であり、また、自己利益・自己保存を大前提とした、学力形成・能力形成・資産形成に向かうという姿勢、つまり功利追求（目的合理性の優先）という姿勢である。後者の功利追求においては、有用性や収益性が最優先で求められる。全体のなかの一つのいのちの僂さを感じないということは、こうした現実の世界を秩序化する諸制度を自明化することである。

確認するなら、こうした現実の世界を秩序化する諸制度の主要な特徴は、〈成功／失敗〉というコードである。すなわち、現実の世界においては、成功率（たとえば、合格率、収益率、採択率など）を上げるために、人びとの活動の多くが方向づけられ、調整されている。成功率の低い・無い企ては、むろん放棄される。そして「希望」（たとえば、志望する大学、希望する職種、希望する相手など）という言葉の意味は、生動的な〈よりよく〉志向によってではなく、この成功率の高低・有無によって規定されている。多くの人は、この〈成功／失敗〉のコードに随順する社会空間に、否応なく幽閉され、そのコードを自明化している。

2　音楽の可知性――希望の律動

しかし、「希望」は、成功率の高低・有無にかかわらず、生動的な〈よりよく〉志向とともに語られる概念でもある（第２章参照）。たとえば、ドイツ生まれの哲学者・神学者、ティリッヒ（Tillich, Paul 1886-1965）のいう「存在する勇気」（Courage to Be）は、自分を助けてくる神がいなくても、神から贈られた生命とともに、敢えて〈よりよく〉生きようとする、敢然なる勇気である（MW/HW 5, CB）。ティリッヒにとって、この勇気は、人が「神なき時代」・「ジェノサイド以降」を生きるための希望であるが、この種の生きる希望は、この人新世のさなかの、激動・混迷・危機の現代においても、生じうる。その希望が、計算される可能性とは無関係なものであり、生命のもつ基底的な生動性、すなわち、生の肯定が現れたものだからである。

いくらか想像を逞しくしていえば、交感する感性と遡及する思考を無視したまま生きることは、通念としての成功が期待されない活動、つまり「儲けにならない活動」をことごとく棄却することである。現代社会は、人を規則随順と功利追求に向かわせるという圧倒的趨勢によって、人びとをすり潰し続けているが、人は、そうした社会のなかで生きながらも、交感する感性と、そのなかで生まれる遡及する思考を経験することができる。そうした交感し遡及するという経験は、たとえば、音楽することで、いくらか具体的に可能になる。人が、音楽と共振するなかで、少なくとも自我の意図・意識、思い・煩いから解放されるからである。ニーチェの有名な言葉を引こう。「幸福に必要なものは、何とささやかなものだろうか！［それは、たとえば、］風笛の音色である。音楽がなければ、この生は、一つの誤謬であろう」（KS 6, GD: 64）。

繰りかえしておくなら、音楽することは、物理的時間から区別される、持続の時間を経験することであり、つきつめれば、「自然」「生命」と共振することである。すなわち、クロノス（chronos）としての時間から区別される、カイロス（kairos）としての時間を経験することであり、そのなかで、ときに可知性を想像し、現実の世界を乗り越えることである。その可知性は、「自然」「生命」「存在」と呼ばれた、大いなる律動であり、その律動を感じることで、人は、生動的な〈よりよい〉ものへと鼓舞され、勇気づけられる。そうした大いなる律動は、およそ、いのちの呼吸、脈動、鼓動から遡及的に象られる心象であろう。デューイの言葉を引いておこう。「[音楽をふくむすべての」芸術は、人びとを分け隔てるさまざまな障壁を突破する。その障壁は、通俗の協働活動においては、どうにもならないものである」(CD, LW 10, AE: 249)。その「芸術」は、人が作った規約・制度などをやすやすと乗り越える、可知性に通じている。

最後に、アメリカのプログレメタル・バンド、クイーンズライク(Queensryche)の「希望の律動」("Rhythm of Hope")という曲を紹介しよう(Queensryche 2003所収)。いつも「寝て覚める」ベッドのなかで、「夜明け前に、あなたの呼吸を聴く」。「あなたの心臓は、歌のように鼓動している」(your heart beat like a song)。その鼓動を聴いていると、「もう体力は落ちているけれど、見たことのない新鮮さで、ものごとを見ることができる」。「特別な何かが、私の魂を呼び覚ます。それは、ともに生きる律動、希望の律動」(That special something, that feeds my soul, is a rhythm to live by, it's a rhythm of hope)。それは「私たちに前に進ませる何か」であり「力強くする何か」である。その何かを探し求めることが、私の魂を動かす(Searching for something that moves my soul)。それは「抱くべき律動、ともに生きるべき律動」(A rhythm to hold to, a rhythm to live to)。「まちがいなく、何かが、あなたが扉をただ開けることを待っている」(I guarantee there's something waiting for you just open that door)。

第８章 知性の教育へ ──海洋リテラシーから

Education of Intelligence: through the Ocean Literacy

〈概要〉 近年、**海洋リテラシー**という概念が、提唱されている。海洋リテラシーは、海洋にかんする知識・能力であるが、この知見は、**生命の生存可能性**を考えるうえで、かなり重要である。海洋が、地球温暖化と深く関係しているからである。ここで提案したいことは、この海洋リテラシーを海洋にかんする知識・技能にとどめず、**感性豊かな知性の教育**の一環に位置づけることである。ここでいう**知性**は、**ランシエール**を流用していえば、知能でも教養でもなく、およそだれにでも等しくある、向真的で自発的である**思考力**である。この知性がはたらくことが、**自己創出**的に**学ぶ**ことであり、**教える**ことは、どのようなかたちであれ、この自己創出的な学びを支援することである。その知性は、また**感性**に支えられたものであり、その感性の中心に位置しているのが、**交感**という営みである。この交感を重視する感性豊かな知性の教育は、新たな授業の可能性を生みだすだろう。それは、**生を哲学する**という試みであり、学校教育における「**てつがく**」という授業の可能性である。

1　知性の教育へ

1　一つの提案

本章で提案したいことは、「海洋リテラシー」（ocean literacy）が、通念とはちがう意味の「知性の教育」を生みだすことができる、という可能性である。それは、いいかえれば、知性の概念、教育の概念を、通念とは違うものに組み替えることである。すなわち、知性は、本来的に「感性・感情」・「意志」に支えられている思考力である、と読み替えることであり、それにふさわしい教育のかたちを素描することである（海洋リテラシーの構成・実践については、気仙沼市が編纂した『海洋教育実践記録集』（2023）によくまとめられている）。

さて、まず確認すれば、海洋リテラシーは、海洋にかんする知識・能力であるが、そのなかで、もっとも身近で重要な自然環境にかかわる知識の一つは、「プラネット・ブルー」といわれるように、地球が海の惑星であることである。いいかえれば、いわゆる「自然」の中心が海洋である、ということである。地球の表面は、土壌・大気・水圏（海・河川・湖沼など）に分けられるが、その多くは、海洋である。海洋リテラシーの重要な知識のもう一つは、この海洋が温暖化し続けているということであり、それが、海洋の内部を変化させ、地球全体の気候変動の原因となっているということである。序章でもふれたように、そしてすでに広く警告されているように、海洋の温暖化は、すべての生きものを脅かしている。

海洋の温暖化の主要な原因が、人類の（資本制経済の）活動であるかぎり、人類は、地球の自然環境を、自分たちをふくめ、多くの生きものにとって「生存可能なもの」（the habitable）として、保全しなければならない。そうするために必要なものは、ＳＤＧｓ（持続可能な開発目標）を掲げ、その遂行を説く教育だけではない。もっと重要な教育がある。それは「知性の教育」である。人は、温暖化の事実を知っていても、「すべきことをする」とはかぎらないからである。その事実に対し「見て見ぬふり」をすることがあるからである。この「見て見ぬふり」に陥らず、「するべきことをする」ために必要なものが、知性の教育である。

この知性の教育は、これまでの「海洋教育」（marin/ocean education）の概念を変えるだろう。すなわち、自然環境を生存可能なものとして保全するために必要な海洋教育は、たんに海洋にかんする知識・技能を習得させるという意味の、「海洋リテラシーについての教育」にとどまらず、海洋にかんする知識・技能を通じて知性を感性的に豊穣化させるという意味の、「海洋リテラシーによる知性の教育」だからである。端的に表現するなら、感性豊かな知性の教育に向かう海洋リテラシー――これが、本章で提案されることである。

2　この提案にともなう知性概念の転換

ただし、このような提案をするためには、「知性」（intelligence）の概念を転換する必要がある*。日本の哲学者、内山節は、『日本人はなぜキツネにだまされなくなったのか』という本で「知性の歴史は、誤りをも生みだしかねない歴史」であった、と述べている。内山にとって、「知性」は――内山も言及しているベルクソンがそうであるように――後でふれる感性と大きく重ねられる身体性に対立し、またベルクソンの「生命の躍動の現れである生動性に対立する概念である（内山 2007: 172）。たしかに、「知性」という言葉は、一般的に、およそ正当化され・洗練された術語・用語によって、何かを論理的・倫理的に正しく意味づけ、そうすることで、自分を理性的に高めるという営みを指している。先にふれたデューイの知性＝批判という概念は、応答的であるという意味でいささか異なるが、基本はおよそ同じである（第2章参照）。

ベルクソンの知性概念にふれておくと、彼は、たとえば、『創造的進化』（1907）で「知性」（intelligence）と「直観」（intuition）を区別し、次のように述べている。「純粋な知性に割りあてられるもの」は、いわゆる

「知識」であるが、「直観は、私たちに、知性に割りあてられたものが不十分であるとわからせてくれるだろうし、その割りあてられたものを補う手段を教えてくれるだろう」。「直観は、それ固有のはたらきによって、知性の枠組みを補うものの、漠然とした感情を暗示するだろう」(HB, EC: 178-9)。「直観と知性は、ともに意識のはたらきであるが、相反する二つの方向を代表している。直観は、生命の方向そのもの(le sens même de la vie)に向かっているが、知性は、それとは逆の方向(sens)に向かっている」と(HB, EC: 267)。

しかし、確認しておくなら、もともと「知性」と呼ばれた営みは、素朴・純朴な営みであった。ヨーロッパの言葉の歴史は、それを示している。私たちが用いている「知性」という日本語は、intelligence(インテリジェンス)の翻訳であり、このintelligenceという英語は、ラテン語のintelligentia(インテリゲンティア)の翻訳である。このintelligentiaは、「理解・知識・洞察」を意味し、キリスト教思想においては「真理」に向かう思考を意味しているが、その動詞形であるintellegere(インテレゲーレ)は「知覚する・認知する」などの、感覚の営みを意味する言葉である。つまり、「知性」の本来の意味は、術語・論理で正しく意味づけられる前の、一人ひとりの固有的で呼応的な「知る・わかる」という営みである。「心で感じる神」(パスカル)といわれるときの「感じる」も、この営みである。私たちは、後で、この言葉の原義に立ち帰ることになる。

以下、まず、知性を、だれにでも等しくある、真実に向かう自発的な思考力として、概念化してみよう。このとき、知性のはたらきは、自己創出的に学ぶことであり、教えることは、どのようなかたちであれ、その自己創出的な学びを支援することである、と規定される(第2節)。そのあとで、その普遍的な思考力としての知性が感性に支えられ、その感性の中心に交感という営みがある、と指摘しよう(第3節)。最後に、この知性を喚起する教育が生みだす、新たな授業の可能性について述べよう。それは、生を哲学するという試みであり、学校教育における「てつがく」という授業の可能性である(第4節)。

＊ ちなみに、現在、「ＡＩ」という言葉が、よく使われている。Artificial Intelligence の略語であるが、そこで語られているintelligence は、日々進化しているらしく、その意味を精確に規定することは難しい。今のところ「異なるものを分け、同じものを集めるという認識、ものとものを関係づけるという推論、そして認識されたもの・推論されたものを記号・言葉で表現するという言表」といったところだろうか。

2　知性概念のずらし

1　思考力としての知性——向真性と自発性

ここでいう「知性」は、フランスの哲学者、ランシエール（Rancière, Jacques）が提案するそれにいくらか重なっている。ランシエールのいう「知性」（intelligence）は、いわゆる「知能」・「学力」のような、測定可能で比較可能である認知能力とちがい、人に平等に贈られている力であり、端的にいえば、思考力である。たとえば、赤ちゃんは、およそだれかから教えられることなく、言葉を話すようになる。また、楽器も、後で専門家から「我流」といわれて矯正されるが、およそ自然に演奏できるようになる。ＤＩＹも、「素人」と揶揄されながらも、およそ自然に上手くなっていく。これらの能力は、だれかに教えられたとおりの手順で何かを再現する能力ではなく、一人ひとりがあれこれ試行しながら、他者・自分にふくまれる「真実」（vérité）を感受し把握する力である。この試行は、「即興」（improvisation）ともいいかえられる。「即興（improviser）は……普遍的教授（enseignement universel）の模範的練習（exercices canoniques）である」（JR, MI: 109-10）。

ランシエールは、こうした知性を人びとが等しく分有している、と考え、その状態を「知性の平等」

（l'égalité des intelligences）と表現している（JR, MI: 78, 123）。ランシエールは、知性は「他者の真実化（vérification de l'autre）を通じて、［自分で］自分を理解する力（puissance de se faire comprendre）である」と規定している（JR, MI: 123）。ここでいわれている「他者の真実化」は、他者の言葉のなかに「理性」（raison）という「真実」を見いだすことである。その理性＝真実を見いだすという営みを妨げるものは、社会に充満している認知能力の優／劣という考え方である。ランシエールは、「［他者が語る言葉の］真実は、意識が孤独であるときにのみ、人に語りかける」と述べている（JR, MI: 151）。この理性＝真実は、社会的衝突の解決にまったく役立たないが、「私たち」が〈よりよく〉生きるうえで、もっとも大切である（なお、ランシエールにおいては、「理性的である」（raisonnable）という言葉は、「知性」とひとしい意味で使われている（ex. JR, MI: 146, 151））。

　こうした知性の平等は、社会的事実として実証されるものではなく、人が〈よりよく〉生きるために措定される「自然」である。すなわち、〈知性は平等である〉と措定したほうが、そうしない場合よりも、〈よりよく〉生きる可能性が高められるから、そう措定される（JR, MI: 78）。「私たちはすべて、自然によって平等だからこそ、状況によって不平等にならざるをえない」（JR, MI: 149）。知性の平等に限らず、人権の平等も、人が〈よりよく〉生きるために必要な措定である。もっと拡大していえば、「理念」と呼ばれるものは、確実な事実を踏まえていることもあるが、基本的に仮設された足場である。そして、だれもが、知性によって、この世界の現実を変えることができる、と措定されるなら、思わぬところから、思わぬかたちで、新しい提案・実践が生まれてくるだろう。ちなみに、カントは、「最高の存在者［という措定］は、世界のすべてを、理性［＝知性］によってもっともよく規定するうえで、必要である」と述べている（KW 5, P: 235）。すなわち、神を措定することで、人は、神性に類比される理性を、世界をよく知るために使うことができる、と。他者の真実に向かい、自分を理解する知性は、他人に教えられた知識をただ受容することではない。この、いわば「向真性」を特徴とする知性のはたらきは、みずからの営みである。これを「自発性」と呼んでおこう。すなわち、みずから意味・概念を形成することで、「理由づける」（reasoning）・「説明をする」（explicating）という自分の希求に応えることである。その応答の適切性を決めるものは、教科の内容・実践を規定している知識の秩序を把握している度合であり、そうした把握（経験されるだらだら続くものの分節化（意味化）、つまり、いくつかのまとまりに分けること、そして、そうした分節化されたものをつなぐこと（命題化・数式化、理念化・構想化）など）によって、人は、自分がするべきことを判断できるようになる。念のためにいえば、知識（「教育知」・「学術知」）を構成する言葉は、みずからの学びのための最重要ツールであり、人は、知識に与りつつも、みずから新たに言葉を紡ぎだすことによって、自分の思考を自己創出していく。

2　教えて待ち望む

知性は、それが向真性と自発性をふくむものであるかぎり、感性を必須としている。おのずから具体的に感受することに、真実を認識するというみずから知性の営みが、基礎づけられているからである。むろん、文字の情報・表象の知識を習得することだけでも、「AはBである」という命題（観念）の認識は可能である。しかし、自分なりの思考は、おのずからの具体的な感受が生みだす自分の感情・心象に支えられてはじめて、可能になる。また、事実と整合する思考、すなわち類似する観念をつなぐ、近接する観念をつなぐ、観念を因果でつなぐといった論理的思考も、事実についての自分の感覚・知覚が生みだす自分の感情・心象、とりわけ自分が生きてきた情景に支えられてこそ、確実なものになる。借りものの理知による思考、自己満足の非理知の思考を正してくれるものは、知識の論理だけでなく、自分の感性でもある。

こうした知性は、むろん「教える」（teaching）ことにもふくまれている。「教える」は、ある人が、みずか、ら概念を形成し、人格を豊かにする力を習得することを、支援することである。この「支援」は、実際に手取り足取り手助けするという意味ではなく、結果的・事後的に「支えた・援けた」といえることを指している。それは、学ぶ人の思考のなかに「未知なもの」が到来する＝創出されることを喚起することである。この未知なるものが、学ぶ人の求めている真実であり、それを把握することに誘うことが、教えることである。デリダは、そうした未知なるものの到来を「アンヴァンシオン」（invention 創発・発明）と呼んでいる（JD, P: 36）。ようするに、学ぶ人への未知なものの到来を、具体的にこれこれであると予め規定することなく、漠然と、しかし真摯に待ち望んでいることが、教える人に求められるもっとも重要な要件である。

　ある人が、他者にとっての未知なものを漠然と、しかし真摯に把握し、他者をそこに誘うという営みは、「教えられた」という事後形象（＝後になって心に描かれるもの）としてのみ、同定される営みである。たとえば、計算され計画された授業、つまり的確な解説・誘導から構成される授業が、破綻なく機械のような正確さで遂行された、と思われるときでも、その授業が、学ぶ人にとっての未知なものを招来しなかった、ということもある。また、人は、破綻した授業を黙って聴いていても、ある言葉に心を密かに躍らせる、ということもあるし、そのときのある記憶が、後になって新たな思考を切り拓く、ということもある。したがって、ここでいう「教える」は、具体的な授業・講義・演習などにふくまれうることであるが、そうしたいわゆる「教育方法」「教育実践」に還元されるものではなく、事後的に、学ぶ人自身がそれぞれに過去完了形で同定することである。「ああ、あの言葉は、こういうことだったのか」と。

　この未知なものの内容は、また通念に染まる思考から大きくずれている。つまり、未知なものは、事前に予想したり認知したりすることが、不可能である。私たちが予想し認知する何かは、私たちの通念・通俗に属している。そのため、私たちは、何かを新しいことであると思い、それを嬉しそうに他人に伝えようとしても、他人がすでにそれを知っていれば、たちまち興味を失ってしまう。それが、「人の噂も七五日」といわれる理由、つまり噂話のような通俗的なものが、いずれ消え去ってしまう理由である。その何かは、一応、新しいものであるが、未知なものではなく、通俗的なものであるからこそ、容易に予想され認知され、たちまち忘れられ、捨てられてしまう。これに対し、未知なものは、不断の探究・想像を必須とする出来事であるだけでなく、どんなに探究・想像し続けても、到来が保証されない「語りえないもの」である。

学ぶこと・教えること、すなわち思考の自己創出・その支援は、未知なものの到来・出来に驚嘆・感動するという、強度の歓びをふくんでいる。いいかえれば、それらは、語義に忠実な意味の「哲学」をふくんでいる。ラテン語の古諺を挙げるなら、「アニムス〔＝心意、心の力動〕を豊かにすることが、哲学である」（Cultura animi philosophia est）。古代から近世にかけては、「アニムス」が励起されて活動することが、「哲学する」こと、すなわち「叡知」（sophia）を「愛する」（phileo）ことであった。これは、未知なものの到来に驚嘆し感動しつつそれを求めることが、哲学することであり、この哲学することによって、所定の知識・技能を習得することを越える営みとしての学ぶことも、教えることも生じる、と解釈できるだろう。

3　〈よりよい〉状態

こうした知性の基本的特徴は、それが、流動する多様な経験（遭遇・体験）に依存するために、固有的・呼応的な営みでありながら、およそ〈よりよい〉状態を希求することである。経験は、何かに出会うことであり、およそ驚き・歓び・憤り・悲しみなどの感情をともなっている。たとえば、見渡すかぎり死滅している珊瑚に遭遇したときのように。その感情は、「私」の感情であるが、同時に珊瑚の「声なき声」に応える呼応の感情でもある。その感情は、基本的に、後述するように「感性的つながり」「交感」であり、その感情のなかに現れてくるものが、〈よりよく〉志向である。この志向は、前述したように、古来の「知性」に見いだされるものであり、人間に贈られた所与である、と考えられる。そもそも、〈よりよく〉生きたいと思わない人は、いるとしても、ごくわずかだろうから。ベルクソンは、「［本来の］知性は、私たちの活動を先導するために、私たちに贈られたものである」と述べている（HB, PM: 84 傍点は引用者）。

具体的にいえば、〈よりよい〉状態の一つは、わからなかったものがわかることである。人の心は、得体の知れないものに耐えられないらしい。「［何かを］恐れるのは、わからないから」（Timendi causa est nescire）という俗諺があるように。そして人の心は、わからないものをわかるものに還元し安心しようとする。たとえば、地震、落雷、疫病などについて、古くから、人は、それが生じる理由を説明しようとしていた。そうした説明がもつ妥当性の程度はともかく、その説明が生みだす「わかった」という心の状態は、〈よりよい〉状態である。そして、よく知られているように、子どもたちのいわゆる「学習意欲」も、わからないものがわかることで、高められていく。それは、先に述べた「学ぶ」という営みを成立させる基本的な条件である。ちなみに、ギリシア語の aletheia（アレーテイア）は、日本語の「真理（真実）」、英語の truth（トゥルース）、ドイツ語の Wahrheit（ヴァールハイト）、フランス語の vérité（ヴェリテ）、ラテン語の veritas（ヴェリタス）に訳されたが、その語義は、「隠されて」（lethe）・「いない」（a）であり、いわば「わかった」である。

ヴィーコが『新しい学』の「詩作的形而上学」で述べている言葉も、引いておこう。ヴィーコは、そこで、太古の時代にいたという「巨人」たちは、「天空の雷」のような、原因のわからないものに驚き、「その現象に、自分の自然（natura）を見いだそうとしてきた」と述べている。そして、「巨人」の「自然」は、「かぎりなく頑強な身体の力そのもの」であったため、「彼らは、天空を、一つの巨大で生動的なもの（gran corpo animato）と想像し、それをジオーベ（Giove［ギリシア神話のゼウス］）と呼んだ」と述べている（GV, SN: PN 377）。

ようするに、ジオーベは、巨大な生動性であり、詩情豊かに遡及する想像の産物である、と。

〈よりよい〉状態のもう一つは、人・生きものが生き生きと生存できることである。これは、ほとんど自明な事実である。たとえば、トマスは、人が「意志する」ことの「第一は、自然な欲求（appetitu naturali）であり、すべての人が存在し生存する（esse et vivere）ことを意志することである」と述べている（TA, ST: II-II, q. 30, a. 1, co）。人が実際に生きていることは、なるほど、資産・財産にも、健康・体力にも、地位・名誉にも、知識・能力にも支えられているが、何よりも重要なことは、物質的な世界が生存可能な状態であることである。それは、たとえば、三六〜三七度の体温を維持できる適切な気温があり、一日一人あたり四万キロカロリーのエネルギーが摂取でき、一日一人あたり二・五リットルの水が使えることである。序章で述べたように、現在進行している温暖化・環境汚染は、こうした最低限の生存可能な状態を破壊しつつある。

4　自我（エゴ）にとらわれやすい

先に述べたように、こうした〈よりよい〉状態に向かおうとする知性のはたらきは、一人ひとりのさまざまで新しい感性の経験に依存するため、本来、固有的・呼応的である。そのはたらきは、試行錯誤、右往左往、悪戦苦闘であるように見える。しかも、厄介なことに、人の思考のなかには、そうした知性のはたらきに覆いかぶさり、そのはたらきを覆い隠したりする、二つの負の傾きがある。

その一つは、知性の〈よりよく〉志向が、自分にとってのみ充足的・功利的なものになる、ということである。すなわち「自我（の意図・意識）」、いわゆる「エゴ」に染まってしまう、ということである。自分にとってのみ〈よりよい〉状態をめざすことを「エゴセントリズム」（egocenterism）と呼ぶなら、それは、外在するものに対し、つねに固有的・呼応的である知性を、しばしばもっともらしい理由をつけて、自分の自己利益の保全・増大に収束させていく、ということである。そうした狭量な知性は、計算高い「目的合理性」には向かうが、無条件に行われる「他者への支援」には向かわない。ちなみに、シレジウスは、「人よ、欲望に動かされ、自分のためだけに争ってはならない」と、諭している（AS, CW: B. 2, no. 193）。ベルクソンは、「つねに内向きの目的に向かう考え方は、自己破壊的である」と、述べている（HB, EC: 41）。

奇妙に聞こえるだろうが、エゴセントリズムは、集団的なものでもある。ランシエールの言葉を引けば、「[社会集団]は、恣意的なものでしかありえない」（JR, MI: 130）。さかのぼるなら、それは、プラトンが有名な「洞窟の比喩」で語った「ドクサ」（doxa）である。ドクサは、「学知」を意味する「エピステーメ」（episteme）の対立語であり、「思惑」・「臆見」と訳されるが、かならずしも個人の「思惑」・「臆見」ではなく、集団の「通念」でもある。すなわち、自分たちが当然と見なし疑わない考え方、つまり通念は、自分たちにとってのみ〈よい〉ものである（たとえば、私たちの多くは、教育は教師が教え、生徒が学ぶことと考えている）。私たち一人ひとりの「自我」には、この通念が居すわり、私たちの思考を大きく規定している。

このように考える場合、知性のエゴセントリズム化を避けるために必要なことは、「自我」の相対化であり、また通念の相対化である。実際、古くから、ヨーロッパの概念史においては、少なくとも「自我（自己）」（ego）は、しばしば「罪」（peccatum [originale]/sin）と見なされ、私欲に満ちた「自我」の相対化が、人生の主要な課題として論じられてきた。この「自我」に対抗する概念・理念として語られてきたものが、「良心」（conscientia）、「慈愛」（caritas）、「霊性」（spiritus）、そして「知性」（intellectus, intelligentia）などである。そして、およそ近世あたりから、これらに「自然」（natura/natur）が加わった。この「自然」重視という考え方は、これまでふれてきたように、スピノザ、ルソー、ゲーテ、ニーチェなどの思想に見いだされる。

5　知識・能力に還元されやすい

負の傾きのもう一つは、知性の帰結である知識が、知性を知識・能力に収束させてしまう、ということである。端的な例は、教育が知識の習得、能力の形成に大きく傾斜し、その知識・能力が、知性を前提とするものでありながらも、その知性を看過していく、という皮肉な事態である。端的にいえば、真実にみずから向かうというこの知性そのものが、テストで測定できないからであり、テストで測定できないものは、現代の学校教育においては、役に立たないものと見なされがちだからである。したがって、知性の喪失・看過を避けるために必要なことは、知識・能力の価値を相対化することである。

ふりかえってみると、この知識・能力の相対化は、ヨーロッパでは、古くから「修練」「省察」と呼ばれる営みと不可分であった。修練は、古代ギリシア、古代キリスト教思想で、「アスケーシス」（askēsis 練習・訓練）と呼ばれてきた営みであり、自己の恣意・欲望を否定し、知性・神性に向かうことである。ニーチェは、それを「自己向上」（Selbstaufhebung 自己止揚）と呼んでいる（KG 1. 2, NA 1858-62: 206, 204-5）。いわゆる知識・能力は、そこで「マテーマタ」（mathemata 学ばれるもの）と呼ばれたものと、大きく重ねられる。また、省察は、中世・近世のキリスト教思想・哲学において、「メディタティオ」（meditatio）と呼ばれた営みであり、自分の思考についてのより深い思考、つまり「反省」（reflection）である（MF, CV: 309 を参照）。

むろん、修練も省察も、学んだもの、すなわち、知識・能力がなければ、およそ始まらないだろう。いいかえれば、それなりの「基礎学力」がなければ、自分で自分をふりかえり、〈よりよく〉生きようとすることは、不可能ではないだろうが、なかなか難しいだろう。その意味で、アスケーシスは、マテーマタを前提にしつつ、それを乗り越える試みである。念のためにいえば、このマテーマタ乗り越えの試みは、知識・能力の累積拡大によって自分を変容させることではなく、自分の考え方の更新によって自分を変容させることである。この考え方の更新に不可欠なものが、通念からの意識の「自由」である。サルトルによれば、既存の考え方を「乗り越えること（dépassement）は、［意識の］自由（liberté）そのものである」（JPS, I: 354）。

ともあれ、こうした修練と省察は、近代以降、あまり語られなくなっていった。おそらく、それに替わる営為が、近代教育思想で語られてきた「人格形成」（character formation）、「［人間］形成」（［menschen］Bildung）であろう（田中 2023a 参照）。後者の「ビルドゥング」という言葉は、長く「陶冶」と訳され、近代日本の教育学の基礎概念として語られてきたが、近年では、この言葉は「［人間］形成」と訳しなおされている。もっとも、ここでは、先にふれた知性概念を擁護するために、こうしたヨーロッパ古来の諸概念を取りあげ、あれこれ論じるかわりに、私たちにとってもっとも身近な営みである「感性」（感受性 sensibilitas/sensibility）を取りあげ、それと密接にかかわる知性概念の大切さを論じてみよう。

3　感性豊かな知性

1　感性と自然・生命の相関

ここでいう「感性」は、何よりもまず、具体的な身体感覚（五感・体感）の感受というはたらきであるが、同時にこの身体感覚を越えて、感情として環境を想像するというはたらきでもある。この感性によって感じとられるものの一つが、感性系の自然であり、自然性ないし生動性である。それは、たとえば、「山紫水明」「深山幽谷」「雪月風花」と形容されるときの「自然」であり、珊瑚礁を愛するある海洋学者が「海に潜ると、海と一体になれる」というときの「海」である。こうした「自然」はまた、近代初期のドイツにおいて「ロマン派」（Romantik）（ゲーテ、ヘルダー、シラーなどの）思想が語った「自然」（Natur）でもある。

知性をふくみつつも、感性によって感じとられるもののもう一つが、「生命」（vita/vie/Leben/life）である。それは、平仮名で「いのち」と形容した方がいいかもしれない。いのち（生命）は、生きものの温もりであり、息吹であり、さまざまな活動である。それはまた、永続するものではなく、やがて喪われるものであり、広く経験可能であるが、固有特異なもの、すなわちかけがえのないものである。こうしたいのちは、たとえば、二〇世紀初期に展開された、ジンメル、ベルクソンの「生命の哲学」（Lebensphilosophie, philosophie de la vie）が語った語りえない「生命」（Leben, vie）であり、本書では、おもにベルクソンの「生命」概念について紹介した。それは、交感の感性のなかで感受され、遡及する存在論的思考によって想像されたものである。

私たちの感性は、知性とともに、こうした「自然」「生命」の現れを経験することで、さまざまな感情を生みだすが、そうした経験が乏しくなると、私たちの感性の知性は、変形されたり、衰亡したりする（そして「ヴァーチャルなもの」を指向するものになっていく）。具体的な「自然」「生命」の現れの経験によってではなく、人工的な「情報」「知識」の意味によって、世界を知ることに慣れ親しむことによって。たとえば、都市にある「公園」は、そうした経験を少しばかり可能にするが、基本的に快適さを求めて作られた人工的なものであり、社会的に価値づけられた意味によって規定されている。むろん、そうした感性の知性の変形・衰亡に抗い、「自然」「生命」の経験に立ち帰ろうとする「自然回帰」の動きも、生まれてくるが。

ともあれ、確認しておくなら、私たちの「自然」「生命」の経験を乏しくするものは、おもに、眼からの「文字（literal）情報」の増大がもたらす、意味・価値の肥大（という近現代的な現象）である。たとえば、学校のリテラシーと同じで、海洋リテラシーの多くも、文字情報である意味・価値であり、それは、しばしば具体的な実体験を欠いた、たんなるエクリチュール（書かれた言葉）にとどまっている。そもそも、海洋リテラシーを構成する知見には、子どもたちが実体験できない事実も、多くふくまれている。原始海洋も、世界に広がる「海洋」そのものも、そうである。そうであっても、海洋リテラシーが生き生きとした知見になるためには、「海に親しむ」といわれてきた、海洋についての如実な身体性の経験が、不可欠である。

2 知性を支える感性

再確認しておくなら、身体性（身体感覚）によって「自然」「生命」の現れを感受するという感性の営みは、思考力としての知性を支えている。私たちの思考に深みを与えるものは、感性によって生みだされる感情・心象だからである。たとえば、寒さ、暗さ、落葉、降雪などは、感受された内容であり、たしかに科学的事実であるが、それらは、「寂しさ」「もの悲しさ」「はかなさ」「静けさ」といった感情を生みだし、さまざまな詩歌・音楽を生みだす。感受された内容は、本来、何らかの電気信号だろうから、それが心のなかに生みだす感情から、はっきり区別されるが、これらは、なぜか連続している。感受が感情を生みだすという意味で。つまり、身体感覚において感受された（事後的に）「自然」「生命」と意味づけられる物質的なものが、感情という内在的なものを生みだし、さらに心豊かな思想・文学・芸術を生みだす。

たしかに、「感情に流されてはいけない」「心情に呑まれてはいけない」といった警句があるように、外在する事実と、内在する感情は、はっきり区別されるべきである。この区別は、教育者・研究者が踏まえるべきコード（根本規範）である。ある本を、その著者が嫌いだからという理由で誹謗中傷することは、このコードを破ることである。何らかの負の感情によって言説を操作することは、外在する事実に感情を重ねつつそれを感受することから、はっきり区別される。繰りかえし述べてきたように、外在する事実の感受は、意図・意識なきままに、その事実の「感情相」を受容してしまうことだからである。端的にいえば、負の感情による言説の操作は、恣意であるが、感受した感情を想像することは、自然である。

何らかの事実の経験において、その事実とともに感受された感情が圧倒的であるとき、その経験は、「美的経験」(esthetic experience)と呼ぶことができる。この美的経験においては、外在する事実と内在する感情という区別が消え去っている。たとえば、思わず足を止めて見入ってしまう絵画、思わず手を止めて聴き入ってしまう音楽は、外在する事実でありながら、自分の心に入り込み、いわば、自分と一体化してしまう感情的なものである。デューイの言葉を引用しておこう。「美的経験の重要な特徴は、厳密にいえば、次の事実である。すなわち、経験において自己(self)と物体(object)の区別がなくなることである。経験が美的であるか否かを決める規準は、[私の]身体(organism)と環境が協働し構成する経験[のもつ性状]、[すなわち]この二つが充全に統合され、どちらも消失していることである」(CD, LW 10, AE: 254 傍点は引用者)。こうした美的経験は、思想・文学・芸術などが創出される、ほとんど唯一の契機であろう。

思想・文学・芸術(そして「人生における大切な出会い」)だけでなく、自然科学の研究においても、感性が生みだす感情は、不可欠である。その感情は、おそらく基本的に肯定の感情であろう。それは、何かを「すばらしい」と感じ、それに心を奪われることであり、そうした、何かに「すばらしさ」を感じるという感情は、その何かをより深く知ろうとすることの原動力だからである。たとえば、人がサンゴ礁の研究者になる理由は、さまざまだろうが、その根底にあるものは、サンゴ礁への、いわば「純朴な愛」である。また、人が理論物理学の研究者になる理由も、さまざまだろうが、物質系の自然を支配する真理への、いわば「純朴な愛」がなければ、その研究は、生涯にわたる自分の生業(なりわい)にはならないだろう。近代に広がる、人間による自然の制御・支配は、近代が忘れた、自然の真理・真実への人間の愛を必須としている。

3　交感する〈人間の自然〉

こうした感性と知性の結びつきのなかでもっとも重要な営みが、それらの交点に位置している「交感」（sympathia/sympathy）と呼ばれる感情である。その感情を「共感」と表現することもできるが、そう表現すると誤解を生みやすい。第2章で述べたように、この言葉が、しばしば「自我」「自己」を前提とした、意図的・意識的な感情移入・賛同感情を意味するからである。たとえば、「彼女の趣味には共感できないね」といわれるときの「共感」は、ここでいう交感ではなく、たんなる個人の賛同感情である。ここでいう交感は、他者への意図・意識なき応答としての、自・他の感性的つながりを意味している。なお、これは、先にふれた「美的経験」といくらか似ているが、それとは区別される営みである。

この交感についても、ヨーロッパでは、古くから語られてきた。ヨーロッパでもっとも古くかつ有名な交感の例は、これも以前に引いた、新約聖書でルカが描写している「よきサマリア人」に見いだされる（第2章参照）。それは、道ばたで傷つき倒れている見知らぬ他人を、あるサマリア人が「腸（はらわた）のちぎれる想い」（splanchnizomai）で助けるという話である（ルカ10.33）。この「腸のちぎれる想い」が、交感である。スピノザ、ヒューム、ベルクソンなども、この交感概念を語っている（第2章、第6章参照）。なかでも、ヒュームは、交感を「人間の自然」として明示的に語っている。「交感は、人間の自然のなかにある、とても強力な原理である」と。そして、交感の基本は、「感情が、ある人から他の人に容易に移り、すべての人に、その他の人の感情に応答するという動きを生みだす」ことである、と述べている（Hume 2007, 1: 386）。ちなみに、ブレイクは、「他者の悲しみ」（*On Another's Sorrow*）という詩において、「他人の苦しみを見て、悲しまずにいられるか！　他人の嘆きを見て、救わずにいられるか！」と書いている（WB, AS: 17）。

「人間の自然」を特徴づける営みとしての交感は、自己・自我の意図・意識に依らずに、他者に応答し、他者を支援し顧慮するという営みを生みだす。人が支援し顧慮する他者は、家族、友人といった身近な人に限られない。それは、まったくの他人でもあれば、ゴミ捨て場で死にかけている幼い子猫でもある。人は、知っている人／知らない人の区別、人間／動物の区別をせず、いのちと交感するいのちでありうる。失われた信頼も信用も、二度と戻らないが、交感は、消えても、繰りかえし現れてくる。もちろん、他者のまなざしは、ときに、自分の自由を奪い、自分をモノのように観察し処遇する。つまり「値踏み」する。このとき、自分と他者の交感は、微弱になり、比較・評価の営みに圧倒される。フランスの哲学者、サルトル（Sartre, Jean-Paul 1905-80）にとって、このような「他人のまなざし」（le regard de l'autre）は、メデューサの異様な姿のように、自分（「私の自意識」l'en-soi）を「石化するもの」（pétrification）であった（Sartre 1943: 570）。たしかに、他人のまなざしは、親密な他者のまなざしと違い、ときに自分を硬直させるが、つねにそうであるのではない。むしろ、人間の思考は、基本的に交感という感性のはたらきに彩られている、と考えられる。

ようするに、ここでいう知性は、いわゆる「知性」、すなわち、学識・教養に裏打ちされ、分析し総合し、比較し評価する、卓越した思考力になりうるものであるが、いわば、その根底にあるものであり、憐れみ、共苦、共振とも語られてきた、交感という感性に彩られつつ、生動的に〈よりよく〉生きようとする心の思考力である。端的にいえば、真実をとらえようと意志する思考である。交感が人間の自然であるなら、感性豊かである知性は、人が人である所以を示している、ということができる。要約していえば、生動的な〈よりよく〉を希求し思考する知性——それを支える交感する感性——すなわち「感性豊かな知性」を喚起する他者へのはたらきかけのすべて——それが、ここでいう「知性の教育」である。

4　生を哲学する

1　海洋リテラシーにとどまらず

ようするに、海洋リテラシーの教育が、たんなる〈海洋にかんする知識・能力の形成〉という意味の教育にとどまらず、〈一人ひとりの思考力としての知性を感性とともに形成する教育〉に向かうなら、その教育は、人の心を豊かにする教育となり、人を人たらしめるとともに、人を自然と共生させる、知性の教育となるだろう。人が「存在」（「生命」）に支えられつつ生動的に存在者（「一つのいのち」）として在ること、すなわち交感する感性としての「人間の自然」を発現させることが、真実に向かう知性を根底で支えている、と考えられるからである。この「真実」は、おそらく、自然科学が求める「真理」ではなく、私たち一人ひとりが真摯に還帰しようとするところ、つまり「存在」（「生命」）であろう。まったく自己言及的であるが、この「存在」（「生命」）という真実に向かう感性豊かな知性は、この「存在」（「生命」）の現れであろう。

ともあれ、この感性豊かな知性は、自分と他者、そして他の生きものを感性的につなぐものについての思考でもある。この感性的つながりについての思考は、実証される事実ではなく、証言される実在である。すなわち、だれかによって客観的に測定されるものではなく、一人ひとりが経験的に実感し語ることである。この自分と他者・生きものとの感性的つながりを語るという営みは、基本的に、他者にではなく、自分に向かう営みであり、その語りが、自分の心を深くする。その語りの言葉が、人が人で在る来由（raison d'être 存在理由）を示す言葉だからである。その言葉は、ハイデガーのいう「良心の呼び声」（Gewissensruf）にも通じている。いつのまにか自分に取り憑く恣意・執着を相対化するものは、この心の深みであろう。

海洋リテラシーの教育は、それが「教育」であるかぎり、具体的な経験としての、また知識・能力としての、海洋リテラシーを学習することを越えて、感性豊かな知性を深める営みであるべきである。海洋リテラシーの学習が、どうしても知識・能力の習得に傾いてしまうからであり、知性が感性に支えられた思考力であるということが、そうした知識・能力への傾きによって覆い隠されがちだからである。私自身は、海洋リテラシーの教育だけでなく、「教育」と呼ばれる営みはすべて、知識の習得、能力の形成としての学習を越えて、一人ひとりの感性豊かな知性を深めるための支援であってほしい、と願っている。

付言すれば、私たちの知性を支える、交感を本態とする感性は、人に生来的なものであるが、それは、自然にかんする科学的知識や能力に支えられてこそ、深められていく。たとえば、現在、平均気温が一・五度上昇した場合、サンゴ礁は七〇%以上失われ、二度上昇した場合、九九%以上が失われる、と推測されている。この推測を知ることで、私たちの感性は刺激され、為すべきこと・考えるべきことに向かうはずである。その意味で、自然科学の知見は、感性に支えられた知性を深化・拡充するうえで、不可欠である。

2　生を哲学する——〈てつがく〉の授業

つきつめていえば、「海洋リテラシーによる知性の教育」は、自然科学の知見を踏まえつつも、それから自由になり、子どもたちも教師も、人が人として生きることを哲学することである。この哲学することの中身は、たとえば、ゲーテ、ニーチェにとっては、一人ひとりの心のなかに、広壮遠大で生成流転する世界・宇宙の心象が広がる、ということであり、自分がそのなかに生まれ育ち衰え消えていく小さな一つのいのちとして象られる、ということである。そこでの「私」は、律動する生命の大いなる全体から区別されつつも、それと一体である一つのいのちである。そうしたいのちの象りが心を占めるとき、人のエゴセントリズムは、消えてなくなったりはしないだろうが、少なくとも鬱陶しいものではなくなるだろう。

知性の教育の実践例として、〈てつがく〉の授業を行うことを挙げておこう（たとえば、森田 2021 参照）。それは、たとえば、「なぜ、たった2度の平均気温の上昇で、生命は壊滅的打撃を受けるのか」と問い、その自然科学的なメカニズムを確認しながら、子どもたちと教師がともに「人が人として為すべきこと」を考える（＝交感する感性に支えられつつ、知性をはたらかせる）という授業である。それは、節電や海浜のゴミ拾いの大切さを語ることではなく、子どもたち自身が、温暖化・環境汚染のなかで多くの人・動物が死んだこと、さらに死んでいくことを踏まえつつ、人間と自然の関係を具体的に考えることであり、自分なりの知性をはたらかせることである。それは、いいかえれば、海洋リテラシーについての各自の理解の仕方を相互に示しあい、議論することにとどまらず、海洋リテラシーにもとづく各自の世界への態度を相互に示しあい、議論することでもある。すなわち、「私」のこの世界に対する姿勢を語りあうことでもある。

知性の教育は、人が人として抱く自分の感情を学ぶことでもある。たとえば、津波による被災について学び、震災の記録、震災遺構などを通じた防災教育を充実させることは、海洋教育の一環として重要であるが、それとともに、被災者に対する非被災者の感情を考えることも、知性の教育として必要である。たとえば、何が「憐れむ」と「苦しむ」の違いを生みだすのか、と問い、私たちの感情について考えることである。私たちは、他人が被った悲劇を憐れむが、自分の家族が被った悲劇に苦しむ。私たちは、自分の家族を憐れんだりしない。他人との縁遠さが、憐れみを生み、家族との親近さが、苦しみを生むのか。それとも、そうした縁遠さ・親近さの違いにかかわらず、人は、憐れみを越えて、他人とともに、そして動物とともに苦しむ、すなわち共苦し交感するのか。このように問い、ともに考えることも、感情の学びである。

この共苦・交感に関連する問いを、もう一つ挙げよう。それは、当事者の悲しみ・苦しみは、当事者にしか語ることができないから、その感情を代弁しようとするべきではない、といわれるが、本当にそうか、と問うことである。当事者の声のみが聴かれるべき真実の声であると声高に語られると、他者の共苦・交感の感情が、偽物の声として、排除されてしまうのではないか、と。たしかに、第三者が当事者が抱く悲しみ・苦しみをそのまま理解することはできないし、第三者が当事者の抱く悲しみ・苦しみを的確に表現することも、容易ではない。インタヴュアーは、「私は、代弁者とならず、当事者のなまの声を伝えるようにしています」と言うだろうが、それは、本当に実在性に真摯な態度だろうか。感情を事実性にすり替えていないだろうか。他者の感情が表現困難であることは、たしかに事実であるが、その事実を強調しすぎると、他者の感情が、なぜか自分の心を占めていくという、あの共苦の感情の実在性を看過することになるだろう。

終章

感性の知性
――交感し遡及する

Intelligence of Sensibility : Being Sympathy and Retroactivating

〈概要〉一つの試みとして、人がみずから・おのずから自分を創りだしつつ生きることを**自己創出**と形容してみよう。この自己創出は、むろん一人ひとりに**固有な営み**であるが、他者と通底する特徴ももっている。ここで注目するその特徴は、**交感すること**である。それは、「**人間の自然**」とも形容されてきた。この交感は、**感情の共振**であり、それは、他者（人・生きもの）と**感性的につながる**ことである。それは、他者の生き生きとした**いのち**を感じ、その存続を願うこと（**生の肯定**）をふくんでいる。そして、そのいのちに「**生命**」・「**存在**」と呼ばれてきた**可知性**を見いだすこともできる。そうした思考は、**遡及的**と形容される。同じような遡及的思考は、**音楽の経験**にも見いだされる。すなわち、人の**音楽への共振**から、**律動する**「**自然**」を遡及的に象ることもできる。こうした**交感**（**共振**）**し遡及する**という**存在論的思考**は、**感性豊かな知性**を形成し、**現実の世界**を**超越**し、現実の世界を**より生動的に**＝**よりよく**変えることができる。交感し遡及する思考がますます蔑ろにされている現代社会のなかで必要なことは、少なくとも自分自身の自己創出において、こうした交感し遡及する思考を保持することである。それは、他人に対し**証明する**ことではなく、自分に対し**証言する**ことである。

1　交感し遡及する

1　人間と自然の和集合

ふりかえってみよう。私は、ここまで、人間と自然の関係を考えなおすための、基礎概念を紹介・提案してきた。そして、人間と自然の関係を深く考えるうえで前提となる現実認識として挙げたのが、「人新世」という言葉に象徴される、地球規模の環境変動である。そして、以前から実感されているその変化の一つが、温暖化である。もはや抑止不可能といわれているこの温暖化の進行によって、多くの生物が生存可能性を大きく奪われている。たしかに脱炭素化という温暖化対策は、国策として進められているが、教育学者として考えたいことは、一人ひとりにおける、自然に対する人間のスタンスの変更である。それは、人間が物質系の自然を所有し操作するという、旧来の人間／自然の区別という関係から区別される、人間が可知性の自然を思考しそれと共振するという、人間と自然の和集合という関係である。

本書の前半（第1～第4章）では、ここでの議論の前提となる地球規模の危機を確認し、旧来の人間と自然の関係を転換するために、人間と人間・生きものの共存・共振の関係を、おもにベルクソンとハイデガーによりつつ、さまざまな側面から考えてきた。おもな論点は二つである。一つは、人に内在する〈よりよく〉志向であり、これは、ヨーロッパで「知性」「意志」「理性」と形容されてきたものである。もう一つは、人に到来する交感であり、これは、「人間の自然」（ヒューム）と呼ばれたものであり、「生命」・「存在」の自然性・生動性への遡及、すなわち可知的な実在性の象りにつながっていく。本書で重視してきたことは、たとえば、「死者」のような、心で象られ、生き生きと実感される、内在する実在性であり、この実在性を生みだす交感し遡及するという思考である。この交感し遡及する思考は、一人称の「私」の固有な営みであるが、同時に、自分／他者、人間／動物といった区別を越え、それらに通底する「生命」・「存在」を象ることでもある。まとめれば、本書の前半の主題は、〈よりよく〉志向と、一応、それから区別されている、他者と交感し、「生命」・「存在」の自然性・生動性へ遡及する思考である。

本書の後半（第5〜第8章）では、〈よりよく〉志向と、「生命」・「存在」の自然性・生動性が、「生命の意志」という概念で一つに括られる可能性が、示されている。後半のおもな論点は三つである。第一に、一つひとつの固有ないのちは、生成消滅する無数の生きもの「全体」（という可知的な象り）のなかで、「儚さ」として感じられる、ということである。第二に、この「全体」の基礎・本態である「生命」・「存在」が、生成消滅というかたちで律動する力動である、ということである。この「生命」・「存在」の律動（「自然」の律動）は、たとえば、音楽の律動から遡及的に象られる可知的なものである。音楽することだけでなく、私たちが死者を想う（象る）ことも、生死という「生命」・「存在」の律動を想像する契機である。第三に、「生命」・「存在」の自然性・生動性が〈よりよく〉志向と一体となりうる、ということである。さかのぼっていえば、中世神学におけるこれら二つは、〈生みだされた自然〉に、ささやかなものであれ、〈生みだす自然〉を見いだすかぎり、かなり近接的である。ともあれ、それらが一体となったものが、「生命の意志」であり、この生命の意志は、たとえば、ゲーテ／シラーのいう「ゲニウス」に見いだされている。

さて、第6章で述べたように、本書の表題の「感性の知性」は、感性と知性の和集合を意味している。本書で注目した感性は、おもに交感であり、知性は、おもに遡及する思考である。この交感し遡及する思考が生みだすものが、内在する実在性である。フュシス、ナートゥーラ、「生命」・「存在」に見いだされる自然性・生動性も、すべて内在する実在性である。この実在性について、少し補足しておこう、それが「過ぎ去る」が「消え去らない」ということである。たとえば、聞こえている（ある種の）音楽の音は、過ぎ去るが、消え去らない。その音楽の音は、感覚・知覚としていえば、たしかに聞こえてきて、聞こえなくなるが、感情・心象としていえば、しばしば、繰りかえし心のなかで聞こえてくる。それは、音楽の音に限られない。ある種の情況がもたらす深い悲しみや歓びは、その情況が過ぎ去っても、消え去らない。強度の感情は、いつまでも、心のなかで反復され、想起される。こうした、過ぎ去っても消え去らない感情・心象は、可知的なものに通じていないかもしれないが、少なくとも内在する実在性として私たちを支えている。

2　生命論的差異

これまでの議論を少し敷衍しみよう。生きもの全体に、可知的なものである「生命」・「存在」を見いだすという試みは、臨床哲学の提唱者の一人、木村敏の議論にも見いだされる。木村は、『関係としての自己』（2005）において「生命論的差異」（biologische Differenz）という概念を提案し、生きもの全体に「生命」を見いだしている。この生命論的差異という概念は、ハイデガーの「存在論的差異」（ontologische Differenz）の翻案であり、後で述べるが、「個別化する一つの生」と「合一化するの生」の違いであり通底である。

まず確認すれば、木村の生命論は、ハイデガーの存在論と同じように、「超越」（Transzendenz）を語っている。超越は、神秘的な出来事を指すこともあるが、ごくふつうの営みでもある。それは、たとえば、無意識のまどろみから、意識が立ちあがることであり、母子一体感のような溶解状態から、子どもの自己が立ち現れることであり、人びとが織りなす公共世界から、ある人の意志が離脱し、その世界の変革を志すことでもある。いわば、人が固有性（「個別性」）として、既存の世界から離床することである。したがって、こうした超越は、ベルクソンの「生成」「自由」とも重ねられるが、ここでは、木村が引用しているハイデガーの『根底の本質から』の言葉を引用しよう。「超越においてはじめて、現存在は、自分である存在者に、つまり自分『自身』としての現存在に到達する。超越が自己性（Selbstheit）を構成する」（GW 9, VWG: 19）。

さて、木村にとって「生命」は、非固有的（「非個別的」）状態（たとえば、「意識」から区別される「無意識」、「個人性」から区別される「一体感」、「私事性」から区別される「公共性」など）と同じではなく、根源的な力動である。すなわち、超越される非固有的な状態も、超越するという固有化（「個別化」）の営みも、ともに可能にするような力動である。この力動は、身体の具体的な活力に大きく依拠するものであり、生命論的差異としての、個別化と合一化である。この二つの力動は、緊張関係にある。それは、ニーチェの「個別化の原理である『アポロン的なもの』と、自然の根底から湧きあがる歓喜と陶酔のなかで個別化を解体する原理である『ディオニューソス的なもの』という、二つの対立する契機のあいだの緊張関係」である（木村 2005: 192）。木村は、「われわれの人生は、すべて……アポロン的な個別化の仮象と、ディオニューソス的な合一化の陶酔との、対立的共存によって彩られている」と述べている（木村 2005: 192）。

木村はさらに、ハンガリーの思想史研究者ケレーニー（Kerényi, Karl 1897-1973）の『ディオニューソス』に依りつつ（Kerényi 1998）、個別化する生を「ビオス」（bios）に重ね、合一化する生を「ゾーエー」（zoé）に重ねている。ビオスもゾーエーも、古代ギリシアの生（命）概念である。「ゾーエーがあらゆる生きものの生と共鳴し、特別の限定なしに生一般を意味するのに対し、ビオスのほうは、個別化された特定の生の輪郭や特徴的な表情、ある生存と他の生存を区別する外観を指示する言葉である」（木村 2005: 193）。木村にとって、ビオスは、実際に生活し個別化する生（命）であり、ゾーエーは、その実際の生活から離れた自・他の合一化している生（命）である。「私は、他のすべての生きものと同様に、ゾーエーの個別化として独自のビオスを与えられ、この個別的な生を終えるときに再び完全にゾーエーに復帰する」（木村 2005: 195）。このビオスの現れと終わりも、個別化と合一化も、向自と脱自という意味で「生命」の律動である、といえるだろう。

3　交感する——生命の共振

ここで、木村のいう合一化概念の中身を確かめておこう。それは「共鳴」「一体性」とも形容されている、自・他のつながりを示している。木村は、「……一体性の体験は、親子（とくに母子）の間」、また「友人どうしの間」にも、「もっとも薄められた程度でなら、人と人とのあらゆる相互関係」にも、付随している、と述べている（木村 2005: 199）。合奏音楽の例がわかりやすい。この関係は、「合奏音楽において、個々の演奏者が、まるで合奏音楽全体を自分自身の自発性によって演奏しているかのような感覚をも」つ、という状態である（木村 2005: 199）。この一体性という状態は、古来「ハルモニア」（harmonia 調和）と呼ばれた状態である。すなわち、異なる音と音が共生している（相互に他者を生かす）状態である。それは、「『私たち』の集合的な一人称的自発性［＝ゾーエー］が、単数一人称の『私』であるはずの自分の自発性［＝ビオス］と区別されえないかたちで、自分のもとで、自分のこととして体験される」という状態である（木村 2005: 199）。

私なりに敷衍するなら、ビオスである固有的な「私」は、ゾーエーである集合的な「私たち」に属している。そのなかで、「私」は、他の「私」に出会うが、その「私」も、集合的な「私たち」に属している。この「私」も、他の「私」も、この集合的な「私たち」にともに属しているから、少々ずれていても、致命的な衝突を生じさせないで、自由でありうる。もしも、この自・他の一体性がたんなる妄想であるなら、「私」は、自分が損しないように、自分の利益だけを考え、利己的・合理的に生きられる。しかし、私たちには、異なる音たちの調和（ハルモニア）を求める能力が、はじめから贈られている。この調和を求める能力は、〈よりよく〉を希求する思考力であるという意味で、知性的である。したがって、私たちには、他の人・生きものが協和する状態を求める交感する知性が、はじめから贈られている、と考えられる。

いいかえれば、人は、〈人も他の生きものもともに固有な生命である〉と考えられるので、他の生きものと共振し（＝「合一」「共鳴」し）、その生きものと共存することができる、と考えられる。人が他の人・生きものとともに固有な一つのいのちであるがゆえに共振すること（感性的につながること）が、「生命」の共振である。たとえば、一緒に暮らしている動物が病気になったときに、人は、その動物を何とか助けたいと思うとともに、生きようとし続けるその姿に「健気さ」「懸命さ」を感じる。また、たとえば、生まれる前に死んだ子、若くして死んだ友を想い、「切なさ」「悲しみ」を感じる。つけ加えれば、人間と自然の共生は、しばしば価値規範として説かれるが、〈なぜ共生しなければならないのか〉と問われて、返答に困ったとき、何らかの利益・収益を理由として示すかわりに、その根拠として提示できることが、「生命」の共振である。

再確認するなら、こうした交感、「生命」の共振は、感性として、知性を方向づけることができる。その知性は、たとえば、私たちの交感の感情に対する、私たちの倫理的判断に示されている。私たちの多くは、見知らぬ人の不幸を憐れむことよりも、また親近な人の不幸をともに苦しむこと、見知らぬ人の不幸をともに苦しむことを、より望ましい、と考えている。しかも、この共苦という交感は、ただ感じて終わる感情ではなく、他者のために何らかの支援を実際に行うという、遂行をともなう感情でもある。個人的な思い入れから、言い添えれば、交感こそが、サルトルのいう「参加」（engagement）を可能にする感情であるが、それは、なぜか愛に塗れていたサルトルが語らず、自分の生きざまとして示したことである。

2　音楽すると生存する

1　臨床の経験と交感

ここで、私がこれまで考えてきた「教育臨床学」の思考について、ふれておこう（田中 2012）。「臨床」（床（とこ）に臨む）という営みが、感性的つながり、交感という営みをふくんでいるからである。臨床、すなわち、乳児のベッドであれ、患者のベッドであれ、他者が横たわる床に臨むことは、自分と他者が感性的につながることをふくんでいる。生まれたばかりの新しいいのちは、何の社会的介在物（学歴、職業、地位、財産など）もともなわず、現前している。そして、赤ちゃんの笑顔は、人を歓ばせ、人の笑顔は、赤ちゃんを歓ばせる。こうした、一つのいのちがもう一つのいのちと感性でつながることは、「いのちの交感」（sympathy of life）と形容することができる。また、ハイデガーのいう「気分」がそうであるように、いのちを終えようとしている他者と、その他者の傍らに何もできずにただいる自分は、ともに一つの「気分」に属している。この状態も、感性的つながりであり、いのちの交感であるといえるだろう。

こうしたいのちの交感から区別される営みが、「共感」であり「同情」である。共感は、すでに論じているので、同情についてふれておこう。たとえば、ディペッシュ・モードは、「同情して」（"In Sympathy"）という曲で（Dpeche Mode 2009 所収）、次のように歌っている。「彼らは、あなたを褒めまくり、証拠を挙げつらい、雄弁に語りかけるが、そこに、ほとんど真実はない［あなたを操ろうとしているだけ］／賢く強いあなたは……彼らの嘘をよく見抜き、［彼らに］同情しながら微笑む（smile in sympathy）」。「私が注目するのは、あなたのその平静（serenity）である」。すなわち、「あなたの魂が彼らの鬱陶しい猥雑さを超越すること（transcends）」である、と。ここでいわれている「同情」は、共感と似て、相手の気持ちを意識的に理解することであるが、交感的な憐れみをともなっているだろう。「彼ら」の置かれた情況を思い遣りながら。

これまで、私が教育臨床学において注目してきたことは、臨床における交感が、通念・通俗の意味・価値から離脱していることである。この離脱は、ハイデガーのいう「超越」の一つであり、何らかの自己利益を得るための功利的な思考・行動が棚上げされることである。そして、この離脱という状態において、自・他の感性的つながりが、心のなかにおのずから立ち現れる。この感性的つながりは、人と人のあいだだけでなく、人と他の生きものとのあいだにも立ち現れる。そして、この立ち現れに必要なものが、ベルクソンの「生命」、ハイデガーの「存在」、メルロ＝ポンティの「自然」などの概念であり、これらの概念を通じて、人は、自然性の生動性を、人・生きているもののなかに見いだすこと、つまり想像することができる。

この自然性の生動性は、少なくとも人間にとっては、ただたんに生き生きしていることではなく、さまざまな災悪・不幸・暴力に直面しつつも、再起し〈よりよく〉在ろうとする強度の志向をともなっている。ベルクソンの「直観」、ハイデガーの「思考」、さかのぼれば、ヘーゲルの「精神」（Geist）、カントの「理性」（Vernunft）、「意志」（Wille）、ルソーの「善きもの」（moralité）、トマスの「知性」（intellectus）、アウグスティヌスの「霊性」（spiritus）などは、生動的な〈よりよく〉志向をふくんでいる。この志向の起点も行先も、予め決められていないが、その志向が人に固有なかたちで内在すること自体は、認められる。臨床とともに生じる超越は、生の肯定に支えられた、この生動的な〈よりよく〉志向の現れである。

2　象りを彩る生動性

次に、この生動的な〈よりよく〉志向が、感性と知性が交わる営みである象り（imaginatio 想像）と不可分である、と再確認しよう。先に述べたように、感覚・知覚は、つねに何らかの感情をともなっている。この感情は、何らかの事実とともに想像されたものであり、〈よりよく〉志向の「性状」（quality 豊かさ・乏しさ）は、この象りの性状によって決まる。この象りの基礎、すなわち、その象りを妄想・幻想・空想などから区別するものは、この象りが存在論（生命論）的思考（交感し遡及する思考）を踏まえていることである。〈よりよく〉志向とともに生きることは、何らかの規範にただ随順して生きることではなく、実在的な生／現実的な生の矛盾や違和を感じ受けとめながらも、生動的に生きることである。それは、通念の制度・規範に従いつつも、「心」でそれらに抗い、少しでもそれを生動的に〈よりよい〉ものに変えようとすることである。

こうした感情をともなう象りは、臨床の経験だけでなく、ある種の芸術の経験にも、見いだされる。以前にもふれたが、ハイデガーは、ゴッホの『一対の靴』から、感性豊かな世界、いわば「情景」を象っている。「靴という道具から伝わり響いてくるのは、大地の黙然たる呼び声、すなわち、［秋の畑、手入れされた畑においては、］大地が麦の実りを無言で贈ることであり、冬の畑、荒れた畑においては、大地がその贈与をやめることである。この道具を貫いているものは、パンを得るための無言の心労、困難に打ち勝つ語りがたい歓喜、命が誕生するときの気持ちの高まり、死が迫るときの恐れである。この［一対の靴という］道具は、大地に聴き従う（zur *Erde* gehört）農婦の世界の内に（in der *Welt* der Bäuerin）保たれている」（GA 5, UK: 19）。この「農婦の世界」も、その「大地」も、ハイデガーが、ゴッホの絵から象った「存在」である。

象りは、いいかえれば、「心の眼」で見るものである。長田の評言を取りあげよう。長田は、ドイツの画家フリードリヒ（Friedrich, Caspar David 1774-1840）の「窓辺の婦人」（*Frau am Fenster*, 1822）について、次のように語っている。「一人の女が窓から外を見ている。何を見ているのか。遠くを見つめる目で、女はじぶんの心の奥を見つめている。よく生きるには——パスカルはこうも言った。よく澄んだ眼をもつことができなければならないと。……［私は］この世のずっと遠くを見たくなったら、その小さな絵をじっと見つめる」と

（長田 2009: 31）。「心の奥」にある「この世のずっと遠く」にあるものは、「肉の眼」に見えるものではなく、「よく澄んだ眼」、すなわち「心の眼」が見ようとするものである。心の眼は、「心で感じる神」（パスカル）のような、自分を生き生きと動かす可知的なものへの思考であり、その可知的なものの一端でもある。

つけ加えれば、このフリードリヒの絵画「窓辺の婦人」の「窓辺」は、イングランドの作家、キーツ（Keats, John 1795-1821）の詩「ナイチンゲールへの頌歌」（"Ode to a Nightingale," 1819）に登場する「不思議な窓辺」（magic casements）に重ねられる（Keats 1899: 144-6, 145）。この詩の一部は、デューイの『経験としての芸術』でも引かれている（CD 10, AE: 138）。その「窓辺」は、「危険な大海の泡立ちに向かって開かれている」。そして、その窓辺がある場所は、もはや「見捨てられた、幻想の土地」（faery lands forlorn）である（Keats 1899: 145）。それは、幼いころに人が夢見た世界、そして大人になって見捨てた世界、すなわち想像力が自在に掻き立てられる世界であろう。デューイにとって「新たな経験の創造」「彼方への旅立ち」（CD 10, AE: 138）は、この「幻想の土地」、いわば「どこでもないところ」に充満している生動の力動を必要としている。デューイにとって、その力動を喚起するものが、今・ここで、この私において現前する「経験としての芸術」である。

3　音楽すると生存する――強度の調和と存在論的思考

さて、本書の後半でおもに示したことは、「哲学する」、「詩作する」に類比される「音楽する」である。先にふれたように、音楽を演奏する人は、その音楽が作りだす集合的な「私たち」に帰属し、そのなかで、相互に交感しあう。ある種の調和を求めて。音楽することは、こうした演奏する人のそれでもあるが、音を聴く人のそれでもある。そもそも、人の感性は、およそつねに音楽している。人の感性はまず、音に律動、旋律、和声をおのずから求め、それらを協和させる全体を想像している。人の感性はまた、音楽することによって、現実の世界の諸制度を超える、心の状態を作りだしている。後者の意味で音楽することは、いわゆるコミュニケーションを遮断することである。音楽が作りだすものは、いわゆるコミュニケーションがないときの独りの閑かさである。音楽が創りだすこの独りの閑かさは、ときに可知的な想像を生みだす。

音楽することによるコミュニケーションの遮断は、恣意的な批評を中断し、思考を自由にすることである。音楽することは、いわば垂直の志向をもつ営みであり、それは、水平な方向に広がる営みに背馳する。人が恣意的に書き散らす批評は、およそ水平な方向に広がる営みである。垂直の志向をもつ音楽を特徴づけるものは、楽曲の構造でも、技巧的卓越でも、社会的名声でも、趣向の新しさでもない。これらは、すべて批評のための規準である。垂直の音楽を特徴づけるものは、可知性である。可知性は、数学の原理や物理学の真理かもしれないが、ある人が意志する固有な生存の真実でもある。その生存の真実は、生成し消滅する一つのいのちが体現する、固有なテロスに向かう生動性である。この生動性は、つきつめていえば、思考の自由であろう。この思考の自由は、律動・旋律をともなっている。この思考が、高まり低まり、続き止まり、変奏され転調するからである。この律動・旋律を構成するものは、音でもあれば、言葉でもある。

また、音楽することは、強度の調和に向かうことであり、その調和は、生存することにも見いだされる。音楽は、一つの楽曲として、律動、旋律、和声のさまざまな差異の調和に向かっているが、生存も、一つのいのちとして、心／身、生／死、善／悪、現実／意志といった、さまざまな差異の調和に向かっている。たとえば、シェーンベルク（Schönberg, Arnold 1874-1951）の無調音楽にも、またキング・クリムゾンの律動・旋律にも、不協和音が溢れているが、それらの不協和音は調和している。不協和音を飲み込む律動・旋律の調和を、強度の調和（intense harmony）と呼ぶなら、音楽が向かう強度の調和は、生存が求める強度の調和に類比される。一つのいのちは、生成し消滅し、その後で、他のいのちが生成し消滅する。そうした生命の律動を感じるなかで、一つのいのちは、生を肯定し、愚劣・災悪・暴虐・権力に晒されながらも、それらを受けとめ、頭を上げて生き続けるだろう*。こうした悲哀・困難を飲み込む調和も、強度の調和と形容することができる。人の心は、自由に思考しているかぎり、生を肯定しつつ、さまざまな差異を編み、繋ぎ、歓び、ひとまとまりの持続を生みだす。その意味で、生存することは、音楽することと、類同的である。

こうした強度の調和は、可能なかぎり「曲想」を見渡すことによって、創りだされる。新しい楽曲解釈や即興演奏の魅力は、「霊感」(inspiration)といわれる、〈今・ここ〉の新しい感興の現れであるが、この感興は、「曲想」と呼ばれる楽曲の文脈のなかに位置づけられてこそ、音楽の構成要素となる。この曲想は、律動でもあれば、旋律でもある。ニーチェは、律動について、次のように語っている。「完全な忘我でありながら、全身がたえまなく振動し、心が高揚していく」ことは、「本能」(Instinkt)が「律動的な［音と音の］関係を感受する」ことである。その律動(Rhythmus)の感受において重要なことは、「さまざまな［音楽の］様式が散りばめられている広大な［楽曲の］広がりをできるかぎり見渡し、そこに一つの律動を見いだす」ことであり、「その律動が、どのくらい遠くまで広がっているか、その長さを知る」ことである。こうした律動の感受が、「霊感の力動や強度を調整していく」と(KS 6, EH: 339-40［この箇所は Noudelmann 2009/2014: 132-3 も取り上げている］)。この曲想の見渡しは、いわゆる「人生設計」や「キャリアプラン」にではなく、一人ひとりの生を持続化し感性を豊穣化する、一人ひとりが固有に創出する存在論的思考に、準えられる。なお、ニーチェは、この曲想の見渡しのもとで生まれる「新しい音楽」は、「大きく美しく独りの野獣［＝力への意志］とともに生き、さすらう……魂(Seele)」にふさわしい、と述べている(KS 5, JGB: 201[sn. 255])。

もっとも、音楽することが生存することに類比されるとしても、音楽すること自体は、生の肯定に支えられた生動的な〈よりよく〉志向(生命の意志)の存立を保証するものではない。音楽を愉しんでいれば、自然に〈よりよく〉、生きられるわけではない。たしかに「音楽は、かの［神の］創造と存在の海を、つまり唯一の無限の世界……を思い起こさせるただひとつの媒体である」と考えられる（Menuhin 1972/1973: 21）。また「音楽は、私たちに存在、いわば生命の永遠性・普遍性を示す。……音楽は、［神の人への］愛にひとしく、一つのいのちを創造的に結びつける」と言われている（Parain-Vial 1980: 10-11）。しかし、音楽することが、生動的な〈よりよく〉志向を生成させるためには、先に述べた感性豊かな知性が必要である。この感性豊かな知性は、自分・他者を包み込む「気分」としての交感とともに、エゴセントリックな思考をより開かれたものに変えていく存在論的思考をふくんでいる。この、他者と交感し、可感的である「自我」を超えて可知的である「自己」に向かうという意味で「存在論的」と形容される知性は、人間と他の生きものの共生を実現する活動を可能にしていく。音楽することは、たしかに人が「生命の意志」にひとしい〈よりよく〉志向を生成させる契機であるが、この志向を生みだす主体は、あくまで感性豊かな知性である。

＊ 中原中也は、「寒い夜の自我像」という詩のなかで（中原 1981: 74-5）、「その志明らかなれば冬の夜を我は嘆かず……蹌踉めくままに静もりを保ち、……陽気で、坦々として、而も己を売らないこと」を願う、と記している。この「志」にも、「生命」の律動を見いだすことができるだろう。

3　交感の忘失のなかで

1　交感の忘失のなかで

最後に、暗い未来を素描してみよう。私たちが、人間の作った現実の世界に包囲され、その圧倒的な権力に晒され、またそれに自発的に参画しているからである。人間は、自他が感性でつながり、ともに生きる存在者、すなわちハイデガーのいう「世界内存在」であるだけでなく、社会的はたらきに大きく規定される存在者、すなわちサルトルのいう「世界に包囲された存在」（être-milieu-du-monde）でもある（JPS, I: 351）。サルトルは、「すべての想像的創造が、まったく不可能であるのは、人の意識が、その本性において『世界に包囲されて』（*au-milieu-du-monde*）いるからである」と述べている（JPS, I: 353）。社会の大きな趨勢としての「「現実の」世界」に自発的に隷従している意識は、それに抗うことも、それを変えることもできない。その意識にできることは、ただ、この「世界」の事実性（通念の意味・価値・規範）に追従し、その事実性の枝葉末節すらも超越できず、規則にただ随順し、法令をただ遵守し、安らぎながら生きることだけである。

こうした現実の世界において、交感は忘失されていく。趨勢としてみるなら、人びとの活動の多くが、快／苦（喜び／苦しみ）の原理で決定されているからである。また、たとえば、交感が、個人の相対的肥大化のなかで、共感化されているように見えるからである。さらに、人びとの活動の多くが、功利性（利益／損失）の原理で、決定されているように見えるからである。たとえば、現在、少子高齢化、出生率低下が問題視されているが、子育てを「コスパ」で考えれば、子どもをもつことをためらってしまう、ということも、その理由の一つだろう。また、法令遵守のもとであちこちで「可視化」（「見える化」）が求められているが、それは、価格表示・数値表示でもある。それは、〈価格化・数値化できないものは切り捨てられる〉と、人を脅すことである。そして「教育の投資化」である。近年、人は、何のためらいもなく、教育を「未来への投資」と形容している。それは、〈後で利益が回収できない教育は無意味である〉と、断じることである。功利性の肥大が厄介なことは、自己利益を求めるあまり、過剰に神経質になり、少しでも気に入らないことがあると、激しく怒り、手段を選ばず相手を攻撃することである。それは、思考の陰険化である。

現代社会において、交感が、快／苦の原理、功利性の肥大によって忘失されているなら、その忘失は、想像の貧困化でもある。それは、たとえば、未知なものへの希望が、個人の欲望に還元されることであり、超越への意志が、個人の思いどおりという恣意と混同されることであり、他者への気遣いが、他者の自己決定への制度的配慮にすり替わることであり、そもそも、現実の世界からの自由が、個人の自己決定化に縮減されることである。念のためにいえば、「意識が想像的であるためには……意識は、自由（libre）でなければならない」。その「自由」は、自己意思による自律ではなく、現実の世界からの自立である。人びとを包囲し人びとに浸透する社会の通念を棚上げすること、すなわち「［現実の］世界の空無化（néantisation）は、この意識の自由（liberté）そのものを裏打ちしている」（JPS, I: 353）。つまり、意識の自由化と、現実の世界の空無化は、表裏一体である。交感の忘失は、こうした自由を掘り崩し、したがって想像を貧困化してしまう。サルトルはかつて、人間はそもそも自由であり、その自由を具現するものは「参加」（engagement）である、と考えていたが、現実の世界を変革する参加、すなわち思わずの支援を可能にしているのは、交感である。

こうした交感の忘失、想像の貧困化は、人文・芸術の内容を衰微させ、人文・芸術の内容の衰微は、人間と動物の地続き性、人間と自然の和集合という概念を、薄笑いとともに排除していくだろう。音楽は、「自然」や「存在」に向かうための媒体ではなく、一時の快感を得るための消費材になるだろう。さらに、こうした変化は、現代の教育思想を自壊させるだろう。少なくない現代の教育思想、たとえば、ビースタのそれは、デモクラシーの大切さ、差異の包摂の大切さ、実在の大切さを訴えているが、それらの前提である交感も想像力も、これからますます掘り崩されていくだろうから。土台を失った建物は、勝手に崩れ落ちる。そこに生きる人は、もはやニーチェのいう「ルサンチマン」（ressentiment）すらもちえないだろう。〈生きることには、救いへの希望などなく、苦悩し続けた後の死滅があるだけ〉という観念すら生まれないだろう。ルサンチマンは、希望への意志を隠しもつ自分を欺かなければ、生まれないが、交感も想像力も枯渇した世界では、その希望への意志すらも、消え去るだろう。ひょっとすると、自己決定、他者配慮、利益追求、規則随順、快適必須によってフォーマットされた心は、ＩＣＴ、ＡＩの活用とともに、それらにふさわしく活動することで「生き生きする」かもしれないが。

こうした暗澹たる未来が、あたかも「望ましいもの」として、未来の人びとを待ち受けているとしても、少なくとも存在論的に「教育」の可能性を語ることは、不可能ではない。ただし、その「教育」は、いわゆる「学校教育」ではなく、私たち一人ひとりの固有の「人間形成」（への支援）としての自分教育である。ニーチェの言葉を借りれば、「みんなと一緒に行く」ことでもなく、「みんなの先頭に立つ」ことでもなく、「自分自身で行く」ことである（KS 6, GD: 65-6）。それは、功利性・事実性を重視する社会のなかで生きながらも、そうした社会の趨勢から隔たり、自分を解き放ち、社会的かつ実存的というかたちで、重層的に生きることである。いいかえれば、この社会のなかで超越を見いだし、この歴史のなかに時熟を見いだすことである。それは、田中毎実の言葉を借りて端的にいえば、「半身の構え」で生きることである。

2 自分に対し証言する自己創出

最後に、こうした交感し遡及する存在論的思考をふくむ感性豊かな知性という概念が、教育哲学の主題である「人間形成」（いいかえれば「自己創出」（human autopoiesis））にどのような視座・考え方をもたらすのか、手短に述べておこう。第8章でも述べたが、ここでいう自己創出は、人が、みずから・おのずから自分の思考を創出していくことであり、広義の学び生きることである。教えることは、この自己創出への支援であるが、それは、基本的に事後的にのみ、つまり当人が「教えられた」と思うことでのみ、認識されるはたらきかけである。また、自己創出が、一人ひとりにおいて向かうところ（テロス）も、事後的にのみ、つまり当人が過去をふりかえり「自分がめざしていたもの」を思うことでのみ、自分に語りうることである。

さて、先にふれた「大地」「この世のずっと遠く」といった言葉が指し示すものは、客観的なものではなく、一人ひとりにおいて心のなかで感性的に象られた実在（想像された実在）である。この象られた実在は、思いの及ばないもの、しかし思いが向かうところの表れ・徴し、つまり表徴（signum）にすぎない。その何かは、あくまで一人ひとりにおいて固有に象られるものである。この象りという営みは、人が他人に向けて表明するべきことではなく、あれこれ惑いながらも、自分に向けて自分が証言すべきことである。これこそ、この「私」にとってもっとも大切である、と。それは、幼いころに自分が享受した親からの愛かもしれない。その愛に向かうことは、その愛に引き籠もるためではなく、その愛に力をもらい、新たに前進するためである。その愛は、当人の自己創出が体現する固有性（当人だけがもつ性状（質）、いわば「個体性」）であり、また特異性（特定の他者にとっての自分の性状（質）、いわば「かけがえのなさ」）の存立条件である。

こうした自己創出の営みは、いわゆる「教育政策」が命じるさまざまな意味・価値と無関係ではなく、その存立条件である。たとえていえば、教育政策が命じるさまざまな意味・価値が、紙に書かれている文字であるとすれば、自己創出の営みは、その紙である。紙がなければ、文字は無に帰すか、ひらひら舞い散るだけである。すなわち、一人ひとりの自己創出がなければ、すべての意味・価値は無に帰すか、鬱陶しい強制にすぎなくなる。その意味で、自己創出は、教育政策の「土台」（base）である。すなわち、教育政策をおもに構成する「有能化」・「社会化」・「主体化」などの「能力形成」の礎である。ただし、この土台は、つねにすでにこの「私」である。形成される人間は、概念ではなく、固有特異なまなみの「私」である。したがって、自己創出も、教育政策で意味・価値づけられる概念ではなく、そうした議論を可能にしている「私」の生存の本態を記述し表現する措定的概念である。もしも、教育政策が自己創出を語ることがあるなら、それは、固有特異な「私」の自己創出を教育政策の語りがたい前提とする、と語ることである。

「私」の自己創出は、いいかえれば、この「私」のおのずから・みずからの事実である。それを看過し、秩序化のための意味・価値を定立し、それらを教え込み、それらに従わせようとし続けるなら、人が生きることは、ますます息苦しくなっていくだろう。どんなにもっともらしい意味・価値を宣揚し具現しようとしても、「私」の自己創出が無視され看過されるなら、生き生きと生きられなくなる。正確に規定され、厳格に遵守される意味・価値は、いわば社会を秩序づける制度である。これに対し、生動的であり抗争し闘争する「私」の自己創出は、いわば、自然性・生動性を表徴する、いわば音楽的なものである。制度は、たしかに必要であるが、それを踏まえながらも、それを自分なりに更新するもの、つまり〈よりよく〉するものとしての音楽することも、同じく必要である。「私」の自己創出を彩るものは、楽譜を読みながらであれ、自分なりに音楽を迎えつつ演奏すること、つまりデシフラージュという意味で、音楽することである。

少なくとも私にとって、教育哲学が語るべきことは、一人ひとりの自己創出の支援であり、それは、「自我」から区別される「自己」の象りを自分に対し証言するという意味で、自己を自分で哲学することである。それはまた、自分の自己創出の行先を、不断に確かめ不休に考え続けることである。それは、人で在ろうとする人なら、だれにでもできることであり、実際にこれまで多くの人がしてきたことである。それは、バルト（Barthes, Roland 1915-80）にならい（Barthe 2002）、「イディオリトミー」（idiorrythmie）、すなわち、自分に固有な律動で生きること、ということもできる。つまり、人で在ることは、固有に自己創出することで他者とともに在ることである。ここに、矛盾はありえない。自分の大切なものに向かうことが、他者のそれと矛盾することは、大切なものが、「私」の真実ではなく、社会的であるときである。「私」の真実は、音楽と同じで、つねに固有的である。人が真実のテロスをめざすところには、共同体なき共生が立ち現れる。そして、教えるということは、たんに知識・技能を習得させ、能力を形成し、有能化・有用化することだけではなく、自分の自己を自分で哲学することへの支援すべてでもある。その自己創出への支援は、どのようなかたちであれ、事後的に「教えられた」と意味づけられる、だれか・何かからのはたらきかけすべてである。

最後に、フーコーに倣い、思考を花火に喩えておこう。フーコーは、謙虚なことにも、自分の思考を花火師が打ち上げる花火に喩えた。フーコーのいう花火は、儚いが、みんなが見あげて愉しむ、壮麗な花火であろう。これに対し、私たちの花火は、私たちが独りで愉しむ、ささやかな線香花火である。しかし、ささやかであろうが、壮麗であろうが、そんなことは、どうでもよい。どちらの思考も、交感し遡及し可知性に向かうという意味で存在論的であるかぎり、闇のなかの光である。この存在論的思考という光を失うなら、人の生き方は、他者の過誤を赦し、人間であれ、他の生きものであれ、一つのいのちの生存を気遣い、慈しみ、その死滅を悼み、悲しむ生、すなわち、運命への愛（amor fati）を滲ませる慈愛の生とは、無縁だろう。

あとがき

本書は、もともと『人間の自然―交感と〈よりよく〉』と題されていた。その原型は、二〇二一年度夏学期（4月から7月）に東京大学教育学部で行った『教育臨床学概論』（講義題目「文化を哲学する―人新世時代に人間と自然の関係を考える」）の講義資料である。上梓するために、このぐちゃぐちゃな講義資料にかなりの加筆・修正を加え、さらに二〇二二年の教育思想史学会のシンポジウムにおける報告論文（序章 原題「人間性の自然性―人新世における存在論的思想史へ」）、また同年の東京大学大学院教育学研究科における講義原稿（第7章 原題「音楽する〈人の自然〉」）、さらに二〇二三年五月の気仙沼市教育委員会における講演原稿（第8章 原題「海洋リテラシーに依る知性の教育」）を加え、タイトルも変更した。

コロナ禍のため、気仙沼市における講演を除けば、これらの講義・報告は、すべてオンラインで行われた。オンラインによる学部の講義の進め方については、戸惑うことも多かった。しかし、同講義の教務補助を担ってくれた日隈脩一郎さん（教育学研究科博士後期課程）のおかげで、滞りなく、また有意義に進めることができた。日隈さん、ありがとう。また、本書の原稿は、二〇二三年の春から夏にかけて、人間と自然の存在論に音楽の存在論を加えることで完成したが、その原稿の校正・照査を、長戸光さん（教育学研究科博士後期課程）が担ってくれたおかげで、本書の原稿は、よりよいものになった。長戸さん、ありがとう。

私は、「人新世」と呼ばれる時代、地球温暖化による環境危機が現実なものとなりつつある時代だからこそ、循環型社会への転換を謳う政策的な対処策を遂行するだけでなく、思想的に人間と自然の関係を再構成する必要がある、と考えてきた。その内容は、生きものに通底する自然性＝生動性を遡及的に想像しつつ、交感する〈人間の自然〉を再確認し、いわゆる自然に対し、与り用いるという〈よりよい〉姿勢を取ろう、と提案しているだけである。いいかえれば、私はここで、自分たちが引き起こした危機によって、他の生きものが殺されていくことを「見て見ぬふりすることなど、だれもしたくないはず」と言っただけである。

私にとって、他ならない私たちにとって他のいのちが死滅することに自分のいのちが揺さぶられる、という経験は、圧倒的な強度に満ちている。むろん、表面上の言動はともかく、「そんなことは、私の関知することではない」と内心思っている人も、たしかにいるだろう。感情の強度は、すべての人に平等ではないし、近年、社会全体が、ますますICT、AIによる「情報処理」「知識社会」に向かい、情報・知識の基底にあるべきである強度の経験、それが生みだす感性の豊かさ（豊かな交感）が、忘失されているからである。その忘失に抗う思想が、外在・内在の「自然」に自然性・生動性を見いだす存在論である。

本書のもう一つの試みは、音楽を哲学することである。一八歳の私に、ある大人が「音楽を聴くことがいくら上手でも、何の自慢にもならないよ」と、自嘲気味にいった。その人は、楽器の弾けないクラシック愛好家だった。彼の見解とちがい、私は、音楽を聴くことは、楽器を弾くことと同じく大切であり重要な能力を要する、と思ってきた。もっとも、私にとっての音楽は、学校の『音楽』でも、みんなで踊り楽しむ「音楽」でもなく、独りで思考するための「音楽」であった。いいかえれば、ジャンルを問わず、通念を超える思考を喚起する「音楽」であった。親しかったCD屋の店主は、私の購入するCDを見て、いつも困惑していた。「Dead Can DanceとTangerine DreamとDream Theater？ どんな趣味してるの（笑）？」と。

私にとって、自分の風変わりな音楽の趣向は、解き明かされるべき謎であった。共振、「音楽する」という概念は、この解明作業に不可欠であった。私がいう共振は、リズムに乗って身体を揺らしくねらせている状態ではなく、通念を超える存在論的思考が喚起され、真実に向かう知性が励起されることである。「音楽する」は、自分を微睡みから目覚めさせる、強度に満ちた、自分を圧倒する波動である。したがって、少なくとも私にとって、音楽を聴くことは、自分が生きるうえでとても大切な営みである。こうした音楽の存在論の内容は、客観的に証明される事実ではなく、私が私に対し証言するべき、私のなかの実在である。

私にとって、こうした音楽の存在論は、教育の存在論に重ねられる。音楽の存在論的思考が、「音楽」を通じた、一人ひとりに固有的である感性の知性の豊穣化ないし超越化であり、それはそのまま、自分の思考の自己創出という「学び」であり、その自己創出への支援としての「教える」だからである。その感性の知性がめざすところは、かつてキリスト教思想において「完全性」と呼ばれたものといくらか重なるが、この完全化としての完全性という概念とともに、その本態であった「真実への意志」も「存在の力動」も、教育学においては、今や忘失されつつある。本書の試みは、この忘失の趨勢に対するささやかな抵抗でもある。なお、ところどころでサルトルに言及しているのは、学生時代の自分へのたんなるオマージュである。

〈楽曲〉ロックのみ

Agalloch 2002 *The Mantle*. New York: The End Records.

Alphaville 2010 *Catching Rays on Giant*. Hilversum: Universal Music Group.

Dead Can Dance 1988 *The Serpent's Egg*. London: 4AD.

Depeche Mode 1990 *Violator*. London: Mute Records.

Depeche Mode 2009 *Sounds of The Universe*. London: EMI.

Emerson Lake & Palmer 1971 *Pictures at an Exhibition*. London: Island Records（2016 Leadclass/BMG）.

King Crimson 1974 *Starless and Bible Black*. London: Island Records.

Lisa Gerrard and Pieter Bourke 1998 *Duality*. London: 4AD.

Queensrÿche 2003 *Tribe*. London: Sanctuary Records（Victor Entertainment Japan）

Rush 2012 *Clockwork Angels*. New York: Roadrunner Records.

Tangerine Dream 1975 *Ricochet*. London: Virgin Records.

Tangerine Dream 1979 *Force Majeure*. London: Virgin Records.

Yes 1977 *Going for the One*. New York: Atlantic Records.

Vangelis 2019 *Nocturne: The Piano Album*. London: Decca Records.

は何か——物理的に見た生細胞』岩波書店.

Silegius, Angelus 1992(1675) *Cherubinischer Wandersmann*, hrsg. Hans Urs von Balthasar Freiburg: Johannes Verlag. / 1992 シレジウス(植田重雄・加藤智見訳)『シレジウス瞑想詩集』上・下 岩波書店. [ab: **AS, CW**]

Spinoza, Benedictus de 1987[1925] *Opera Spinza im Auftrag der Heidelberger Akademie der Wissenschaften*, hrsg. Carl Gebhardt, 4 Bde. Heidelberg : Carl Winters Verlagsbuchhandlung. [ab: **OS**]

E = *Ethica: Ordine Geometrica Demonstrata*, OS, Bd. 2. / 1975 スピノザ(畠中尚志訳)『エチカ』上・下 岩波書店. [最初の数字は「部」、ADfは「感情の定義」、Apは「付録」、Axは「公理」、Cは「系」、Dfは「定義」、Dは「論証[証明]」、Eは「説明」、Pは「定理」、Sは「備考」]

Supiot, Alain 2005 *Essai sur la fonction anthropologique du Droit*. Paris: Éditions du Seuil. / 2018 シュピオ(橋本一径・嵩さやか訳)『法的人間 ホモ・ジュリディクス』勁草書房.

Trivaudey, Robert 2020 *Esthétique de l'existence: Ou comment faire de sa vie une oeuvre d'art Essai sur Michel Foucault*. Paris: Éditions L'Harmattan

Thérien, Claude 2016 "« L'idée d'un a priori affectif » et la perception esthétique chez Mikel Dufrenne," *Nouvelle Revue d'esthétique*, no. 17: 61-75.

Tillich, Paul 1988-98 *Main Works / Hauptwerke*, ed./hrsg. v. Carl Heinz Ratschow. Berlin/New York: De Gruyter - Evangelisches Verlagswerke. [略号 **MW/HW**]

CB = *The Courage to Be*, MW/HW, Vol./Bd. 5. / 1999 ティリッヒ(大木英夫訳)「生きる勇気」『ティリッヒ著作集』第9巻 新教出版社.

Tollefson, Jeff 2019 "The hard truths of climate change," *Nature* 573: 324-6.

UNESCO 1996 *Learning: The Treasure Within*. Paris: UNESCO Publishing.

Vergilius Maro, Publius 2011 *Aeneis*, ed. Gian Biago Conte. New York/Berlin: Walter De Gruyter.

Vico, Giambattista 1953 *La Scienza nuova seconda*, a cura di Fausto Nicoline. Bari: Gius. Laterza & figli. [ab: **GV**, **SN**][PN = 段落番号]

Voosen, Paul 2016 "Anthropocene pinned to postwar period," *Science*, 353: 852-3.

Waldenfels, Bernhard 2000 *Das leibliche Selbst: Vorlesungen zur Phänomenologie des Leibs*. Frankfurt am Main: Suhrkamp Verlag. / 2004 ヴァルデンフェルス(山口一郎・鷲田清一監訳)『講義・身体の現象学——身体という自己』知泉書館.

Wallace-Wells, David 2019 The *Uninhabitable Earth : Life after Warming*. New York : Tim Duggan Books. / 2020 ウォレス・ウェルズ(藤井留美訳)『地球に住めなくなる日』NHK出版. [ab: UE]

DM = *Dictionnaire de musique*, OCR. t. 5.

OFI = *Discours sur l'origine et les fondmens de l'inégalité parmi les hommes*, 1755, OCR. t. 3.

Ryan, Thomas 2010 "Aquinas on Compassion: Has He Something to Offer Today?" *Irish Theological Quarterly* 75(2): 157-74.

Subramanian, Meera 2019 "Human versus Earth," *Nature* 572: 168-70.

Saint-Exupéry, Antoine de 2020(1942) *Pilote de Guerre*. Paris: Éditions Gallimard.

Saint-Pierre, Bernardin de 2007(1804[1784]) *Études de la nature*, présnté et anonoté, Colas Duflo. Saint-Étienne: Publications de l'Université de Saint-Étienne. [ab: **SP**, **EN**]

Sartre, Jean-Paul 1943 *L'être et le néant: Essai d'ontologie phénoménologie*. Paris: Édition Gallimard. / 1958 サルトル（松浪信三郎訳）『存在と無――現象学的存在論の試み』I・II・III（サルトル全集 第19巻3分冊）人文書院.

Sartre, Jean-Paul 1986(1940) *L'imagination: Psychologie phénoménologie de l'imagination*, édn. Arlette Elkaim-Sarte. Paris: Édition Gallimard (Folioessais). / 1955 サルトル（平井啓之訳）『想像力の問題』（サルトル全集第12巻）人文書院.

Sattler, Jochen 2011 "Phänomenologie und Ontologie bei Oskar Becker," [https://d-nb.info/1010622420/34.]

Scheler, Max 1954-97 *Gesammelte Werke*, Hrsg. von Maria Scheler und Manfred S. Frings, 15 Bde. Bern/München: Francke Verlag. [ab: **MSGW**] / 2002 シェーラー(飯島宗享, 小倉志祥, 吉沢伝三郎編)『シェーラー著作集』全15巻 白水社.

WFS = *Wesen und Formen der Sympathie*, 1923, Bd. 7.

Scheler, Max 1923 *Wesen und Formen der Sympathie*, Bonn: Verlag von Friedrich Cohen. [ab: **MS**, **WFS**]

Schelling, Friedrich Wilhelm von 1856-61 *Sämtliche Werke*, hrsg. v. K. F. A. Schelling. Stuttgavt und Augsburg : J. G. Cotta Verlag. (= CD-ROM *Schelling-Werke*, Berlin: Total Verlag, 1998) [ab: **SW**] / 2006-11 西川富雄ほか監修『シェリング著作集』燈影社.

Schiller, Friedrich 2008 *Schiller Sämtliche Werke*, hrsg. Gerhart Fricke und Herbart G. Göpfert, 5 Bde. München: Carl Hanser Verlag. [ab: **SSW**]

TV, MA 1797 = "Tabulae Votivae," *Musen-Almanach fur das Jahr 1797*, SSW, Bd. 1.

Schleiermacher, Friedrich 1913 *Schreiermachers Werke*, 4 Bde, Hrsg. von Otto Braun und D. J. Bauer. Leipzig: Felix Meiner. [ab: **FSWL**]

UR = *Über die Religion*, 1799, in FSWl, Bd. 4. / 1991 シュライエルマッハー（深井智朗訳）『宗教について――宗教を侮蔑する教養人のための講話』春秋社.

Schrödinger, Erwin 1944 *What is Life?: The Physical Aspect of the Living Cell*. Cambridge: Cambridge University press. / 2008 シュレジンガー（岡小天・鎮目恭夫訳）『生命と

New York: Chales Scribmer's Sons. / 1998 パスモア（間瀬啓允訳）『自然に対する人間の責任』岩波書店

Pestalozzi, Johann Heinrich 1927–96 *Sämtliche Werke : Kritische Ausgabe*, Begründet von Artur Buchenau, Eduard Spranger, Hans Stettbacher, 29 Bde. Berlin, Leipzig und Zürich: de Gruyter, Orell Füssli Verlag und Neue Zürcher Zeitung. [ab: **KA**].

MN = *Meine Nachforschungen über den Gang der Natur in der Entwicklung des Menschengeschlechts*, KA, Bd. 12. / 1974 ペスタロッチー（虎竹正之訳）「人類の発展における自然の歩みについての私の探究」（長田新編）『ペスタロッチー全集』6 第２版 平凡社.

Pocock, J. G. A. 2003 *The Machiavellian Moment: Florentine Political Thought and the Atlantic Republican Tradition*, Revised Edn. Princeton: Princeton University Press. / 2008 ポーコック（田中秀夫／奥田軽／森岡邦泰訳）『マキャベリアン・モーメント』名古屋大学出版会.

Quine, Willard Van Orman 2013（1960）*Word and Object*, new edition. Cambridge, MA: The MIT Press. / 1984 クワイン（大出晁・宮館恵訳）『ことばと対象』勁草書房.

Rancière, Jacques 2004（1987）*Le Maître ignorant : Cinq leçons sur l'émancipation intellectuelle*, Paris: Librairie Arthème Fayard. / ランシエール（梶田裕／堀容子訳）『無知の教師——知性の解放について』法政大学出版局. [ab: **JR**, **MI**]

Reich, Eugenie Samuel 2009 *Plastic Fantastic: How the Biggest Fraud in Physics Shook the Scientific World*. New York: St. Martins Press.

Ricœur, Paul 2000 *La memoire, l' histoire, l' ouble*. Paris: Éditions du Seuil. / 2005 リクール（久米博訳）『記憶・歴史・忘却』上・下 新曜社.

Rilke, Rainer Maria 1905 *Das Stunden-Buch*. Leipzig: Insel Verlag. [ab: **RR**, **SB**]

Rilke, Rainer Maria 1996 *Rainer Maria Rilke Werke: Kommentierte Ausgabe*, 4 Bdn, Hrsg. Manfred Engel, et. al. Frankfurt am Main: Insel Verlag. [ab: **RKA**]

E = "Erlebnis," RKA, Bd. 4.

Rosenthal, Abe M. 1999 *Thirty-Eight Witnesses: The Kitty Genovese Case*. Berkeley: University of California Press.

Rousseau, JeanJacques 1959-69 *Œuvres complètes de Jean-Jacques Rousseau*. 5 vols. Paris: Éditions Gallimard. [ab: **OCR**]

DOFI = *Discours sur l'origine et les fondements de l'inégalite prmi les Hommes*, OCR. t. 3.

EDPR = *Examen de deux principes avances psœar M. Rameau*, OCR. t. 5.

EE = *Émile, ou de l'éducation*, 1762, OCR. t. 4.

EOL = *Essai sur l'origine des langue*, OCR. t. 5.

[ab: **MMP, N**]

Merleau-Ponty, Maurice　2010　*Œuvres*, éd. Claude Lefort. Paris : Éditions Gallimard. [ab: **MMP, O**]
OE = *L'Œil et l'esprit.*

Rilke, Rainer Maria　1996　*Rainer Maria Rilke Werke: Kommentierte Ausgabe in 4 Bden*, Hrsg. von Manfred Engel, Ulich Fülleborn, Horst Nalewski, August Stahl. Insel Verlag. [ab: **RKA**]
E = "Erlebnis," 1/2, RKA, Bd. 4.

Nietzsche, Friedrich　1988　*Friedrich Nietzsche Samtliche Werke: kritische Studienausgabe*, 15 Bden, Hrsg. von Giorgio Colli und Mazzino Montinari. Berlin/New York: Walter de Gruyter. / 1979-87『ニーチェ全集』第１期 12 巻、第２期 12 巻 白水社.［ab: **KS**］
ASZ = *Also sprach Zarathustra*, 1883-35, KS, Bd. 4. / ニーチェ（薗田宗人訳）「ツァラトゥストラはこう語った」II-1.
EH = *Ecce homo*, 1888, KS, Bd. 6. / ニーチェ（西尾幹二訳）「この人を見よ」II-4.
FW = *Die fröhliche Wissenschaft*, 1882-87, KS, Bd. 3. / ニーチェ（氷上英廣訳）「華やぐ知慧」I-10. [V=Vorrede, S.L.R.=Scherz, List und Rache, Sn=Section]
GD = *Götzen-Dämmerung*, KS, Bd. 6.
JGB = *Jenseits von GutundBöse*, KS, Bd. 5.
NF = *Nachgelassene Fragmente*, 1869-89, KS, Bd. 7-13.［Sn. * [*] は各巻の通し番号］
Bd. 11, NF 1884-85. / ニーチェ（薗田宗人訳）「遺された断想（1884 年春 -84 年秋）」II-7, ニーチェ（麻生建訳）「遺された断想（1884 年秋 -85 年秋）」II-8.
Bd. 13, NF 1887-89. / ニーチェ（清水本裕 / 西江秀三訳）「遺された断想（1887 年 11 月 -88 年 3 月）」II-10, ニーチェ（氷上英廣訳）「遺された断想（1888 年初頭 -88 年夏）」II-11,（氷上英廣訳）「遺された断想（1888 年 5 月 - 89 年初頭）」II-12.

Noudelmann, François　2009　*Le Toucher des philosopie: Sarte, Nietzsche et Bartkes au piano*. Paris: Éditions Gallimard. /　2014　ヌーデルマン（橘明美訳）『ピアノを弾く哲学者――サルトル、ニーチェ、バルト』太田出版.

OECD　2019　*Future of Education and Skills 2030: Conceptual Learning Framework: Student Agency for 2030*. Paris: OECD. [www.oecd.org/education/2030-project/teaching-and-learning/learning/student-agency/Student_Agency_for_2030_concept_note.pdf]

Parain-Vial, Jeanne　1980　"L'esthetique musicale de Gbriel Marcel," in Jeanne Parain-Vial, ed. *L'esthetique musicale de Gbriel Marcel*. Paris: Aubier, pp. 6-15.

Pascal, Blaise　1976　*Pensées*; Léon Brunschvicg ed. Paris: Garnier-Flammarion. / 1973　パスカル（前田陽一／由木康訳）『パンセ』中央公論社.

Passmore, John　1974　*Man's Responsibility for Nature: Ecological Problems and Western Traditions.*

GL = "Geist und Leben," KSW 3.

GS = "Geist und Seele," KSW 3.

GSf = "Goethe als Seelenforscher," KSW 5.

GWS = *Der Geist als Widersacher der Seele*, KSW 1/2. / 2008 クラーゲス（千谷七郎・平澤伸一・吉増克實訳）『心情の敵対者としての精神』1, 2, 3.1, 3.2（4 分冊）うぶすな書院.

KE = "Vom kosmogonischen Eros," KSW 3.

ME = "Mensch und Erde," KSW 3.

PEN = "Die psychologischen Errungenschaften Nietzsches," KSW 5.

WR = "Vom Wesen des Rhythmus," KSW 3. / 2011 クラーゲス（平澤伸一・吉松克實訳）『リズムの本質について』うぶすな書院.

La Boétie, Étienne de 2008 *Discours de la servitude volontaire*, Paris: Éditions Gallimard（Folioplus Philosophie）.

Löwith, Karl 1990 *Der Mensch inmitten der Geschichte*. Stuttgart：J. B. Metzler Verlag. / 2006 レーヴィット（柴田治三郎訳）『世界と世界史』岩波書店.

Menuhin, Yehudi 1972 *Theme and Variations*. London: Heinemann Educational Books. / 1973 メニューイン（和田亘訳）『音楽 人間 文明』白水社.

Menuhin, Yehudi 1977 *Unfinished Journey*. New York: Alfred A. Knopf. / 1979 メニューイン（和田旦訳）『果てしなき旅――メニューイン自伝』白水社.

Menuhin, Yehudi and Davis, Curtis W. 1979 *The Music of Man*. Sydney/New York: : Methuen. / 1983 メニューヒン／デイヴィス（別宮貞徳監訳）『メニューヒンが語る人間と音楽』日本放送出版協会.

Merleau-Ponty, Maurice 1964 *La Visible et l' invisible*, Paris : Éditions Gallimard. / 1995 メルロ＝ポンティ（中島盛夫監訳）『見えるものと見えざるもの』法政大学出版局.［ab: **MMP**, **VI**］

Merleau-Ponty, Maurice 1975（1965） *Les Relations avec autrui chez l'enfant*. Paris: Centre de documentation universitaire. / 1965 メルロ＝ポンティ（滝浦静雄・木田元訳）「幼児の対人関係」『眼と精神』みすず書房.［ab: **MMP**, **RAE**］

Merleau-Ponty, Maurice 1976（1945） *Phénomenologie de la perception*, Paris : Éditions Gallimard. / 1982 メルロ＝ポンティ（中島盛夫訳）『知覚の現象学』法政大学出版局.［ab: **MMP**, **PP**］

Merleau-Ponty, Maurice 1995 *La Nature : Note, Cours du College de France*, étabili et annoté par Dominique Séglard. Paris : Éditions du Seuil. / 2020 メルロ＝ポンティ（松葉祥一・加國尚志訳）『自然――コレージュ・ド・フランス講義ノート』みすず書房.

Heidegger, Martin 2001（1927） *Sein und Zeit*. Tübingen: Max Niemeyer Verlag. ［ab: **SZ**］

Hume, David 1985（1739） *A Treatise of Human Nature*. London/New York : Penguin Books.

Hume, David 2007 *A Treatise of Human Nature*, Vol. 1/2. Oxford: Oxford University Press.

Imhof, Arthur E. 1991 *Ars moriendi. Die Kunst des Sterbens einst und heute*. Wien/ Köln: Böhlau Verlag.

Internationale Convivialiste 2013 *Manifeste convivialiste: Déclaration d'interdépendance*. Lormont : Le Bord de l'Eau. ［ab: **IC 2013**］

Internationale Convivialiste 2020 *Second manifeste convivialiste: Pour un monde post-néolibéral par Internationale Convivialiste*. Arles: Actes Sud. ［ab: **IC 2020**］

Jankélévitch, Vladimir 1959 *Henri Bergson*. Paris: Presses Universitaires de France. / 1997 ジャンケレヴィッチ（阿部一智・桑田禮彰訳（阿部一智・桑田禮彰訳『アンリ・ベルクソン』新評論. ［ab: **VJ, HB**］

Kant, Immanuel 1974 *Immanuel Kant Werkausgabe*. 12 Bde, hrsg., Wilhelm Weischedel. Frankfurt am Main: Suhrkamp Taschenbuch Verlag. ［ab: **KW**］

KPV = *Kritik der praktischen Vernunft*, 1788, KW, Bd. 7.

KU = *Kritik der Urteilskraft*, KW, Bd. 10.

MAM = "Muthmaßlicher Anfang der Menschengeschichte", KW, Bd. 11.

P = *Prolegomena zu einer jeden künftigen Metaphysik, die als Wissenschaft wird auftreten könne*, KW, Bd. 5.

RGV = *Die Religion innerhalb der Grenzen der bloßen Vernunft*, 1793, KW, Bd. 8.

ZeF = "Zum ewigen Frieden," KW, Bd. 11.

UP = *Über Pädagogik*, 1803, hrsg., Friedrich Theodor Rink, KW, Bd. 12.

WA = "Beantwortung der Frage: Was ist Aufklärung ?," KW, Bd. 11.

Kerényi, Karl 1998［1976］ *Dionysos: Urbild des unzerstörbaren Lebens*. Stuttgart : Klett-Cotta. / 1993 ケレーニー（岡田素之訳）『ディオニューソス――破壊されざる生の根源像』白水社.

Keats, John 1899 *The Complete Poetical Works and Letters of John Keats, Cambridge Edition*. Boston/ New York: Houghton, Mifflin and Company.

Klages, Ludwig 1944（1934） *Vom Wesen des Rhythmus*. Zürich/Leipzig: Verlag Gropengiesser（Kampen auf Sylt: Niels Kampmann Verlag）. ［ab: **K-WR**］

Klages, Ludwig 1964-92 *Ludwig Klages Sämtliche Werke*, 14 Bde. Hrsg. Ernest Frauchiger, Gerhard Funke, Karl J. Groffmann, Robert Heiss and Hans Eggert Schröder. Bonn: Bouvier Verlag. ［ab: **KSW**］

BL ="Bewusstsein und Leben," KSW 3.

成』全 10 巻 筑摩書房.［ab: **FC**, **DE**］

Foucault, Michel 2001 *L'herméneutique du sujet : cours au Collège de France 1981-1982*. Paris: Éditions du Seuil/Gallimard. / 2004 フーコー（廣瀬浩司・原和之訳）『主体の解釈学――コレージュ・ド・フランス講義 1981 － 1982 年度』筑摩書房.［ab: **MF**, **HS**］

Foucault, Michel 2009 *Le courage de la vérité: le gouvernemant de soi et des autres II: cours au Collège de France, 1984*. Paris: Éditions du Seuil/Gallimard. / 2012 フーコー（慎改康之訳）『真理の勇気――「自己」と他者の統治２ コレージュ・ド・フランス講義 1983-1984 年度』筑摩書房.［ab: **MF**, **CV**］

Gilson, Étienne 1972 *Peinture et réalité*. Paris: Librairie Philosophique J. Vrin. / 1985 ジルソン（佐々木健一・谷川渥・山縣熙訳）『絵画と現実』岩波書店.

Gracyk, Theodore 2013 *On Music*. New York/Abington: Routledge.

Heffernan, Margaret 2011 *Willful Blindness: Why We Ignore the Obvious at Our Peril*. New York: Bloomsbury Pub. / 2011 ヘファーナン（仁木めぐみ訳）『見て見ぬふりをする社会』河出書房新社.

Hegel, Georg Wilhelm 1986 *Georg Wilhelm Friedrich Hegel Werke*. 20 Bde. Frankfurt am Main: Suhrkamp Verlag.［ab: **HW**］

PG = *Phänomenologie des Geistes*, 1807, HW, Bd. 3.

Heidegger, Martin 1975- *Martin Heidegger Gesamtausgabe*. Frankfurt am Main : Vittorio Klostermann. / 1985- ハイデガー（辻村公一／茅野良男／上妻精／大橋良介／門脇俊介ほか訳）『ハイデッカー全集』全 102 巻（予定）創文社.［ab: **GA**］

BFV = *Bremer und Freiburger Vorträge*, GA, Bd. 79.

BP = *Beiträge zur Philosophie*, GA, Bd. 65.

EM = *Einführung in die Metaphysik*, GA, Bd. 40.

EP = *Einleitung in die Philosophie*, GA, Bd. 29.

GM = *Die Grundbegriffe der Metaphysik*, GA, Bd. 29/30.

HKBD = "Die Herkunft der Kunst und die Bestimmung des Denkens," GA, Bd. 80.2.

LHLL = "Logik: Heraklits Lehre vom Logos," GA, Bd. 55.

N = *Nietzsche* I, GA, Bd. 6. 1.

NWM = "Nachwort zu »Was ist Metaphysik?«", GA, Bd. 9.

UK="Der Ursprung des Kunstwerkes", in *Holzwege*, GA, Bd. 5.

UM = "Die Überwindung der Metaphysik," GA, Bd. 67.

VWBP = "Vom Wesen und begriff des Physis, Aristoteles, Physik B, 1." GA, Bd. 9.

VWG = "Vom Wesen des Grundes," GA, Bd. 9.

健三郎訳）『尖筆とエクリチュール』朝日出版社．［ab: **JD**, **E**］

Derrida, Jacques 1998 *Psyché : inventions de l'autre*. Paris : Editions Galilée. ［ab: **D**, **P**］

Descartes, René 2010 *Descartes Œuvres philosophiques*, éd., Ferdinand Alquié, 3 vols. Paris: Éditions Classiques Garnier. ［ab: **DOP**］

M = *Meditationes de prima philosophia*, 1641, DOP, t. 2./2006 デカルト（山田弘明訳）『省察』筑摩書房．［med. は省察番号］

PA = *Les Passions de l'âme*, 1649, DOP, t. 3. / 1974 デカルト（野田又夫訳）「情念論」『方法序説・情念論』中央公論社．［a. = article］

Dewey, John 2008 *The Collected Works of John Dewey, 1882-1953*. ed., Jo Ann Boydston. Carbondale, IL: Southern Illinois University Press ［ab: **CD**, Early Works = EW / Middle Works = MW / Later Works = LW］.

AE = *Art as Experience*, 1934, LW. 10.

CF = *Common Faith*, 1934, LW. Vol. 9.

DE = *Democracy and Education,* 1916, MW. Vol. 9.

EN = *Experience and Nature*, 1925, LW. Vol. 1.

ER = "Education as Religion," 1922, MW. Vol. 13.

RP = *Reconstruction in Philosophy*, 1920, MW. Vol. 12.

Diderot, Denis 1875-7 *Œuvres complètes de Diderot*, éd. Jules Assézat et Maurice Tourneux, 20 vols. Paris: Garnier Frères. ［ab: **DOEG**］

RDA = *Entretien entre d'Alembert et Diderot, Le Rêve de d'Alembert, Suite de l'Entretien*, 1769, DOEG, t. 2. / 1958 ディドロ（新村猛訳）「ダランベールとディドロとの対話」「ダランベールの夢」「対話の続き」『ダランベールの夢――他四篇』岩波書店．

Dufrenne, Mikel 1973 *Le Poétique*. Paris: Presses Universitaires de France.

Dufrenne, Mikel 2011（1953）*Phénoménologie de l'expérience esthétique*. Paris: Presses Universitaires de France.

Dufrenne, Mikel 2020（1987）*L'Œil et l'oreille*. Paris: Nouvelles Éditions Palace.

Dufrenne, Mikel 2021（1981）*L'Inventaire des a priori: recherche de l'originaire*. Paris: Presses Universitaires de Caen.

Foucault, Michel 1966 *Les Mots et les choses: Une archeologie des sciences humaines*. Paris: Éditions Gallimard. / 1974 フーコー（渡辺一民・佐々木明訳）『言葉と物――人文科学の考古学』新潮社．［ab: **MF**, **MC**］

Foucault, Michel 1994 *Michel Foucault: Dits et Écrits, 1954-1988*, 4 vols. Paris: Éditions Gallimard. / 1998-2002 フーコー（蓮見重彦・渡辺守章監修）『ミシェル・フーコー思考集

University Press.

Caillé, Allain 2014 *Anti-utilitarisme et paradigme du don*. Lormont : Le Bord de l'Eau.

Caillé, Allain 2019 *Extensions du domaine du don. Demander-donner-recevoir-rendre*. Arles : Actes Sud.

Cameron, Michael 1999 "Sign," Allan D. Fitzgerald, ed. *Augustine through the Ages: An Encyclopedia*. Gand Rapid, Michigan: Wm B. Eerdmans Publishing..

Cassirer, Ernst 1993 "《Geist》 und 《Leben》 in der Philosophie der Gegenwart," [1930] *Geist und Leben: Schriften zu den Lebensordnungen von Natur und Kunst, Geschichte und Sprache*. Leipzigg: Reclam Verlag.

Collingwood, Robin G. 1960（1945）*The Idea of Nature*. Oxford: Oxford University Press.

Condorcet, Marquis de 1900（1848）*Esquisse d'un tableau historique des progrès de l'esprit humain*. Paris: G. Steinheil, Éditeur. [ab: **C, PEHS**]

Correal, Annie 2018 "What Drove a Man to Set Himself on Fire in Brooklyn?". *The New York Times* (May 28, 2018).

Crutzen, Paul J. 2002 "Geology of mankind," *Nature* 415: 23.

Cusanus, Nicolaus 1932 -2010 *Nicolai de Cusa opera omnia*, 20 Bds. Hamburg: Felix Meiner Verlag. [ab: **NCO**]

DI = *De docta ignorantia*, Bd. 1. [L = Liber, C = Capitulum] / 1994 クザーヌス（山田桂三訳）『学識ある無知について』平凡社.

Dammann, Guy 2006 "The Morality of Musical Imitation in Jean-Jacques Rousseau", Doctrinal dissertation, London: King's College.

Dante Alighieri 2015 *The Divine Comedy / La Divina Commedia*, trans. Henry Wadsworth Longfellow. Oxford: Benediction Classics. [ab: **D, DC**] [C=canto, l=line no.]

Danto, Arthur C. 1981 *The Transfiguration of the Commonplace: A Philosophy of Art*. Harvard University Press. / 2017 ダントー（松尾大訳）『ありふれたものの変容』慶應義塾大学出版会.

Deleuze, Gilles 1962 *Nietzsche et la philosophie*. Paris: Presses Universitaires de France. [ab: **GD, NP**]

Deleuze, Gilles / Guattari, Félix 1980 *Mille Plateaux: Capitalisme et Schizophrénie 2*. Paris: Éditions de Minuit. [**DG, MP**]

Derrida, Jacques 1967 *De la grammatologie*. Paris: Les Éditions de Minuit. / 1972 デリダ（足立和浩訳）『根源の彼方に——グラマトロジーについて』上・下 現代思潮社. [ab: **JD, G**]

Derrida, Jacques 1978 *Éperons : les styles de Nietzsche*. Paris: Flammarion. / 1979 デリダ（白井

Gesammelte Philosophische Aufzätz. Pfullingen: Neske. [ab: **BO**, **AP**]

Becker, Oskar 1963e "Platonische Idee und ontologische Differenz," in *Dasein und Dawesen: Gesammelte Philosophische Aufzätz*. Pfullingen: Neske. [ab: **BO**, **PO**]

Beierwaltes, Werner 1994 *Eriugena: Grundzüge seines Denkens*. Frankfurt am Main: Vittorio Klostermann.

Bentham, Jeremy 1843（1816） *The Works of Jeremy Bentham*, ed. John Bowring, 10 Vols. Edinburgh: William Tait. [ab: **JB**]

FO = *A Fragment on Ontology*, 1776, JB, Vol. 8.

Bergson, Henri 1993 [1934] *La Pansee et le mouvement*. Paris: Presses Universitaires de France, Quadrige. [ab: **HB**, **PM**]

Bergson, Henri 2008[1932] *Les Deux sources de la morale et de la religion*. Quadrige, Paris : Presses Universitaires de France. / 2003 ベルクソン（森口美都男訳）『道徳と宗教の二つの源泉』１・２ 中央公論新社. [ab: **HB**, **DS**]

Bergson, Henri 2009[1907] *L' Évolution créatrice*. Quadrige, Paris : Presses Universitaires de France. / 2010 ベルクソン（合田正人・松井久訳）『創造的進化』筑摩書房. [ab: **HB**, **EC**]

Bergson, Henri 2010[1896/1939] *Matière et mémoire: Essai sur la relation du corp á l'esprit*, 8e édn. Paris: Presses Universitaires de France. / 2015 ベルクソン（熊野純彦訳）『物質と記憶』岩波書店. [ab: **HB**, **MM**].

Bergson, Henri 2012[1900] *Le Rire: Essai sur la signification du comique*, Quadrige. Paris: Presses Universitaires de France. [ab: **HB**, **R**]

Bergson, Henri 2013[1927] *Essai sur les données immédiate de la conscience*, Quadrige. Paris: Presses Universitaires de France. [ab: **HB**, **DI**]

Bernstein, Richard J. 2023 *The Vicissitudes of Nature*. Cambridge, CB/Hoboken, NJ: Polity Press.

Biesta, Gert J. J. 2016（2010） *Good Education in an Age of Measurement*. Abingdon/New York: Routledge（Boulder, CO: Paradigm Publishers）.

Bimbenet, Étienne 2004 *Nature et humanité: le problème anthropologique dans l'œuvre de Merleau-Ponty*. Paris: Libraire Philosophique J. Vrin.

Blake, William 2008（1965） *The Complete Poetry and Prose of William Blake*, ed. David V, Erdman Newly Revised edn. Berkeley and Los Angels: University of California Press. [ab: **WB**]

AS = "On the Another Sorrow," in *Songs of Innocence and of Experience*.

AI = "Auguries of Innocence," in *The Pickering Manuscript*.

Bourdieu Pierre 2003（1997） *Méditations pascaliennes*, Paris: Éditions du Seuil.

Butler, Judith 1997 *The Psychic Life of Power : Theories in Subjection*. Stanford, CA: Stanford

SS = *Scriptum super Sententiis.* [lib= Liber, d=Distinctio, q=Quaestio, a=Articulus, co=Respondeo]

ST = *Summa Theologiae.* / 1960-2012 トマス・アクィナス（高田三郎・稲垣良典ほか訳）『神学大全』（全 45 巻）創文社. [q=Quaestio, a=Articulus, co=Respondeo]

Aristotelis 1957 *Metaphysica* ([metà tà phusiká]), ed., W. Jaeger. Oxford : Clarendon Press. / 1959/61 アリストテレス（出隆訳）『形而上学』上・下巻 岩波書店. [ab: **A**, **M**]

Augustinus, Aurelius 2006- *Augustinus, Migne Patrogia Latina, Documenta Catholica Omnia.* Cooperatorum Veritatis Societas [www.documentacatholicaomnia.eu] [ab: **AA**]

C = *Confessionum*, PL 32. / 1993-2007 アウグスティヌス（宮谷宣史訳）「告白録」（上・下）『アウグスティヌス著作集』第 5-1/2 巻 教文館.

DCD = *De Civitae dei contra paganos*. PL 41.

DDC = *De Doctrina christiana*, PL 34. / 1988 アウグスティヌス（加藤武訳）「キリスト教の教え」『アウグスティヌス著作集』第 6 巻 教文館.

DPIH = *De Perfectione iustitiae hominis*, PL 44. / 1979 アウグスティヌス（金子晴勇訳）「人間の義の完成」第 9 巻.

Ball, Philip 2010 *The Music Instinct: How Music Works and Why We can't Do without It.* Oxford: Oxford University Press. / 2018（2011）ボール（夏目大訳）『音楽の科学千音楽の何に魅せられるのか』河出書房新社.

Barthes, Roland 2002 *Comment vivre ensenble: Cours et séminaires au Collége de France 1976-77.* Paris: Éditions du Seuil. / 2006 バルト（野崎歓訳）『ロラン・バルト講義集成 1 いかにしてともに生きるか——コレージュ・ド・フランス講義 1976-77 年度』筑摩書房.

Becker, Oskar 1963a（1958） "Von der Abenteuerlichkeit des Künstlers und der vorsichtigen Verwegenheit des Philosophen," in *Dasein und Dawesen: Gesammelte Philosophische Aufzätz.* Pfullingen: Neske.（in G. Funke Hrsg. *Konkrete Vernunft: Festschrift zum 70. Geburtstag von Erich Rothacker*, Bonn: Bouvier Verlag, pp. 25-38）[ab: **BO**, **VAK**]

Becker, Osker 1963b（1929） "Von der Hinhälligkeit des Schönen und der Abeneurlichkeit des Künsylers," in *Dasein und Dawesen: Gesammelte Philosophische Aufzätz.* Pfullingen: Neske.（in *Jahrbuch für Philosophie und phänomenologische Forschung*, Vol. 10（Suppl.）, pp. 27-52）[ab: **BO**, **VHS**]

Becker, Oskar 1963c "Para-Existenz: Mensches Dasein und Dawesen," in *Dasein und Dawesen: Gesammelte Philosophische Aufzätz.* Pfullingen: Neske.（in *Blätter für deutsche Philosophie*, 17（1943）, Vol. 1（2）, pp. 62-95）[ab: **BO**, **PE**]

Becker, Oskar 1963d "Die Aktualität des pythagoreischen Gedankens," in *Dasein und Dawesen:*

田中智志 2023a 『完全性概念の基底——ヨーロッパの教育概念史』東信堂.
田中智志 2023b 『超越性の教育学』東京大学出版会.
千蔵八郎 1980 『音楽——その美をさぐる』音楽乃友社.
内藤義博 2002 『ルソーの音楽思想』駿河台出版.
中原中也 1981 『中原中也詩集』大岡昇平編 岩波書店.
野田弘志 1984 「鳥の巣」『野田弘志画集——湿原』朝日新聞社.
ベルク、オギュスタン（Berque, Augustin） 1990 （篠田勝英訳）『日本の風景・聖王の景観——そして造景の時代』講談社.
村上陽一郎 1998 「自然」新カトリック大事典編纂委員会編『新カトリック大事典』第二巻 研究社.
森田伸子 2021 『哲学から〈てつがく〉へ！——対話する子どもたちとともに』勁草書房.
箕田源二郎 1970 『ケーテ・コルヴィッツ版画集 愛と怒り』岩崎美術社.
山極寿一 2014 『「サル化」する人間社会』集英社.
山崎正和 1988(1983) 『演技する精神』中央公論社.
山崎正和 2018 『リズムの哲学ノート』中央公論新社.
柳父章 1995 『翻訳の思想——「自然」とNATURE』筑摩書房.
レヴィ＝ストロース、クロード（Lévi-Strauss, Claude） 2017 （川田順造訳）「狂牛病の教訓」川田順造『レヴィ＝ストロース論集成』所収 青土社.
鷲田清一 1998 『メルロ＝ポンティ——可逆性』講談社.
鷲田清一 2021 『つかふ——使用論ノート』小学館.

*

Afanassiev, Valéry 2009 *Le silence des sphères: Essais Sur La Musique*. Paris: José Corti. / 2011 アファナシエフ（田村恵子訳）『天空の沈黙——音楽とは何か』未知谷.
Agamben, Giorgio 1993 "Bartleby o della contingenza," Gilles Deleuze, Giorgio Agamben, *Bartleby, la formula della creazione*. Macerata: Quodlibet. / 2005 アガンベン（高桑和巳訳）『バートルビー——偶然性について』月曜社.
Alain 1928 *Propos sur le bonheur*. Paris: Éditions Gallimard. [ab: **A, PB**]
Aquinas, Thomas 2006- *Thomas Aquinas, Ecclesiae Doctores, De Ecclesiae Patribus Doctoribusque, Documenta Catholica Omnia*. Cooperatorum Veritatis Societas. [www.documentacatholicaomnia.eu]. [ab: **TA**].
QDV = *Questiones Disputatae de Veritate*. / 2018 トマス・アクィナス（山本耕平訳）『真理論』（上・下）上智大学中世思想研究所編訳・監修『中世思想原典集成』II - 1/2 平凡社.

〈文献〉

家永三郎　1997(1947)「日本思想史に於ける宗教的自然観の展開」『家永三郎集』1 岩波書店.
池田義昭(編)　2003『自然概念の哲学的変遷』世界思想社.
市田良彦　2007『ランシエール――新〈音楽の哲学〉』白水社.
伊東俊太郎　1999『自然』三省堂.
今道友信　2013『音楽のカロノロジー――哲学的思索としての音楽美学』ピケナス出版.
内山節　2007『日本人はなぜキツネにだまされなくなったのか』講談社.
海老澤敏　2012『ジャン＝ジャック・ルソーと音楽』ぺりかん社.
大庭健　2012『いのちの倫理』ナカニシヤ出版.
長田弘　1993『感受性の領分』岩波書店
長田弘　2009『世界はうつくしいと――詩集』みすず書房.
長田弘　2021(1984)『深呼吸の必要』晶文社
環境省　2018『長期大幅削減・脱炭素化に向けた基本的考え方』[www.env.go.jp/press/y0618-11/mat04-1v1.pdf].
金山秋男　2013「生死解脱の諸相」原道生・金山秋男・居駒永幸『古典に見る日本人の生と死』笠間書院.
金山秋男　2015「いのちとことば」『明治大学教養論集』510: 27-44.
金子晴勇　2003『人間学講義――現象学的人間学をめざして』知泉書館.
川原栄峰　1968「ハイデッガーにおける Philosophieren」日本哲学会編『哲学』18: 57-86.
川原栄峰　1992『ハイデッガー賛述』南総社.
木村元　2020『音楽が本になるとき』木立の文庫.
木村敏　2005『関係としての自己』みすず書房.
気仙沼市教育委員会　2023『令和4年度 気仙沼市の海洋教育 2022 実践記録集』気仙沼市教育委員会、気仙沼市・宮城教育大学連携センター [www.kesennuma.miyagi.jp/edu/s162/kaiyouedu.html].
立川昭二　2003『生と死の美術館』岩波書店.
田中智志　2012『教育臨床学――〈生きる〉を学ぶ』高陵社書店.
田中智志　2009『教育思想のフーコー―教育を支える関係性』勁草書房.
田中智志　2017『共存在の教育学――愛を黙示するハイデガー』東京大学出版会.
田中智志　2020『独りともに在る――スピノザと象りの教育思想』一藝社.
田中智志(編)　2020『温暖化に挑む海洋教育――呼応的かつ活動的に』東信堂.
田中智志　2021『失われた〈心の眼〉――人間の自然とベルクソン』一藝社.

著者紹介

田中 智志
（Tanaka Satoshi）

専攻：教育学（教育思想史・教育臨床学）、現職：東京大学大学院教育学研究科教授

履歴：1958年、山口県生まれ。早稲田大学大学院文学研究科博士後期課程満期退学。博士（教育学）東京大学。

著書：『ペダゴジーの誕生』（編著 多賀出版 1999）、『他者の喪失から感受へ――近代の教育装置を超えて』（勁草書房 2002）、『〈近代教育〉の社会理論』（共編著 勁草書房 2003）、『教育学がわかる事典』（日本実業出版社 2003）、『教育人間論のルーマン――人間は教育できるのか』（共編著 勁草書房 2004）、『教育の共生体へ――Body Educational の思想圏』（編著 東信堂 2004）、『臨床哲学がわかる事典』（日本実業出版社 2005）、『人格形成概念の誕生――近代アメリカ教育概念史』（東信堂 2005）、『グローバルな学びへ――協同と刷新の教育』（編著 東信堂 2007）、『キーワード 現代の教育学』（共編著、東京大学出版会 2009）、『教育思想のフーコー――教育を支える関係性』（勁草書房 2009）、『社会性概念の構築――アメリカ進歩主義教育の概念史』（東信堂 2009）、『学びを支える活動へ――存在論の深みから』（編著 東信堂 2010）、『プロジェクト活動――知と生を結ぶ学び』（共著 東京大学出版会 2012）、『教育臨床学――〈生きる〉を学ぶ』（高陵社書店 2012）、『大正新教育の思想――躍動する生命へ』（共編著 東信堂 2015）、『共存在の教育学――愛を黙示するハイデガー』（東京大学出版会 2017）、『何が教育思想と呼ばれるのか――共存在と超越性』（一藝社 2017）、『教育の理念を象る――教育の知識論序説』（東信堂 2019）、『教育哲学のデューイ――連環する二つの経験』（編著 東信堂 2019）、『温暖化に挑む海洋教育』（編著 東信堂 2020）、『独りともに在る――スピノザと〈象り〉の教育思想』（一藝社 2020）、『大正新教育の実践――交響する自由へ』（共編著 東信堂 2021）、『失われた〈心の眼〉――人間の自然とベルクソン』（一藝社 2021）、『海洋リテラシーの理念――日本からの発信』（共編著 一藝社 2022）、『完全性概念の基底――ヨーロッパの教育概念史』（東信堂 2023）、『超越性の教育学』（東京大学出版会 2023）など。

装丁――――アトリエ・タビト

感性《かんせい》の知性《ちせい》　——交感《こうかん》し遡及《そきゅう》する——

2024年3月28日　　初版第1刷発行

著　者　　田中　智志

発行者　　小野　道子

発行所　　株式会社 一 藝 社
〒160-0014 東京都新宿区内藤町 1－6
TEL 03-5312-8890
FAX 03-5312-8895
振替　東京 00180-5-350802
E-mail : info@ichigeisha.co.jp
HP : http://www.ichigeisha.co.jp

印刷・製本　　モリモト印刷株式会社

ISBN 978-4-86359-282-7 C3037
乱丁・落丁本はお取り替えいたします